やわらかアカデミズム・〈わかる〉シリーズ

よくわかる
会 社 法
第3版

永井和之 編著

ミネルヴァ書房

はじめに

■よくわかる会社法［第3版］

　本書は「よくわかる」会社法となっていますが，その意味するところは，生きた会社法がわかるということです。単に簡単に記述されているというような意味ではありません。だから，読者のみなさんには，本当に会社法を理解して欲しいと考えています。

　例えば，会社とは何ですかと聞かれて，みなさんはどのように答えられますか。その答えには，次のような答えもあるでしょう。

　第一の答え。①会社とは営利を目的とする社団で，会社法において認められているものをいう。②会社の種類には，株式会社と持分会社がある。③持分会社には，合名会社・合資会社・合同会社がある。という答えです。

　第二の答え。①会社とは憲法で保障された営業の自由を具体的に保障するために，共同出資で営む企業形態の中で，法人企業として営まれるものをいう。②そして，共同出資で営まれる以上，会社はその共同出資者のものであり，共同企業の一つの形態である株式会社も共同出資者である株主のものである。③ただ，大企業の場合には共同所有者である株主の手から経営が分離している現象があり，これを所有と経営の分離という。④そして，企業の社会的影響力の大きさから，企業には個人の場合とは比べものにならない社会的責任がある。

　第三の答え。①会社における現在の問題点には，一方でいえば経済の主な担い手として経済の発展に応えるために，どのような組織とすべきかということがある。他方では，その社会的な責任をいかに果たすために，内部統制システムをどのように構築して，コーポレートガバナンスをどうすべきかという問題がある。②前者の問題としては，1997（平成9）年以来，純粋持株会社を核にした企業組織の多様化が認められ，企業の再編成が加速している。その点は，会社法においても規制緩和という形でさらに保障されている。③後者の問題としては，企業の社会的責任論，コーポレートガバナンス論，そして，内部統制システム論などと変遷をたどりながらも，企業のあるべき姿が追い求められている。

　この本の読者には，第一の答えができることはもちろん，第二・第三の答え方もできるようになって欲しいのです。第一の答えでは会社法を知っているということだと思います。知っているということ以上に，社会の中における会社法の機能を理解して欲しいのです。そんな願いを執筆者一同込めて本書を創りました。そんな意味をもった「よくわかる」会社法なのです。

2015年3月

永井和之

もくじ

■よくわかる会社法［第3版］

はじめに

Ⅰ　総　論

1　会社法への招待 …………… 2
　コラム：文化も会社法制の一部 ……… 4
2　法人格の果たす役割 ………… 6
3　会社の種類・内容 …………… 8
4　株式会社における利害関係人 … 10
5　企業の社会的責任 …………… 12
6　会社の権利能力 ……………… 14
7　有限責任 ……………………… 16
　コラム：実質的意義の会社法 ……… 18
8　会社の強行法規性 …………… 20

Ⅱ　設立について

1　会社の設立の意義 …………… 24
　コラム：株式会社立の大学 ………… 26
2　株式会社の設立の方法 ……… 28
3　株式会社の設立過程 ………… 30
4　変態設立事項・仮装払込の防止 … 32

5　設立中の会社と発起人の権限 … 34
6　設立に関する責任 …………… 36
7　会社の設立の瑕疵の治癒・防止 … 40

Ⅲ　株　式

1　株式とは何か。どのような性質を有するか ……………………… 44
2　株主の権利・義務（責任）……… 46
3　会社はどのような株式を発行できるか：特別な内容の株式と種類株式 ………………………… 48
4　株主名簿とその記載内容 …… 50
5　株式の譲渡 …………………… 54
6　譲渡制限株式の譲渡の手続 … 58
7　自己株式とは何か(1)：自己株式の意義，保有する自己株式の地位 ……………………………… 62
8　自己株式とは何か(2)：自己株式の取得手続 ………………… 64
9　親子会社・株式の相互保有規制 … 68
10　株式の分割・併合・無償割当て … 72
11　特別支配株主の株式等売渡請求：キャッシュアウト ……………… 74
12　単元株制度 …………………… 78

もくじ

13　株券とは何か。株券を発行した場合の取扱い………………………80

Ⅳ　資金調達

1　資金調達における募集株式の発行等の意義………………………84

2　募集株式の発行等の方法と利害関係………………………………86

3　募集株式の発行等の手続(1)：募集事項の決定・通知…………88

4　募集株式の発行等の手続(2)：出資…………………………………92

5　募集株式の発行等の差止請求……94

6　募集株式の発行等の効力…………96

7　新株予約権の発行…………………98

8　募集株式の発行等・新株予約権の発行に関する責任規制………102

9　社債の発行………………………104

Ⅴ　機　関

1　株式会社の機関と機関設計……108

　コラム：規制緩和なのに内部統制？…110

2　機関設計の自由化と代表的な機関設計…………………………112

3　機関設計の諸原則と選択肢……114

4　株主総会の権限…………………116

5　株主総会の招集…………………118

6　株主の議決権行使………………120

7　株主総会の決議…………………122

8　株主総会の議事運営……………124

9　株主総会決議の瑕疵……………126

10　種類株主総会……………………128

11　役員・会計監査人の選任・解任…130

12　取締役……………………………132

13　業務執行・会社代表……………134

14　代表取締役・表見代表取締役…136

15　取締役の忠実義務・競業および利益相反取引の制限……………138

16　取締役会…………………………140

17　会計参与…………………………142

18　監査役・監査役会………………144

19　会計監査人………………………146

20　指名委員会等設置会社(1)：構造・委員の選定・執行役の選任等…148

21　指名委員会等設置会社(2)：委員会の権限・運営………………150

22　指名委員会等設置会社(3)：取締役会と執行役・代表執行役……152

23　監査等委員会設置会社…………154

　コラム：国際化と会社法改正………156

24　役員等の損害賠償責任(1)：役員等の株式会社に対する責任……158

25　役員等の損害賠償責任(2)：役員等の株式会社に対する責任の一部免除………………………………160

26　役員等の損害賠償責任(3)：役員

等の第三者に対する損害賠償責
　　　任·················162

27　株主の監督是正権(1)：株主代表
　　訴訟·················164

28　株主の監督是正権(2)：多重代表
　　訴訟等················166

Ⅵ　計　算

1　財源規制の理由············170

2　企業会計とその原則··········172

3　会計帳簿の意義············174

4　計算書類等の意義···········176

5　計算書類等の適正化··········178

6　資本金と純資産の部·········180

7　剰余金の分配手続···········182

8　計算書類等の開示···········184

Ⅶ　持分会社・外国会社

1　持分会社···············188

2　合名会社・合資会社··········190

3　合同会社···············192

4　外国会社···············194

Ⅷ　会社の基礎的変更

1　定款変更···············198

2　資本金の額の減少···········200

3　経営基礎の変更（事業の賃貸
　　等）··················202

4　組織変更···············204

Ⅸ　企業再編

1　企業再編の方法············208

2　合　併················210

3　会社分割···············212

4　株式交換・株式移転··········214

5　事業譲渡等··············216

6　敵対的買収に対する対抗措置····218

Ⅹ　雑　則

1　会社関係訴訟·············222

2　株主総会等の決議の取消しの訴
　　えにおける訴えの利益・被告適
　　格··················226

3　会社非訟事件·············228

4　株式会社の特別清算··········230

5　会社の登記··············232

6　会社の公告方法············234

さくいん··················237

総論

guidance

　本章は，本書の総論として，これから本書で学んでいく会社法につき，全体の見取図を示した上で，法人格，有限責任といった，会社法の土台を構成する基本概念を説明します。技術的側面が強い会社法につき，「食わず嫌い」をなくし，興味深く全体のイメージをつかんでいただくために，側注などで敢えて最新のトピックについても解説しています（それらは後の章でおいおい触れられますから，すべてを今ここで理解する必要はありません）。

　会社法を「ツール」として使いこなしていくためには，テクニカルな規制を知ることも必要ですが，だからといって，それらの枝葉の中に埋もれてばかりいますと，会社法制を貫く太い幹の存在を忘れてしまいます。これでは，体系的理解がなされないのみならず，実践にも全く役立ちません。

　本章で触れる基本概念は，上記の「幹」に相当する部分です。まずは条文にマメにあたりながら，丁寧に読んで下さい。そして，全体がわかってはじめて部分がわかるのですから，本書を読み進めていく際にも，折に触れ，本章に戻り，相互に記述を照らし合わせてほしいと思います。

Ⅰ 総　論

 会社法への招待

① 大企業同士が法廷で対決する時代が到来！

　テレマーケティング業を主要な事業とするベルシステム24は，会社の経営方針をめぐり，同社の40％を保有する筆頭株主であるITサービス企業大手のCSKと対立したため，取締役会決議により新たに資本金額の約10.4倍にものぼる新株式を発行し，日興コーディアル証券系列のいわゆる投資ファンドに対し割り当てることを決定した。新株発行により調達された巨額の資金はソフトバンクとの業務提携のために使われる予定であり，これによりCSKの株式保有割合は約20％とほぼ半減し，代わって突如正体不明の投資ファンドがベルシステム24の過半数株主として登場した。CSKは，この新株発行を差し止めるため，裁判所に募集株式の発行をやめることの請求をしたが（会社法210条），裁判所は認めず，ベルシステム24側に軍配を上げた。

　これは比較的最近起こった企業買収に関する事件である。登場人物はいずれもそうそうたる顔ぶれである。日本を代表する大企業同士が，会社に対する支配権をかけ，法廷で全面対決する時代がわが国にもやってきた！

　もっと有名なのは，世間をにぎわせたライブドア事件である。ニッポン放送の株を買い占め突如ニッポン放送の大株主として登場したライブドアに対し，ニッポン放送およびニッポン放送の株主で系列関係にあるフジテレビは強く反発し，ニッポン放送の取締役会がフジテレビに対し新株予約権（2条21号）の発行をすることで対抗しようとした。ライブドアは，これに対し直ちに新株予約権の発行をやめることの請求（247条）をした。ライブドア事件では，資本の論理の象徴であるライブドアに，ニッポン放送の従業員の多くが反発し，会社を擁護する姿勢を明らかにした点が面白い。

　ベルシステム24事件やライブドア事件は，会社法を勉強する上で，いろいろなことを教えてくれる。

② 会社法は電話帳，でも決して眠くはない

　上に紹介したような，激しい企業同士のぶつかり合いを裁く道具が，諸君がこれから勉強する会社法である。これまで，会社法という単独の法典はなく，会社に関する法規制は商法，有限会社法，監査特例法……といったいくつもの法律に分かれていて，きわめて複雑であった。しかも商法は，明治時代以来の

▷1　本節で紹介した事件は，いずれも会社法制定前のものであるが，会社法に置き換えて説明している。

▷2　例えば，株主によって選ばれた取締役会が，募集株式の発行や新株予約権を発行するなどして好ましい株主を選んでよいのか，株主間で対立があるときに，取締役など役員はどのような態度を取ればいいのか，会社は株主だけのものなのか，従業員のものでもありうるのか……。

漢文読み下し調の条文であり難解であった。

この度，会社法という法典が整備され，これまであちらこちらにバラバラに規定されていた会社に関する規制が統一的にまとめられ，よりわかりやすくなった。ただこの会社法は，**全条文数が979条**にものぼる大法典であるので，一筋縄ではいかない。会社法のテキストは，分厚いものが多く，口の悪い人は「電話帳」などといってからかう。

ただこの「電話帳」は，会社同士の訴訟において，相手方企業に手痛い傷を与えたりする「道具」でもある。使い方によっては，自らが返り血を浴びることもあるかもしれない。そう思って勉強すれば，この「電話帳」は決して読んでも眠くなるものではない。

❸ 会社をめぐる様々な人間模様と利害関係の調整

ベルシステム24事件におけるCSKは，この募集株式発行により，たちどころに筆頭株主の地位を失ってしまうことになった。代わって筆頭株主に躍り出たのは，なんだか複雑そうな投資ファンドである。そこはかとなくソフトバンクの影がちらつく。

ライブドア事件では，ベルシステム24事件とは逆に，募集新株予約権の発行の差止めが認められた。これによりフジテレビが手痛い打撃を受けたのみならず，ニッポン放送の従業員の反対も，資本の論理の前に屈することになった。

ここでは個々の事件の結論の当否を問題にしたいのではない。理解してほしいのは，これから勉強する会社法上の理論が，単に机上のゲームではなく，会社をめぐる**利害関係人**に計り知れない大きな影響を与えるということである。しかも，両方にいい顔をすることができず，たいがいどちらかに手痛いダメージを与える結論とならざるを得ない。裁判規範としての法律はおよそそういうものだが，大企業が激しくしのぎを削る場面で問題となる会社法では，特にその面が強調される。

❹ ビジネス・プランニングの観点も重要に

新しい会社法は，当事者の自治を大幅に認め，様々な事項について当事者が自由に決めてよいものとした。つまり「レディメイド（プレタポルテ）」の会社でなく，「オーダーメイド（オートクチュール）」の会社を作り込むことが可能になったのである。ベルシステム24事件・ライブドア事件に関連していうと，これらの事件のような敵対的企業買収に関する事案の発生を防ぐために，発行する株式・新株予約権の内容を工夫し，ポイズン・ピルとかライツプランとかいわれているものを作り込み，予め買収防止を図ることが，よりやりやすくなった。

次のページからダイナミックな会社法の勉強が始まる。会社法の世界を満喫してほしい。

▷全条文数979条
会社法がいかに大法典かは，民法典が全1044条であることと対比してもわかるだろう（平成26年改正において条文が枝番として追加され，実際はもっと多くなっている）。

▷3　新聞報道によると，この事件では，ソフトバンクの孫正義氏がベルシステム24側の証人として法廷で証言したそうである。

▷利害関係人
⇨ Ⅰ-4「株式会社における利害関係人」10頁

▷4　⇨ Ⅰ-8「会社の強行法規性」20頁

コラム

文化も会社法制の一部

「文化も会社法制の一部である」といって，その意味がわかりますか。その答えは次のようなものです。

まず，企業は利益をあげるために法律に違反しない限り，何をしても許されると思いますか。もし，現実にそのようなことが知れれば，社会からはいい評判を得られないでしょう。それは社会的な信用をえることにもならないでしょう。社会的な信用を大事にする企業であれば，社会からの評判というのも企業活動を制約する規範ということになるでしょう。この社会的な評判の基準が，社会におけるものの考え方であるとすれば，社会におけるものの考え方という，まさに社会の企業を取り巻く文化が企業の行動を規律しているといえるでしょう。すなわち，文化も会社法制の一つになっているということです。そして，現在，ソフト・ローも重要な役割を担っています。

このように法というものは大きなシステムであります。そこでは核ともいうべき成文法などの法，その周辺には業界の自主規制などより緩やかな規範があり，さらにその周りには社会の文化や企業倫理などがあります。このような大きな社会統制システムという視点で会社法制を見なければならないと思います。

実際，会社法制の下では，ほとんどすべての場面で，経営者の経営判断が求められています。それは，今までの規制法としての会社法制を既製服に例えるならば，会社という身体の方で既製服に合わせる必要がありました。そのような時には経営者は法律がこうなっていますからということで説明は足りました。それに対して，規制緩和の会社法制ではイージーオ→

ーダーかオーダーメイドであります。そこで，経営者はその経営判断で自らの企業組織を作らなければなりません。その際に，文化も会社法制の一部である社会では，単に経営者は法律だけに従うというわけにはいきません。企業の経営者は社会の企業を見る目をも意識して，企業組織を作り，その経営判断を社会に対して説明するという責任を負っています。その点を怠ると社会から手痛い評価を受ける危険性があります。企業の社会的責任というものも，結局は，このようなものではないでしょうか。

　この中核を構成している法律というものにも，それぞれの役割があります。例えば，ガリバー的な証券会社がその運用結果損失が出た場合は補填するということで，大企業の資金運用を委託されたとした場合に，どのような問題がありますか。ここに資金力にものをいわせた営業活動ということをみて，それでは資金力の弱い企業に比して資金力だけで営業結果が出てくる不公正な取引ではないかということならば，これは独禁法の問題となるでしょう。運用資金の少ない個人は損失補填がないということで，不公平感を感じた個人投資家が市場からに撤退してしまう，言い換えれば，市場規模が縮小してしまうということならば，金融商品取引法の問題になるでしょう。そして，最後にそのような違法な行為に会社資金を使用した経営者の責任ということならば，会社法の問題です。

　会社法を勉強する際には，社会の事象にも，問題を問題と感じる感性が必要です。そして，その問題を，どのような法的な問題かを適切に判断をし，それぞれ適切な法律によって解決する能力が必要とされています。

（永井和之）

I 総論

 # 法人格の果たす役割

1 権利義務の帰属点としての役割

○権利義務の帰属点とは

法人格とは，権利義務の帰属点のことであり，権利能力ともいう。法律学において，法人格を有する存在のことを「人」という。

日常用語では，「人」とは，われわれのような肉体をもった「人間」のことをいうが，法律の世界では，そのような人間のことを**自然人**と呼ぶ。どうしてそのように呼ぶかというと，「人」にはもう一つの類型があるからであり，それが「法人」である。

法人とは，**自然人以外の「何か」**に法人格を与え，権利義務の帰属点としての役割を果たさせようというシステムである。例えば，ある不動産を a_1〜 a_{10} までの10人で所有しているとする。この場合において，右不動産に関し訴訟や契約をする場合，原則として a_1〜 a_{10} の全員が関与する必要がある。これは，共有者の数が多かったり，共有者の数が死亡などにより変動する場合，とても不便である。そこで a_1〜 a_{10} を一つのまとまりとして「A」と置き換え，このAに権利義務の帰属主体としての役割を果たさせれば，話はとても簡単になる。これが権利義務の帰属点としての法人格の役割である。

法人の法人格の役割はこのようなものであるから，一定の場合に，当該法律関係においてだけ，法人格の役割を否定することも可能である。これを**法人格否認の法理**という。

○法人の本質とは

会社は，法人の代表的な存在であり（⇨ I-3 「会社の種類・内容」8頁），会社法3条は，会社が法人格を有することを明文で規定している。

法人が法人格を有することをどのように説明するかについて，かつて**法人学説**として激しく争われた。今日においては，このような法人学説そのものは，過去のものとなった。しかし，最近では，税務上のメリットを受けるためや資金調達のためのスキームとして法人格が利用される例が一方で多く見受けられ，他方で，それらに対するアンチテーゼとして，企業の社会的責任（⇨ I-5 「企業の社会的責任」12頁）のように法人の実在性を強調する動きもある。

かつての法人学説が大幅に形を変えて復活したかのように見受けられる。本節では，法人格をめぐる現状について学習していきたい。

▷**自然人**
比較的最近できた新しい法律では，「自然人」という用語ではなく，「個人」という言葉を用いる例が多い。例えば，個人情報保護法など。

▷**自然人以外の「何か」**
本文では「何か」と述べたが，それは，人の集まり（団体）のこともあれば，財産のこともある。前者を社団，後者を財団という。

▷**法人格否認の法理**
一定の場合とは例えば，会社債権者に対する支払を免れたり，労働組合をつぶしたりする目的で，あえて会社を解散させて，新たに全く同じような会社を設立するような場合である。法人格否認の法理は，明文がないものの，法の一般原理として認められる。判例によると，法人格否認の法理が認められるのは，①上記のような，法人格が濫用される場合（濫用事例）と，②法人格が全く形骸化している場合（形骸化事例）の二つである。

▷**法人学説**
法人の本質をどのように捉えるかについて，団体として実際に活動している実態から説明する見解（法人実在説）や権利義務の帰属を説明するためのテクニックとしての側面を強調する見解（法人擬制説）などが主張された。

2 近時の法人格の利用例：ビジネス・スキームとしての法人格

○証券化における利用例：財産を「切り出す」ための手段

　法人格が，ビジネスにおけるスキームとして利用される典型例として，第一に，証券化におけるスキームを紹介したい。例えば，A 株式会社が市場から資金調達をする場合を例として考えよう。A は業績不振であるが，自社ビル（甲）を所有しており，甲の不動産としての価値が高いものとする。

　A が資金調達の方法として，株式を発行すると（⇨ Ⅳ-1「資金調達における募集株式の発行等の意義」84頁），新株の発行価額算定において，A の思わしくない事業業績と甲の価値とが通算されてしまい，結果的に不動産の価値が低く評価されることになってしまう。そのような「通算」を避けるために，**実務上特別な会社** B を作り，A から B に甲を譲渡し，B が甲の資産価値を担保として証券を発行するという方法が用いられる。これが証券化の最も原始的なスキームである。このような方法をとることにより，A は，本業の業績から，甲の高い価値を切り出して，純粋に甲の資産価値に応じたファイナンスを行うことができる。ここでは，B の法人格というものが，A の有する財産から，甲を切り出すための手段として利用される。

○税務面からの法人格の利用例：有限責任事業組合

　近時，新たに有限責任事業組合という企業形態が創設された（⇨ Ⅰ-3「会社の種類・内容」8頁）。有限責任事業組合は，法人格を有しないが，組合名義で不動産登記をすることもでき，あたかも法人であるかのような特徴を有している。なぜかというと，課税を意識しているからである。すなわち，現行法上，ある事業体に法人格があると，法人自体に課税がなされるとともに，法人のメンバーにも二重に課税がなされる（これをエンティティ課税という）。ところが有限責任事業組合は法人格を有しないので，事業体に対して課税はなされず，事業体のメンバーに対して1回限り課税がなされ，完結する（これをパススルー課税という）。つまり，有限責任事業組合は，パススルー課税を実現するための企業形態なのである。ここで法人格が，課税選択のためのスキームとして捉えられていることに気づいてほしい。

○法人格の社会的役割を重視：企業の社会的責任

　上記のような，ビジネススキームとして法人格を（いわば技術として）捉える実務が盛んである一方で，法人の社会的役割をもっと重視すべきだという主張もなされている。企業が公益活動に対する寄付・支援などにもっと積極的に関わるべきであるとする主張であり，**企業の社会的責任**（Corporate Social Responsibility：CSR）といわれる。

▷1　これをコングロマリット・ディスカウントという。

▷**実務上特別な会社**
（Special Purpose Company：SPC）
ある特別な目的のためだけの利用を前提とする法人形態のことである。とりあえず，ここでは特別な法人形態とだけ理解しておけばよい。

▷2　これをアセット・ベースド・ファイナンス（Asset Based Finance）という。

▷**企業の社会的責任**
⇨ Ⅰ-5「企業の社会的責任」12頁

Ⅰ 総　論

会社の種類・内容

 株式会社とはどのような特徴を有する会社か

○会社の種類

　企業は，経済社会の重要な担い手である。企業には，個人企業と共同企業とがある。調達できる資本と結集できる労力の点で，共同企業がまさっており，事業者が永続的な企業経営をするためには，共同企業のほうが向いている。

　共同企業の種類としては，各種の公企業や組合など様々なものがある。ただ，その中でも会社が支配的な地位を占めている。**会社の種類**として会社法は，株式会社，合名会社，合資会社，合同会社の四つを認める。後の三つは「**持分会社**」と総称され，規律の統一化が図られている（会社法575条以下）。わが国における会社の大部分は，株式会社である。

○株式会社の特徴：株式とは

　株式会社が，持分会社と異なる点は，**出資者（社員）の地位**が株式という形態をとっていることである。この株式という制度のおかげで，株式会社は，多数の者から多くの資金を集めることができる。

　持分会社における社員の地位（持分）と異なり，株式は，均等な割合的単位に細分化されている。持分会社と対比して考えてみよう。ABCが共同で出資して会社を設立するとする。出資の割合は，Aが5，Bが2，Cが1である。

　設立される会社が持分会社であれば，ABCの持分の数は一つずつであり，ただ出資額の大きさに応じて1個1個の持分の大きさが変わることになる。ところが，株式会社は，株式という単位化された制度をもっているため，仮にCの1を基準単位とすると，Aは5個，Bは2個，Cは1個の株式をもっていると把握することになる。つまり，1個1個の株式の大きさは同じであり，出資額に応じて有する株式の個数が違うと考えるのである。

　このように単位化すると，市場から多くの参加者（投資家という）を集めることが可能になる。各投資家は各自の資力や事業に対する見極めに応じて，株式を必要なだけ買うことができるのである。また，単位化されているので，いったん買った株式を売却することも，容易である。このような仕組みは，1個ごとの大きさが異なる持分では作ることができない。

　この株式という制度によって，株式会社は，社会に散在する遊休資本を結集し，大規模事業を行うことが可能となる。お金とお金を仲介し，小さなお金を

▶会社の種類
これまで有限会社という会社形態も認められていたが，この制度は廃止されたため，新たに有限会社を設立することはできない。ただ既存の有限会社は，「特例有限会社」としてそのまま存続できる。

▶持分会社
⇨Ⅶ-1「持分会社」188頁

▶出資者（社員）の地位
会社法においては，社員とは会社に対する出資者のことをいう。従って，株式会社の社員とは株主のことである。日常用語でいう社員は，会社の従業員を意味する。両者を混同しないように注意してほしい。ちなみに，社員の会社に対する法律上の地位を持分という。

大きくまとめて，社会に還元していくという意味では，株式会社はその中に「金融」としてのシステムを抱えているといってよい。

○株式の数に応じた多数決，平等が要求

株式はこのように単位化されているので，株主が会社に対してもっている各種の権利（剰余金配当請求権，議決権など）は，原則として，所有する株式の数に比例することになる。これを株主平等の原則という（109条 ⇨ Ⅲ-2「株主の権利・義務（責任）」46頁）。また，株主は1株につき一つの議決権を有するので（308条1項），株主総会における決議も，頭数でなく，持株数による多数決とされており，これを資本多数決という。上記の例でいうと，AとB・Cが対立した場合，頭数による多数決であれば1対2でB・Cが勝つが，資本多数決であれば，5対3でAが勝つことになる。

○有限責任

なお，株式会社においては，社員（＝株主）の責任が出資額（株式の引受価額）の限度までとされているので（有限責任：104条），株式の流通性がより高められている（⇨ Ⅰ-7「有限責任」16頁）。

2 持分会社の特徴

▷1 ⇨ Ⅶ-1「持分会社」188頁

○持分会社とは，合名会社，合資会社，合同会社のこと

持分会社のうち合名会社は，社員の責任が全員無限とされ（無限責任社員），社員は会社債権者に対し，出資の限度に限らず責任を負担する（576条2項）。従って，合名会社が倒産した場合，会社債権者は，合名会社の社員に対しても責任追及ができる（580条1項）。他方，合同会社は，株式会社と同じく社員全員の責任が出資の限度までとされている（576条4項，580条2項）。合資会社は，無限責任社員と有限責任社員とからなる会社である（576条3項）。

このようにいうと合名会社，合資会社，合同会社の違いは大きいようだが，三者の規制の統一が図られており，株式会社に対するほど違いが大きくはない。持分制度を存置し，市場からの資金調達を予定しない持分会社は，株式会社のような厳格な組織に関する規制をもたず，内部関係においては当事者自治が要求されている点で共通している。

合同会社と機能的に類似する企業形態として，**有限責任事業組合**がある。いずれも，構成員の責任が有限でありながら，内部自治が認められた企業形態であり，コンサルティング業のような人的資源を活用する企業形態やベンチャー企業などが，これらの制度を利用していくものと期待される。両者の違いは，合同会社があくまでも会社であり法人格を有するのに対し（3条），有限責任事業組合は法人格を有さないところにある。

▷合同会社
⇨ Ⅶ-3「合同会社」192頁
▷有限責任事業組合
⇨ Ⅰ-2「法人格の果たす役割」7頁

I 総論

株式会社における利害関係人

1 会社と会社に関わる人々とは

本節では、会社のうち特に株式会社と株式会社に関わる人々との関係につき学習する。特に、資本を結集して事業展開する株式会社は、事業活動を行う上で、様々な人々の生活に関わり合う。例えば、出資をした社員である株主、経営を行う取締役等の役員、実際に事業に携わる従業員、取引先や融資先の銀行といった債権者、一般消費者等をすぐにも思い浮かべることができる。それだけでなく、会社の活動は、地域社会や環境へも大きな影響を与えかねないので、地域コミュニティなどとも十分に関わりをもつ。これらの利害関係人のことを、ステークホルダー（stake holder）という。

ステークホルダーとして、株主以外のどこまでを会社法の範囲に取り込んでいくのか、どのように取り込んでいくのかが、本節の学習課題である。

2 会社の主権者は誰か

○会社は誰のものか、誰のために存在するのか

会社は法人格をもつとはいえ、会社がなすとされる個々の行為は、実際には個人が行うのであるし、会社がなした結果も、実際のところ個人に還元される（⇨ I-2 「法人格の果たす役割」6頁）。

そこで、会社とステークホルダーとの関係を考える際に、「会社は誰のものなのか」「会社は誰のために存在するのか」ということが問題とされる。これは、会社の主権者論ともいわれる。会社の主権者論については、かつては**株式の本質論**として議論されてきたが、近時は**企業の社会的責任**やコーポレート・ガバナンスという観点からも議論がなされており、古くて新しい問題である。

○社員権説：所有者的企業観の帰結

会社の主権者論は、かつては株式の本質として議論された。そこでの通説は、民法の所有権概念をもとに株主の権利を説明した。すなわち、株主の有する権利は剰余金配当を受ける権利のような自己に経済的利益をもたらす権利（これらを自益権という）と、議決権のような自己の意思を会社の意思決定に反映させる権利（これらを共益権という）とに大別できるが（⇨ III-1 「株式とは何か。どのような性質を有するか」44頁）、これらはいずれも民法の共有概念により統一的に説明できるとする。つまり、共同で一つの物を所有する共有には、物から利益

▷株式の本質論
株式の本質論においては、自益権と共益権という性質の違う権利をどのように整合的に理解するかが議論された。現在では、本文に述べる「社員権説」にほぼ議論が収束している。学説としては、共益権を権利でなく選挙権のような権限であると、株式から切り離して理解し、株式を債権であると解する株式債権説や、もっと極端に、株式会社を営利財団法人であるとする株式会社財団論も主張された。

▷企業の社会的責任
ステークホルダーの問題は、特に株式会社の経済活動によって引き起こされた社会問題、環境問題をきっかけとして、昭和40年代に企業の社会的責任論として、再び注目を集めるに至る。企業の社会的責任論は、企業の「公器性」を強調し、株式会社に代表される企業は、株主のみならず他のステークホルダーに対しても社会的責任を負うと主張した。

▷1 学説の対立は、あたかもファッションの変遷のように、過去の議論が別の形をとって復活することがある。決して過去の蒸し返しではなく、新しい問題意識からの再検討なのである。これは、現在の問題を考える上で、かつての議論を知っておくことが有益である

を受ける収益的機能と物の管理に関する管理的機能があるところ，前者の変形物として自益権が，後者の変形物として共益権があり，自益権・共益権は矛盾することなく，所有（共有）の名の下に統一的に把握することができると考えるのである。そして，自益権と共益権とを一括りにして，「社員権」というものを考え，株主の権利である株式の本質は社員権であると考えた。このような考え方を，社員権説という。

　社員権説からは，株式会社は，株主（＝社員）の実質的所有物であるから，「会社は株主のものであり，株主のために存在するものである」とするという結論が導かれる。これを所有者的企業観という。これに対し最近では，法と経済学のアプローチから，会社制度を契約の束として理解する見解もあり，**契約的企業観**という。

❸ ステークホルダーに関する最新のトピック

　以上のように，この問題は現在に至るまで形を変えて，盛んに議論がなされており，結論の一致をみていない。少なくとも大規模な事業活動を行う株式会社に関して，純粋な社員権説の結論から，株主以外のステークホルダーの利益を全く無視するのは，妥当ではないであろう。ここでは結論に代えて，ステークホルダーに関する議論を考えるにあたって，考慮しておくべき最新のトピックを挙げておきたい。いずれも「株主が主権者」というだけでは何の問題の解決にもならないことを示している。

○従業員が株主に？

　従業員の勤労意欲を高めるためのインセンティヴとして，従業員に対しストック・オプション（⇨Ⅳ-7「新株予約権の発行」98頁）を付与することが認められており，ストック・オプションを行使した従業員は株主となる。従ってその限度では，従業員もまた会社法で検討すべき範囲内にある。また，わが国では従業員の福利厚生や安定株主対策として従業員持株制度（⇨Ⅲ-5「株式の譲渡」54頁）が広く行われており，会社運営上も従業員の意思は，重要な位置を占めている。

○平時と倒産時における会社主権者は違う

　契約的企業観が指摘するとおり，会社倒産時には，もはや株式の価値はゼロであり，会社の意思決定は債権者（債権者集会）が行うことになる。その意味では，債権者が主権者であるといってよい。会社更生や民事再生など**再建型倒産手続**が行われる場合，スポンサーが供給した事業資金により向上した企業価値をスポンサーにのみ独占させ，企業価値向上に貢献がない既存株主を締め出すため，「株主責任」ということがいわれ，100％減資により既存株主は会社から追われることになる。

ことを示している。

▷2　ミクロ経済学の知見を法律学へと利用する法と経済学は，アメリカにおいては盛んに行われている。法と経済学については，その当否自体につき議論があり得るが，少なくとも，新たな視点を与えてくれる点で有意義である。

▷**契約的企業観**
この見解は，会社に関する契約は，予めすべてのことを決めておくことができない不完備な契約であり，不完備な部分を裁量的に補うものが議決権であるとし，議決権が株主に与えられているのは，債権者と異なり，固定的な請求権をもたない株主が利益拡大へのインセンティヴがあるからであると説く。この見解の特徴は，債務超過など会社の倒産時においては，株主から債権の弁済にインセンティヴをもつ債権者へと，会社の主権がシフトすることである。

▷**再建型倒産手続**
再建型倒産処理の場面では，債務の株式化（デット・エクイティ・スワップ：debt equity swap）が行われ，債権者が株主へとチェンジする。また，近時株式や社債の多様化により，両者の中間的色彩をもつ金融商品が多数登場している。

I 総　論

 企業の社会的責任

1 会社と社会との様々な関わり

　会社は，われわれの社会に様々な形で関わり合う。会社の事業の元手となる資金は，株主や銀行などの会社債権者が出したものであり，会社の事業は会社が雇用した従業員，すなわち労働者によって行われる。会社が販売する商品は，様々なルートを経由して，最終的にはわれわれ消費者のもとに届く。会社の事業活動は，会社の営業所や工場などが存在する地域社会の経済や環境にも大きく影響を与える。

　このように会社はわれわれの社会において様々な活動をするので，社会からも「市民」としての一定の役割を期待されることになる（コーポレート・シチズンシップ：corporate citizenship）。例えば，災害時において救援活動に対する寄付等経済的支援をすることや，学問・芸術等へスポンサーとして支援することなどである。事業上の損得を抜きにして会社に期待されるこのような社会的役割のことを総称して，「企業の社会的責任」（Corporate Social Responsibility）という。

2 企業の社会的責任の会社法上の意義

　会社法上企業の社会的責任はどのような意味を有するのであろうか。伝統的な社員権説・所有者的企業観（⇒ I-4 「株式会社における利害関係人」10頁）によれば，会社は株主が出資した共同事業体であるから，事業により利益をあげ，その利益を株主に分配することこそが会社の存在意義であることになる。このように解すると企業の社会的責任は存在しないことになってしまう。この立場からすると，会社がなす上記のような無償の寄付行為も，あくまでも事業上の損得との関わりで理解され，会社の信用・評判を高め，会社の事業遂行に有益なかぎりで認められるべきであると考えることになる。しかし今日においては，相次ぐ企業不祥事や，グローバリゼーション・IT 化の進展等を受けて，企業に対する社会の要請が変化するとともに，企業が果たすべき社会的責任の範囲が拡大している。現在の経済界における一般的意識も，企業の社会的責任とは，「会社の事業遂行に有益なかぎりで認められる」程度のものでありたくないということであろう。このような見地から，企業の社会的責任を会社法の法目的として理解すべきと主張する見解もある。

▷1　小さなところでは，町内のお祭りがあれば，地元の会社が町内会に寄付をすることも，これに含まれよう。

▷2　英語の頭文字から「CSR」ともいう。

▷3　事業活動を行うことこそが企業の社会的責任であると説明する論者もいる。

3 会社がなす寄付と企業の社会的責任

　会社がなす無償の寄付行為は，会社の権利能力の範囲に含まれるのか（⇨ I-6 「会社の権利能力」14頁），寄付により取締役の責任が生じるのか（⇨ V-24 「役員等の損害賠償責任(1)」158頁）といった問題を生じさせる。

　企業の社会的責任の観点からは，会社は，企業に社会的役割として要求される無償の寄付行為を当然になしうるべきであり，それによって取締役の責任を生じさせないように解釈する必要があろう。ただ，企業の活動が社会に与える影響は大きく，寄付により企業の富が社会を歪めないように配慮する必要がある。

▷ 4　個々具体的な解釈論については，本書のそれぞれの箇所で言及される。

4 様々なステークホルダーの利益に配慮

　企業の社会的責任の観点からは，会社は株主の利益だけでなく，様々なステークホルダーの利益をも考慮すべきことになる。これは大きくは会社は誰のものであるのかということであるが（⇨ I-4 「株式会社における利害関係人」10頁），解釈論的には，会社を経営する取締役の義務が誰に対するものであるのかということに関わってくる（⇨ V-15 「取締役の忠実義務・競業および利益相反取引の制限」138頁）。

　取締役は長い目でみた会社の利益を考えて行動すべきであり，その「長い目」でみることの中に，株主だけでなく他のステークホルダーの利益を考慮することが含まれるということになろう。会社において取締役が果たす職責は大きいといわなければならない。

5 社会的責任投資 (Socially Responsible Investment：SRI)

　最近では，企業の社会的責任を踏まえた投資（社会的責任投資）ということがいわれており，企業の社会的責任は企業の資金調達にも大きな影響を与えている。社会的責任投資とは従来の財務分析による投資基準に加え，社会・倫理・環境といった点などにおいて社会的責任を果たしているかどうかを投資基準にし，投資行動をとることをいう。

　古くからある例として，タバコ，ギャンブル，武器に関連する企業への投資をしないことなどがあげられる。今日ではさらに環境に優しい企業か，法律を遵守しているか（コンプライアンス）などが基準に加えられることも多い。米国での全投資ファンドの約12％が SRI に基づいているといわれており，投資基準のメインストリームになりつつある。

I 総論

 会社の権利能力

1 会社の権利能力が制限されるのはどのような場合か

本節では、会社のなし得る行為の範囲がどこまでかについて考える。自然人の場合には、**権利能力の制限**はなく、一定の場合（例えば未成年者、成年被後見人など）に行為能力に制限が加えられるにとどまる。しかし、会社は法人であるので、いくら「人」であるからといって、全く自然人と同一というわけにはいかない。会社の権利能力には、**一定の制限**がある。まず①性質上自然人についてしか認められない権利を会社が享有することはできない。例えば選挙権などである。また②会社については、一定の法目的のために、法律により権利能力を制約することが可能である。ここまではあまり異論がない。

2 定款の目的が会社の権利能力を制約するか

学説上争われてきたのは、③**定款**に記載された「目的」により、会社の権利能力が制約されるかである。すべての会社は、定款に目的を記載しなければならないとされている（会社法27条1号、576条1項1号）。自然人と異なり、人為的に認められた人（法人）である会社については、目的は自らの存在意義を明らかにするものだからである。

これまでの通説は、定款に書かれた目的が会社の権利能力の範囲を画する基準になるものと理解する。すなわち、定款記載の目的の範囲＝権利能力の範囲ということである。従って会社は、定款の目的の範囲外に属する行為をなすことができず、仮になしたとしても、それは会社の能力を超える行為であり、その行為の効果は会社に帰属しないことになる。これを能力外理論（ultra vires doctrine）という。

能力外理論がもたらすこのような結論は、現代社会においては会社にとっても、会社と取引する相手方にとっても妥当でない結論をもたらす。会社にとっては、定款に書いていない事業にフレキシブルに進出することができず、みすみす新しいビジネス・チャンスを失うことになるし、会社と取引する相手方にとっては、会社と取引する際に、いちいち会社の定款を取り寄せて調べた上でないと取引できなくなるからである。

実務上は、目的の記載を工夫し、例えば「○○業およびそれに付帯する一切の事業」という一文を入れることで、能力外理論のもたらす不当な帰結を避け

▶**権利能力の制限**
自然人は出生により権利能力を取得するので、出生前の胎児には法人格はない。しかし、相続等において胎児の存在が影響を与えるので、民法は一定の場合に胎児にも権利能力を擬制している（その法的構成については、民法学上争いがある）。ちなみに会社法上、設立前の会社をめぐる法律関係について、胎児と出生後の赤ん坊とが同一であることとパラレルに、設立前において事実上存在する組織（設立中の会社という）と設立後の会社とが同一であると捉えるのが通説である（⇒Ⅱ-5「設立中の会社と発起人の権限」34頁）。なお自然人の権利能力を否定することは、奴隷制度であるから認められない。

▶**一定の制限**
法人にも行為能力を観念する論者がいるが、それは結局法人の代表者（例えば株式会社における代表取締役等）の権限の範囲のことを言い換えているにすぎない。

▶**定款**
定款とは、会社の根本原則（いわば会社の憲法といったところ）のことをいう。根本原則を記載した書面のことも定款という。実際には、書かなければならない事項は限られているので、各種の雛形が売られている。

ていた。また判例・通説も、目的が会社の権利能力の範囲を画するとしつつも、目的の範囲を広く解し、定款に記載してある目的を直接・間接に実現する事項はすべて目的の範囲に含まれると捉えて、妥当な結論を導こうとしていた（最判昭和27年2月15日民集6巻2号77頁、最判昭和30年11月29日民集9巻12号1886頁）。学説の中には、それならばいっそのこと能力外理論を廃棄し、目的は会社の権利能力の範囲を画するものではないと捉える見解も主張されている。

❸ 会社がなす無償行為は権利能力の範囲内か

会社、特に株式会社は事業活動だけでなく、実際には様々な無償の活動を行っている。例えば、災害が起こったときに人道的な救援活動のために寄付をしたり、学術支援のために大学等研究機関に寄付をするなどである。

通説は、このような無償活動も、目的の範囲を広く解し、間接的に目的を実現する事項として、目的の範囲内（＝権利能力の範囲内）に入ることを認める。間接的に目的を実現するということは、当該無償行為が会社の宣伝・広告に役立ったり、節税に役立ったりするので、それがひいては目的記載の事業活動遂行に役立つと理解するのである。このような説明は、「風が吹いたら桶屋が儲かる」式で迂遠であるとして、批判も強い。特に企業の社会的責任（⇨ I-5 「企業の社会的責任」12頁）を積極的に認めるとすれば、このような活動はむしろ会社に要求されざるを得ないことになるので、もっと会社がなす無償行為を正面から認めるべきという声も強い。

❹ 会社がなす政治献金は会社の権利能力の範囲内か

もっとも問題となるのは、無償行為のうち政党などに対し政治献金を行う場合である。政治献金については、政党活動支援を通じた代議制民主政への協力という美名の一方で、賄賂との境界が不明確であり、議論がつきない。

○会社の実在性を強調した八幡製鉄事件

八幡製鉄（現在の新日鐵）の与党自由民主党に対する政治献金が、会社の権利能力の範囲内か否かが問題となった事件（八幡製鉄事件〔最大判昭和45年6月24日民集24巻6号625頁〕）について、最高裁判所は、政治献金の場合も、上記の無償行為と同様、目的の範囲内であるとした。その際、注目されるのは、「政党の健全な発展に協力することは、会社に対しても、社会的実在としての当然の行為として期待される」として、きわめて法人実在説的（⇨ I-2 「法人格の果たす役割」6頁）な判示をしていることである。ここでは会社の実在性が強調されるあまり、会社をめぐるステークホルダー（特に反対の思想信条を有する者）の存在は考慮されていない。ただ最近では団体内部の少数者の思想・信条の自由を意識した最高裁判決も登場している。

ただ、会社法は、定款自治を大幅に認めたので、これからは定款をどう作り込むかが、会社にとって重要となる（⇨ I-8 「会社の強行法規性」20頁）。

▷1 定款の変更は、株式会社であれば株主総会の特別決議（466条、309条2項11号）、持分会社であれば社員全員の同意（637条）という、重い要件が課されている。

▷2 会社の目的は、会社の登記事項（株式会社については911条3項1号、合名会社については912条1号、合資会社については913条1号、合同会社については914条1号）とされているので、会社と取引する相手方は、登記を調べることで、当該会社の目的を調べることができる。

▷3 近時、最高裁は、税理士会による政治献金が法人の目的の範囲外であるという、注目すべき判断を下した（最判平成8年3月19日民集50巻3号615頁）。最高裁は、上記政治献金はそれに反対の会員の思想・信条の自由を侵害するため目的の範囲外であり、政治献金のための特別会費の納入義務が会員税理士には存在しない旨判示した。ここでは八幡製鉄事件とは異なり、団体内部の反対者の利益を考慮するアプローチが取られている。会社がなす無償行為（特に政治献金）については、権利能力の問題としてだけでなく、会社をめぐるステークホルダー（特に反対株主）の利害が問題となりうることが意識された意義は大きい。

I 総論

 有限責任

1 有限責任が認められる会社形態としてはどのようなものがあるのか

株式会社，合同会社においては，社員の責任が出資額の限度までとされており，これを社員の有限責任という（104条，580条2項）。株式会社・合同会社においては，会社設立（⇒Ⅱ-3「株式会社の設立過程」30頁）前に社員はすべての出資をなすものとされているので（34条，63条，578条），仮に会社が倒産しても社員は会社債権者に対し何ら責任を負わない（間接有限責任）。また，会社ではなく法人格を有しないが，有限責任事業組合（⇒Ⅰ-2「法人格の果たす役割」6頁）の構成員（組合員）についても有限責任が認められている（有限責任事業組合法15条）。

2 株式会社における有限責任の根拠

まず株式会社における有限責任の根拠についてみてみたい。株式会社が積極的に事業展開をして，事業体として成功するためには，有限責任の存在は必要不可欠である。倒産しても出資額以上の責任を負わないからこそ，ハイリターンを求めて，様々な事業にチャレンジできる。つまり，企業体のモチベーションを高めるという点こそが，有限責任の存在意義ということができる。

ただ，そのためには次の前提がある。
(i) 有限責任が会社と取引する相手方のモニタリングコストを削減すること
(ii) 出資者は，他の出資者についてもモニターする必要がなくなること
(iii) 有限責任は株式譲渡の自由を実現すること
(iv) 有限責任は，**ポートフォリオ**の分散化を促進すること

つまり，有限責任がその機能を最大限発揮するためには，大前提として，市場を背景にし資金調達する企業体であることが要求されているといってよい。そして本来，株式会社こそがそのような企業体として予定されていた。

3 有限責任にはどのような弊害があるか

現実には，わが国において，現実に存在する株式会社の大部分は，市場において株式を公開していない，いわゆる中小会社である。上記(i)～(iv)の前提を欠きながら，企業体のモチベーションを高めようとすると，有限責任のデメリットが現れざるを得ない。すなわち，

▷1 この他に合資会社（⇒Ⅰ-3「会社の種類・内容」8頁）の有限責任社員についても，有限責任が認められている。
▷2 (i)で指摘したとおり，有限責任は，調査コストを削減するので，買主は，売主の属性などを考慮することなく，株式を譲り受けることができ，これにより，株式の市場価格を通じて業務執行者をコントロールすることが可能となる。
▷**ポートフォリオ**
株式は，銀行預金と異なり，会社が倒産した場合，投資した額が返ってこないというリスク（デフォルト・リスク）がある。このデフォルト・リスクを最小にしつつ，投資の効果を最大限に上げるため，いくつかの株式を組み合わせて投資するのが一般であり，このことをポートフォリオという。
▷3 有限責任会社への投資者は，自己のリスクを分散化により減少しようとするが，無限責任の会社では，分散化はかえってリスクを増加させてしまう。投資家による分散化は，取締役が，投資者の全資産を危険にさらすことなく，リスクのある事業へ入っていくことを可能にする。これは資本の効率的な運用を実現する。

(v)企業価値が負債を下回る場合に，出資者は企業価値を最大にするインセンティヴをもたず，過度のリスクテイキングがなされる可能性があったり，

(vi)倒産のタイミングを出資者が選択することにより（例えば，倒産により債権者に企業のコントロールが移る前に，多額の剰余金配当をしたり，リスクの高い投資を継続したりして），企業の財産を目減りさせることが可能となったりしてしまう。

このような事態を是正するために，次善の方策としては，債権者が，予め会社経営者（取締役のことが多い）から会社債務につき**連帯保証**や**物上保証**をさせておくことが考えられる。銀行が会社に対し融資をする場合には，かかる措置により債権保全することが多いであろう。

また，売掛代金債権者であれば，動産売買の先取特権（民法321条）やそれに基づく物上代位（民法304条）を行使することが考えられる。さらに会社の従業員の賃金債権や退職金債権であれば，雇用関係の先取特権（民法308条）による解決が考えられる。

しかし，零細な少額債権者や会社がなした不法行為により生じた不法行為債権者に対しては，債権者と会社との力関係からいって，上記のような対策を取ることができず，その保護が強く問題とされる。

❹ 合同会社・有限責任事業組合における有限責任の根拠

この度新たに創設された合同会社や有限責任事業組合も，構成員の有限責任をその特徴としている。ところが，これらの企業体も，前述の上場しない，いわゆる中小会社と同じく，市場を有せず，市場による資金調達を予定していない。

ただ，合同会社，有限責任事業組合は，これらの中小会社と異なった利用が見込まれている。すなわち，合同会社，有限責任事業組合は，物的資源よりも人的資源を利用する企業形態やベンチャー企業が利用することを見込んで作られた企業形態である。

かかる企業による事業展開が盛んになり，わが国における近時の構造不況，開廃業率の逆転現象を是正するために，通常以上に起業家のモチベーションを高めるべく，合同会社・有限責任事業組合といった有限責任の企業形態が創設されたのである。

これらの企業（特にベンチャー企業）は，その事業の性質上リスクを伴うものであるから，そのような企業に関わる債権者には，通常の場合以上に「自己責任」「自助努力」が要求されざるを得ない。

▷4 それらの多くは，いわゆる同族会社であり，家族的経営がなされ，株式の譲渡が制限されていることが多い。

▷連帯保証
連帯保証においては，単純保証と異なり，催告の抗弁（民法452条）・検索の抗弁（民法453条）を有しないので（民法454条），会社債務につき，債権者は直ちに連帯保証人に対し，弁済を求めることができる。実務では，単純保証より連帯保証が用いられる。

▷物上保証
例えば，会社に対する債権を被担保債権として，取締役個人が所有する不動産の上に抵当権を設定することである（民法372条，351条）。

▷5 ただ社内預金の返還請求権については，右預金が会社の強制によりなされた場合（労働基準法18条1項参照）でない限り，含まれないとされている。

▷6 有限責任事業組合の場合，会社ではなく法人格がないので，その出資者を社員と表現することができない。ここでは合同会社の社員と有限責任事業組合の組合員とを併せて，構成員と表現する。

▷7 だからこそ合同会社も，合名会社，合資会社と同様に「持分会社」として総称されているのである（会社法575条）。

▷8 例えば，特許管理会社や，研究機関から知的財産権を移転するための受け皿，または各種のコンサルティング会社といったものが考えられる。

実質的意義の会社法

　実質的な意義の会社法には，形式的な会社法以外の成文法である特別法が含まれます。現在では，会社の自治的な規則である定款や種種の内部規則などでも，モデル的な定款や規則が存在しています。このようなものの中には，業界団体等によって作成され，それなりに権威をもっているものも存在するに至っており，さらには，企業を取り巻く社会状況や社会の企業を見る目ともいうべきものによって，企業のあり方も変化してきているのも事実です。その意味では，企業文化を形成する主要な要素になっている社会の企業を見る目というものと，それによって形成されてくる企業文化というものも，企業を規制する規範といえるでしょう。このように実質的な意義の会社法には，いわゆるハードな法からソフトな法までが含まれるのです。

　そこで具体的には，第一は法律等であって，会社法（なお，合併等対価柔軟化の規定は平成19年5月1日施行〔会社法附則4項〕，をはじめ，法務省令・会社法施行規則・会社計算規則・電子公告規則，そして，関係法律整備法があります。

　なお，有限責任事業組合（LLP）（有限責任事業組合契約に関する法律〔平

成17年法第40号：2005年8月1日施行))や,金融商品取引法といった法律など,周辺の法律も,企業法としていえば,含んでとらえるべきでしょう。

　第二は,定款・規則など会社内部の自治法ともいうべきものを指導している,いろいろな業界団体による規制や基準,モデルです。例えば,全国株懇連合会の定款モデル,内部統制システムのモデル,上場企業の招集通知,事業報告,株主総会参考書類,決議通知のモデルがあります。また,経済産業省の企業の財務管理システムの設計・運用指針も,ここに含めることができるでしょう。これらは,会社の自治的規範である定款や内部規則を事実上指導しているといった意味で,ソフトな規範であるといえます。平成26年の会社法改正では,上場規則をはじめ,コーポレート・ガバナンス・コードやスチュワード・シップ・コードなどのソフト・ローが重要な役割を担ってきています。

　そして,最後に,企業を取り巻く社会の文化・意識です。企業の行動も,このような社会の企業に対する目を無視しては成り立ちえないという前述のような意味で,ソフトな規範といってよいでしょう。　　　（永井和之）

I　総　論

　会社の強行法規性

1　これまでの会社法とこれからの会社法

　ここでは，会社制度を利用するにあたって，どこまで会社法の定めるルールと異なった取扱いをすることができるかについて学習する。これまで，組織に関する事項を定める会社法は基本的にすべて強行法規であり，会社法の定めるルールと異なった取扱いをすることはできないと考えられてきた。そのようなシステムの下では，ある程度不自由ではあるが，すべてのメニューを会社法が定めているのだから，事業者が弁護士など法律家のアドバイスを受けずに，比較的簡単に会社制度を利用することが可能であった（いわばファストフード型またはプレタポルテ型といってよいかもしれない）。

　わが国の社会が広く張りめぐらされた事前規制を撤廃し，事後規制へと法規制のあり方を変えていくのを反映し，新しく制定された会社法は，大幅に当事者の自治を認め，定款で定めたり，社員全員の同意により，会社法が定める取扱いと異なった取扱いができる場合を大幅に認めることにした。これを**定款自治**とか**内部自治**とかいう。合同会社・有限責任事業組合に関しては，定款自治・内部自治が株式会社以上に広く認められ，内部事項は基本的に定款自治・内部自治の問題として，組合的な処理がなされることになった。

　これからの会社法は自由である代わりに，全部自分のリスクで制度設計をしなければならない（いわばアラカルト型またはオートクチュール型といえよう）。

2　株式会社における定款自治・内部自治

　まず，どのような場合に定款自治・内部自治が必要とされるか，いくつか例を挙げてみてみよう。第一に，ジョイントベンチャーの場合である。ベンチャーキャピタルがベンチャー企業に出資する場合，いくらハイリスクなベンチャー企業だからといってあまりに無謀な事業展開をされてはたまらない。そこで事業譲渡・譲受け等一定の事項を行うにあたっては，予めベンチャーキャピタルの了解を受けておく旨を取り決めておくことになる。

　第二に，研究機関から民間企業への技術移転の場合である。研究機関Aが技術を，Bが金銭をそれぞれ出資し，C株式会社を設立し，右技術をもとに事業活動を行うとする。その場合，たとえ出資割合がAが3，Bが7だったとしても，損益分配は対等にするという取決めをするニーズがある。

▷定款自治・内部自治
法人格を有しない有限責任事業組合では定款というわけにはいかないので，有限責任事業組合をも含めて議論する場合には，内部自治といった方が正確であろう。

上記の例における株主間の取決めのことを，一般に**株主間契約**という。ただし株主間契約には，違反に対する実効性が乏しいという弱点がある。

　そこで会社法は，定款自治・内部自治の観点から上記のようなニーズを考慮した。まず，第一の例については，定款で定めれば，ベンチャーキャピタルが保有する株式について，一定の事項につき拒否権が与えられる（108条1項8号，2項8号 ⇨ Ⅲ-3「会社はどのような株式を発行できるか」48頁）。これにより，ベンチャーキャピタルの投下資本の安全性が確保されることになる。

　第二の例についてみてみよう。ここでのニーズは，要は，株主毎に議決権の割合や剰余金の配当を受ける権利について異なった取扱いをしたいということである。これは，株主間の平等に反するので（109条1項 ⇨ Ⅲ-2「株主の権利・義務（責任）」46頁），無制限に認めるわけにはいかない。そこで会社法は，株式の譲渡が完全に制限されている株式会社についてのみ，このような異なった取扱いを認めることにした。これにより，保有株式数に関係なく，1人1議決権とすること（資本多数決でなく頭数による多数決），特定の種類の株式について複数の議決権を付与すること（Super Voting），または株主全員に対し頭割りによる配当をすることもできることになる（109条2項）。

❸ 合同会社・有限責任事業組合における定款自治・内部自治

　合同会社・有限責任事業組合は，有限責任の事業体でありながら，内部関係については民法の組合と同様に，当事者の自治が広く認められる企業形態であるから，株式会社よりももっと広く定款自治・内部自治が認められる。これらの企業体においては，全員が同意すれば，組織を自由に設計することができる。従って，前に掲げたような例は，いずれも当然に認められることになる。

　ただ，このような制度には濫用がつきものである。特にパススルー課税（⇨ Ⅰ-2「法人格の果たす役割」6頁）が認められる有限責任事業組合においては，租税回避行為のために制度が利用される危険が大きい。そこで有限責任事業組合では，「共同事業性の確保」ということが強く要請され，出資者全員が業務に参加することが必要とされている。

❹ 定款自治・内部自治のメリット・デメリット

　以上のとおり会社法においては，広い範囲で定款自治・内部自治が認められた。これらのことから，学者の中には会社法の任意法規化を説く者もいる。これを突き詰めると，会社法は基本的には書式の雛形にすぎないことになってしまう。

　定款自治・内部自治は，会社制度の利用者のために認められるものであるが，あまりに広く認められると，かえって「**目安**」がなくなり使い勝手の悪い制度になってしまう。利用者のためには，一定の「枠」の存在も大事である。

▷**株主間契約**
第一の例でいうと，株主であるベンチャー企業経営者と，同じく株主であるベンチャーキャピタルとが，お互い株主としての資格で，契約を取り交わすのである。

▷1　このような契約において，強制執行をしてもあまり意味がないので，もっとも実効性があるのが，契約の解除であろうか。

▷2　国連安全保障理事会において常任理事国が有する拒否権を想定してほしい。

▷3　このような会社を公開会社でない株式会社という。公開会社の定義については，2条5号。

▷**目安**
例えばアメリカにおいては，ビジネス・トラストという合同会社や有限責任事業組合よりももっと自治の範囲の広い制度があるが，かえって自由度の高さが仇になって，あまり広くは利用されていない。ちなみに信託法はこれを事業信託という形で受け入れることにした（信託法21条1項3号）。

◯ Exercise

◯理解できましたか？
　1）会社の種類について挙げ，それぞれの会社の特徴について説明してください。
　2）株式と持分とはどのように違うのですか。
◯考えてみましょう！
　1）法人格とは何ですか。それはどのような役割を果たすのでしょうか。
　2）構成員の有限責任が認められている企業形態を挙げてください。そしてそれらにおいて有限責任が認められている根拠について説明してください。
◯調べてみましょう！
　1）新聞などでは，よく「株主価値」や「企業価値」の最大化という言葉が用いられます。それは会社法上どのような意味をもつのでしょうか。
　2）ビジネスを行う上で，様々な企業形態の中から，ある形態を選択する場合，いかなる要素が考慮されるのでしょうか。

◯ 勉学へのガイダンス

◯初学者のための入門，概説書
　神田秀樹『会社法入門　新版』岩波新書，2015年
　　会社法の権威が書かれたもので，会社法を見渡すことができる新書。
　菅原貴与志『小説で読む会社法――ドラマ・企業法務最前線』法学書院，2003年
　　小説仕立てで興味深く会社法を学ぶことができる。著者は弁護士。
　神田秀樹『会社法　第16版』弘文堂，2016年
　　コンパクトに会社法の全体像を見渡すことができる定評ある教科書。
◯進んだ勉学を志す人に
　江頭憲治郎『株式会社法　第6版』有斐閣，2015年
　　実務的な悩みにも答えることができる浩瀚な体系書。初学者が通読することは困難であろうが，調べ物には最適。
　江頭憲治郎ほか編『会社法判例百選（別冊ジュリスト（No. 180））』有斐閣，2006年
　　副読本として便利な判例教材。最新判例は，毎年刊行される別冊ジュリスト『重要判例解説』で補うとよい。
　江頭憲治郎編『会社法コンメンタール』有斐閣，2008年
　　注釈書（コンメンタール）の中から一冊。今後続刊が逐次刊行予定。

第 II 章 設立について

guidance

　本章では，会社を設立するためには，法的に何が必要であるのかを，株式会社を中心に検討する。会社の設立とは，法的にはどのような意味があり，それがどのような手続や制度に結びついているのかを概観していく。例えば，「定款」にはどのような意味があるのか，あるいは持分会社と比較することで，株式会社の設立手続がもつ特徴を明らかにすることができるでしょう。そして，設立に関する手続や制度がどのような趣旨で規定されているかに着眼して，読み進めてもらえれば，会社法の設立手続についての理解ができると思います。さらに，発起人の権限や設立中の会社等の会社の設立で，解釈上問題になる点について，判例の学習とあわせて，整理してみるとよいでしょう。他方で，設立手続の瑕疵を防止・治癒するために会社法がどのような規定をおいているのかを整理してみると，手続の流れや意義を裏面からみることになり，より一層制度の理解が進むと思います。その際，今まで学習してきた民法上の原則的な考え方と会社法の規定の仕方について，原則と例外を明確にすることで，その趣旨を確認するとよいでしょう。その上で，「会社法」と商法の旧規定とを比べて，従来の原則や制度がどのように改正されたのか，立法経緯にはどのような意味があるのか等に目を向けることで，さらに深い理解に繋がっていくと思います。

Ⅱ 設立について

会社の設立の意義

① 会社の設立の意義

事業主体としての会社，すなわち一定の事業を行うことができる会社を設立するためには，何が必要なのかをまず考えてみよう。われわれ一般人（民法の自然人の話を思い出して欲しい）は，権利の主体として（法人格），自らの意思によって，法律行為をすることで（例えば，契約の申込み・承諾等），その効果として一定の法律関係を形成し（売買契約の成立，その効果として発生する権利・義務の履行として商品の引渡し，代金の支払い等），日常の社会生活を営んでいるわけである。これに対し，法が人格を与える法人は，当然には意思決定や，法律行為を行うことはできない。このような法人に自然人と同様の機能を果たす実体を与えるにはどうしたらよいのかということが，法人の形成の出発点となる。このことは，会社以外の法人についてもあてはまることである。

さらに，会社は，一定の事業を行うために，資金を確保するため出資者を集める必要がある。とりわけ，株式会社は大規模な事業のための，大量の資金を調達できるような仕組みが必要となる。例えば，株主を有限責任としているため，会社財産を確保する制度を必要とする。

まず会社を設立するためには，権利義務の帰属点として，主体として一定の「組織」を必要とするのである。どのような組織をつくるのかということを組織の根本規則である定款によって定めることになる。

また，会社は，事業への出資者を前提としていることから，構成員が存在する**社団**ということになる。その構成員が誰なのかということを確定させなければならない。

根本規則によって，どのような組織なのかを定め，出資者である構成員を定めただけでは，法人は機能しない。何故ならわれわれ自然人のように，法人は当然には人格をもたないのだから，どのように意思を決定し，その意思に基づいた行為を行うことを可能とするものを必要とする。そのための存在が，「機関」である。

② 定款の作成とはどのようなことか

①で述べてきたことを前提にすれば，会社の設立は，会社の根本規則である定款を定めることから始まる（株式会社の場合…26条，持分会社の場合…575条）。

▷1 権利義務の帰属点として，われわれ自然人のように当然に人格をもっているわけでなく，権利の主体として一定の「組織」を必要とするのである。言い換えれば「A」という法人をこれから設立しようとしたときに，当然にAが存在するのではなく，Aがどのようなものであるのかを（株式会社なのか，持分会社なのか）決める必要があるのである。それは，その組織の根本規則としての定款によって定められることになる（⇨Ⅰ-2「法人格の果たす役割」6頁，Ⅰ-3「会社の種類・内容」8頁）。

▷社団
私法上の法人には，大きく分けてその構成員を前提とする社団法人と，一定の財産に人格を付与する財団法人が存在している。この点，会社法には社団という文言は使われていないが，株式会社や持分会社は，その規定上それぞれ「株主」「社員」を前提としていることから，人的結合体としての社団であるといえる。

定款は，株式会社の場合は，発起人が作成し，持分会社の場合は社員になろうとする者が作成する。定款には，記載がなければ定款自体が有効とならない必要的記載事項（27条，576条），定款に記載しなければ，効力が生じない相対的記載事項（29条，577条における「この法律の規定により定款に定めがなければその効力を生じない事項」，例えば変態設立事項〔28条〕），あるいは任意に定款に記載することができる任意的記載事項（29条，577条における「その他の事項でこの法律の規定に違反しないもの」）がある（定款自治・内部自治 ⇨ I-8 「会社の強行法規性」20頁）。

株式会社の定款の必要的記載事項（27条）は，目的（同条1号），商号（同条2号），本店の所在地（同条3号），設立に際して出資される財産の価額またはその最低額（同条4号），発起人の氏名または名称および住所（同条5号）である。これに対して，持分会社の定款（576条）では，目的，商号，本店の所在地，出資の目的，に加えて社員の確定が定款上でなされている。このことは，持分会社の場合には，定款を作成することによって，根本規則が定まり，同時に社員が確定し，さらには社員が確定することによって，会社の機関が定まることになる（社員の業務執行権590条 ⇨ Ⅶ-2 「合名会社・合資会社」190頁，Ⅶ-3 「合同会社」192頁）。つまり定款を作成することで先に述べた会社の組織ができあがるのである。この結果**持分会社の設立**に関する規定は，わずか数条となっているのである（575条-579条）。

これに対して，株式会社は，社員，機関の確定は，定款の作成とは，別の手続でなされる。これは株式会社が，不特定多数の株主が参加できることも可能であるように，あるいは株主以外の者が，経営することを可能であるようにするためである（取締役の第三者機関性 ⇨ Ⅴ-12 「取締役」132頁）。加えて，会社財産を確保するための出資や調査の手続を要する。結果，株式会社の設立手続は，定款の作成以外の部分での設立手続を必要とするのである。

❸ 会社の設立に許可はいるのか

会社法では一定の要件を満たすことで，当然に会社を設立することができる**準則主義**という**会社設立の立法主義**がとられている。会社の設立も，われわれの私的生活の一環であり，私法上の行為については，私的自治の原則によって，どのような経営をするのか，あるいは，どのような形態で経営をするのかについても自由なはずである（設立の自由）。

ただし，会社は法人として，一般の会社債権者，会社の従業員，出資者である株主・社員等の多数人間の権利関係の基点となることから，それらの者の利益を衡量して，会社の種類に応じて，例えば資本充実のための制度を規定することで，会社に関わる多数の人間の利益を調整している。なお，金融や保険等の事業をすることについて，公益の観点から事業許可を必要とする場合があるが，事業自体の許可であり，会社の設立の許可とは異なる。

▶**持分会社の設立**
持分会社にあっては，定款の作成によって，根本規則，社員，機関が確定することから，定款の作成が中心となり，簡潔な設立手続となる（575条以下）。結果として，株式会社より持分会社の方が会社の設立が容易であるといえる。これは，株式会社のように将来的にも不特定多数の者からの出資を求めることがなく，社員間に一定の人的信頼関係がある限られた組織形態を前提としているためである。持分会社のうち，合同会社はその社員すべてが有限責任社員であることから，株式会社と同様に会社財産を確保するため，設立時の出資の履行が強制される。その出資は金銭の全額（全額払込制）あるいは金銭以外の財産の全部給付を設立の登記までに履行しなければならない（578条本文 ⇨ Ⅶ-3 「合同会社」192頁）。持分会社は，株式会社同様，設立登記によって成立する。

▶**会社設立の立法主義**
歴史的にみると会社の設立には，国王の勅許によって設立される場合（勅許主義），特別の立法によって設立される場合（特許主義），主務官庁の認可によって設立される場合（免許主義）といったものが存在する。

株式会社立の大学

　会社は組織立った目的をもたない集団である烏合の衆とは異なり，会社として何をするのかという目的があります。この目的は定款に記載された，出資者たちの出資目的でもあります。しかし，この出資目的としてどのようなものが認められるのかに関して，会社法上は直接規定がありません。それでは，会社の目的（27条1号）としては，何でもよいのでしょうか。違法な事業を営むということでなければ，非営利の事業でもよいのでしょうか。

　もし，非営利の事業でもよいとするならば，NPOなども株式会社として組織化したほうが，NPOの目的に賛同して資金を拠出する人々が，その後NPOの運営をチェックするために株主になるなど，株式会社組織を利用したほうが適切な運営が確保されるかもしれません。

　それから，大学を設立することを目的とした株式会社というのはどうでしょうか。株式会社立の大学も実際に登場してきています。そこでは，教授会自治や学生の自治活動といったことと，株式会社の論理は両立するのでしょうか。皆さんはこれから学ぶ会社法で，株式会社の論理をしっかりと勉強をしてください。そして，この答えを考えてください。株式会社が設置した大学といっても，研究に基礎をおいて教育を行っていくという

大学である以上，研究の担い手である教員が，研究に根ざした教育を構築していくということが確保されていなければならないと考えます。そこでは専門家の自治的な判断が尊重されなければなりません。このような大学の論理に対して，株式会社の論理はどのようなものでしょうか。

また，会社は，出資者である株主や社員が出資した財産を運用して，その得た利益を株主や社員に分配することを目的としているという意味での営利法人であります。授業料等による大学の利益が，設置者である株式会社の株主に配当されるということをどう考えますか。

このように定款に記載される会社の目的に，非営利事業が含まれてくると，継続的に行うものであれば，会社はその事業を定款に記載することも要求されていると解されることにもなります。とすると会社の営む文化活動なども継続的に行っているのであれば，非営利事業であるとしても，定款に記載して，株主など利害関係者に開示して行うべきであるという解釈もありうると思います。

それ以上に，継続的に行っているのであるならば，事業ではないとしても政治献金も定款に記載すべきであるとは解されないでしょうか。

（永井和之）

II 設立について

2 株式会社の設立の方法

1 株式会社の設立方法には二つの方法がある

株式会社は定款において、社員である株主、機関を確定しないことから、それらを確定させ、多数人に及ぶ場合もある出資の履行の確保のための手続を必要とする。

株式会社の設立手続は（25条以下）、発起設立による場合（発起人が設立時発行株式の全部を引き受ける方法　25条1項1号）と募集設立による場合（発起人が設立時発行株式を引き受けるほか、設立時発行株式を引き受ける者の募集をする方法　同項2号）とがある。会社法は、実務運用の実態にあわせ発起設立を原則として、募集による設立を行うこともできるとする（57条）。

いずれの場合でもまず定款を作成し（26条）、公証人による定款の認証（30条）を経て、発起設立の場合には、設立時発行株式に関する事項を決定し（32条）、出資の履行がなされ、設立時役員等の選任（38条）、設立時取締役等による調査等を行い（46条）、登記時に、会社は成立する（49条）。募集設立による場合には、募集、創立総会に関する規定が定められている（57条以下）。

2 発起人による定款の作成

まず、いずれの手続による場合も会社の根本規則である定款を作成する。発起人は作成した定款に署名、または押印しなければならない（26条1項）。電磁気的記録については、これに代わる措置をとらなければならない（同条2項）。

3 定款の内容

株式会社の定款の必要的記載事項（27条）は、会社の行う事業の内容である目的（同条1号）、会社の名称である商号（同条2号、6条）、会社の本店の所在地（同条3号）、設立に際して出資される財産の価額またはその最低額（同条4号）、発起人の氏名または名称および住所（同条5号）である。設立に際して出資される財産の価額またはその最低額であって、設立時の発行株式数ではない。設立時の株式数と資本との関係がなく、設立時の最低額を限度としている。これにより、出資の履行がなされない場合でも、発起人が引受・払込担保責任を負うことはなく、発起人ないし設立時募集株式引受人の権利が失権するため（36条3項、63条3項、新株発行における規整と同様になった）、設立時の発行株式数

▶最低資本金制度の廃止
最低資本金の規制に関する機能が会社法の立法作業で検討された。その結果第一の機能として、設立時の出資額の下限額の規制という機能、第二に、利益配当等における純資産額規制、第三に資本の額として表示しうる額の下限規制という機能があるとされた。そして、第一の機能については、すでに特別法による運用実態を踏まえた形で、起業の促進の観点から撤廃されることになった。また、債権者保護として純資産を維持するという第二の機能は維持する必要があり、旧有限会社規制を取り込んだ株式会社については、純資産額300万円を下回る場合には、剰余金の配当をすることができないという形で維持されている。第三の機能については、法律で解散や増資義務を課さないにもかかわらず、資本の額を一定額以上として表示することの合理性がないことから撤廃された。

を定款で定めることはできない。発行可能株式総数は，会社成立の時までに定款を変更して定めればよく（37条1項），公開会社の授権資本制度である設立時発行株式の総数は，発行可能株式総数の4分の1を下ることはできないことについても（同条3項），出資の履行がなされない場合には，会社が成立時までに発行可能株式総数を変更することで対応できる（同条2項）。

設立時の相対的記載事項の一つとして，定款に定めなければその効力を有しないものとして，変態設立事項の定めがある（28条）。その内容は，いずれもその過小・過大評価することで，成立前に会社財産を失わせ，健全な会社の成立を阻害する要因となるおそれがあるためである（⇨ II-4「変態設立事項・仮装払込の防止」32頁）。

❹ 最低資本金制度の廃止

旧商法は，会社債権者保護のために一定の会社財産を確保するため，最低資本金制度をおき，株式会社について1,000万円以上，有限会社について300万円以上の最低資本金を要求していたが，会社法では，これを規定していない。

最低資本金制度の廃止とともに，会社債権者を保護するため，会社財産の確保のため一定の基準であった資本に関する制度も変更された。会社法は，債権者保護のための一定の財産確保の点から，剰余金の分配規制という形でのみ残されることになった。

会社債権者を保護するために，一定の会社財産を確保するための最低資本金制度は，起業する者にとっては高いハードルとなって起業の阻害要因とされたため，特別法による特例が認められていた。このような情況を踏まえ，起業の促進の点から，会社法では最低資本金制度が廃止された。このことにより，資金面で起業が容易になることから設立の自由が確保される一方，商法旧規定における株式会社についての厳格な設立手続による場合に比べ，会社設立の健全性の確保の規制，とりわけ**資本充実の原則**のための規制は一定程度後退することになった。

また最低資本金制度は，一定の会社財産を確保するための制度であると同時に，株式会社・有限会社というそれぞれの会社制度を，適正な規模の企業が選択して利用できるようにし，各々の法制度自体が適正な規模の会社を規律することで，適正な法規整がなされるための区分立法の役割を担っていた。そこでは企業規模に応じた機関設計が法定されていた。

その結果，会社法では，成立後の会社の健全性を確保するため，会社の規模に応じた機関設計，決算公告等の制度の重要性が増すことになる（⇨ V-2「機関設計の自由化と代表的な機関設計」112頁，VI-8「計算書類等の開示」184頁）。

▷**資本充実の原則**
株式会社は株主を有限責任にすることにより，不特定多数の人から遊休資本を集めることを可能にする制度である反面，社員である株主が会社債権者に対してすでに出資した額以上の責任を負わないことから，会社債権者にとっての責任財産は会社財産のみとなる。このため，会社財産の確保のための制度が必要であり，設立時に資本額に相当する財産を会社に確保する資本充実の原則がとられていた（資本の原則について VI-6「資本金と純資産の部」❷180頁参照）。しかし反面厳格な資本充実責任は，設立時発行株式の一部にでも引受け・払込みがない場合でも，原則株式会社の設立を認めず，発起人等に厳格な無過失の填補責任を課すことで，結果会社の設立による起業を阻害し，迅速な営業の開始を遅らせているとされ，起業の促進の観点から最低資本金制度の廃止とあわせ，会社法では，設立時に出資される財産の価額またはその最低額という形で大幅な緩和がなされている。設立の自由が確保される反面，会社財産の確保が十分でなかった場合，会社債権者の保護のために，取締役の第三者責任や法人格否認の法理の活用が必要になる可能性もある。

Ⅱ 設立について

3 株式会社の設立過程

1 発起設立手続の過程

定款の作成後，発起設立による場合には，発起人はその全員の同意によって，設立時発行株式の全部を発起人に割り当て（32条），当該株式を引き受け後，発起人は遅滞なく，その引き受けた設立時発行株式につき，その出資に係る金銭の全額の払込みをしなければならない（全額払込制 34条1項）。出資が**現物出資**の場合には，その全部を給付しなければならない。これは，株式会社の設立の健全性を確保し，資本充実を図るためである。

出資の履行が定められた期日までになされない場合は，当該出資をすべき発起人は，設立時発行株式の株主となる権利を失う（36条）。

払込みの確実性を担保するため，払込みは，銀行や信託会社である銀行等の払込取扱をする場所になされなければならない（34条2項）。

発起人は，**設立時役員等**の選任を行わなければならない。設立時役員等の選任は発起人の議決権の過半数をもって決定する（40条）。同様に株式会社の成立の時まで発起人は設立時役員等を解任することができる（42条，43条発起人の議決権の過半数，ただし設立時監査等委員である設立時取締役又は設立時監査役の場合は3分の2以上の多数を必要）。

選任された設立時取締役（設立しようとする株式会社が監査役設置会社である場合にあっては，設立時取締役および設立時監査役）は，その選任後遅滞なく，変態設立事項である検査役による調査を受けていない現物出資，財産引受の価額が相当であること（46条1項1号），あるいは弁護士等の証明の相当性（同項2号），出資の履行の完了（同項3号），その他株式会社の設立の手続が法令または定款に違反していないこと（同項4号）を調査し，調査により法令違反もしくは定款違反，または不当な事項があると認めるときは発起人にその旨を通知しなければならない義務を負う（46条2項，同条3項，指名委員会等設置会社の場合は，設立時代表執行役）。

2 募集設立手続の過程

株式会社の設立方法としては，**発起設立**の他に，**募集設立**（25条1項2号）が可能である。発起人が設立時発行株式を引き受けるほか，発起人全員の同意によって設立時発行株式を引き受ける者の**募集**をすることができる（57条）。

▷**現物出資**
現物出資とは，金銭以外の財産による出資であり，発起人のみに認められる。資本充実の原則から出資は原則として，金銭出資を原則とするが，営業財産等を出資することによって，例えばすでに存在している個人企業などが，株式会社として設立することができるため，金銭以外の出資も定款に変態設立事項として記載することによって有効となる（28条）。

▷1 資本充実の一環として商法旧規定は，払込取扱機関による保管証明を義務づけていたが，保管証明の発行に時間がかかり，迅速な会社設立を阻害する原因の一つとなっていたこと，あるいは保管証明責任のため，銀行等が払込取扱機関を引き受けることを拒む場合があり，株式会社設立をむずかしくする原因の一つであったため，会社法では，発起設立の場合には，保管証明の発行や，それに基づく責任は不要であるとされた。

▷**設立時役員等**
設立時取締役（株式会社の設立に際して取締役となる者），設立時会計参与，監査役設置会社である場合には設立時監査役，会計監査人設置会社である場合は，

募集設立の場合には，発起設立における要請に加えて，発起人以外の出資者である株式引受人の利益をどのように保護するのかが重要となる。

発起人は設立時募集株式について，株式数，払込金額，払込みの期日または期間，引受けの取消しに関する事項を全員の同意によって定めなければならない（58条）。発起人は募集に応じて設立時募集株式の引受けの申込みをしようとする者に対して，定款の認証年月日および認証した公証人，定款の該当事項，発起人が出資した財産の価額，払込みの取扱いの場所等について通知しなければならない（59条）。発起人は，申込者の中から設立時募集株式の割当てを行い，その通知をしなければならない（60条）。なお，設立時募集株式を引き受けようとする者がその総数の引受けを行う契約を締結する場合には，通知・割当てに関する規定は適用されない（61条）。

割当てを受けた設立時募集株式数に応じて申込人あるいは，契約により設立時募集株式の総数を引き受けた者が設立時募集株式の引受人となる（62条）。設立時募集引受人は，定められた期日または期間内に，銀行等の払込取扱の場所において，全額の払込みを行わなければならない。払込みがない場合は再募集は行われず，設立時募集株式引受人は，設立時募集株式の株主となる権利を失う（63条）。

発起人は，払込期日ないし期日の末日後，遅滞なく創立総会を招集しなければならない（65条）。創立総会は設立時株主によって構成される会議体であって，会社法第2編第1章第9節に規定する事項および株式会社の設立の廃止，創立総会の終結その他株式会社の設立に関する事項に限り，決議することができる（66条）。具体的には，設立時取締役等の選任（88条），解任（91条），定款の変更（96条）等である。また，決議事項の限定されること以外では，通知手続・招集手続の省略・議決権・書面決議等に関しては規律の統一の観点から，成立後の株主総会と同様の内容が規定されている。総会による選任後，発起設立等同様に，設立時取締役等の調査ならびにその報告をしなければならない（93条）。

3 会社の成立

以上のように，発起設立（前項）あるいは募集設立による手続を経て会社の実態が形成されると，その本店の所在地において設立登記をすることによって成立する（49条）。よって，株式会社は登記時に，法人格を取得することになる（3条参照）。株式会社の設立登記事項が定められており（911条3項），法の定める一定の日より2週間以内に（同条1項，2項），商業登記法の定めるところに従い，商業登記簿に登記することになる（907条）。

設立時会計監査人である。また，設立しようとする会社が監査等委員会設置会社である場合には，設立時取締役の選任は，設立時監査等委員である設立時取締役とそれ以外の設立時取締役とを区別してしなければならない（38条2項）。

▷2 設立手続の流れについてⅡ-4「変態設立事項・仮装払込の防止」図Ⅱ-2，33頁参照。

▷発起設立と募集設立の相違

発起人は募集設立の場合であっても1株以上の株式を引き受けなければならない（25条2項）。発起設立とは異なり，募集設立においては，会社法の「第2編第1章設立」第2節，第3節，第39条および第6節から第9節が適用される。発起人の不足額塡補責任は無過失責任とされ（52条，103条1項），発起人は払込取扱銀行等に払込金の保管証明の交付を請求することができ，この証明を交付した銀行等は，払い込まれた金銭の返還に関する制限があることをもって成立後の株式会社に対抗できない担保責任を負う（64条）。これは，募集設立における設立事務を行う発起人以外の株式引受人を保護するためである。擬似発起人についてはⅡ-6「設立に関する責任」36頁参照。

▷募集

募集とは，公募の場合に限られず，知人・縁故による発起人以外の者への募集の場合を含む。

Ⅱ 設立について

 変態設立事項・仮装払込の防止

▷1 定款に記載ない行為の効力
判例は、定款に記載のない財産引受を無効とし、追認を認めないが、譲受会社の無効主張を信義則上認めない（最判昭和61年9月11日判時1215号125頁）。

▷2 変態設立事項の調査
発起人は、変態設立事項（28条）に規定された現物出資、財産引受、発起人の受ける報酬その他の特別利益、設立費用に関して、定款に記載がある場合には、裁判所選任の検査役の調査を必要とするのを原則とする（33条）。これは変態設立事項が、正しく評価されない場合、成立前に会社財産の流失・不足を招き健全な会社設立を阻害し、資本充実の原則に反してしまうからである。実務上、時間と費用を要する検査役の検査を回避する傾向があり、結果として脱法行為を招いたり、迅速な会社設立を阻害していたことから、検査役の調査を省略しても、他の方法で評価の相当性を維持でき、弊害を防止できる場合には、その省略を認めている。定款に定められた現物出資・財産引受の額が500万円を超えない場合（33条10項1号）、市場価格のある有価証券の場合（同項2号）、現物出資等の定款に記載された価額が相当である旨の弁護士、公認会

1 変態設立事項

変態設立事項とは、過大あるいは過小の不適切な評価をすることによって、設立時の会社財産が、適切に確保できなくなるおそれのある場合について、定款に記載された場合に例外的に有効とされるものをいう。現物出資（28条1号）、財産引受（同条2号）、発起人への報酬や特別利益（同条3号）、会社の設立費用（同条4号）である。財産引受とは、会社の成立を条件として一定の財産を譲り受けることを約した契約であり、会社の営業のために必要な財産の取得などに必要とされる。しかしながら目的物を過大に評価すると設立時の会社財産の基礎を危うくし、現物出資の脱法行為としても利用されるおそれがあるため、規制される。

発起人の特別利益とは、発起人の功労に対して会社が発起人個人に与える将来的継続的利益である。例えば会社の設備利用権等などが考えられる。発起人の報酬とは、設立事務の労務に対する一時的に支払われる報酬である。いずれも、過大な利益や報酬が与えられることにより会社財産を不当に害するおそれがあることから規制される。設立費用とは、設立事務所の賃借りのための費用等の会社の設立のために必要な行為により生じる一切の費用である（定款の認証の手数料その他株式会社に損害を与えるおそれがないものとして法務省令で定めるものを除く〔会社法施行規則5条〕）。これらの費用は、設立中の会社が負担すべきものであるが、発起人が立替払いをしているために、成立後発起人が会社に求償することなる。これを無制限に認めると会社財産の基礎を害することになるので、変態設立事項として規制されている。

2 事後設立について

変態設立事項に関する調査を回避するため脱法行為として、会社成立後に会社が契約上財産を取得するという方法がとられる場合があった。これらを認めたのでは、変態設立事項を規定し、会社財産の確保をすることで健全な会社を成立させようとする法の趣旨に反することから、このような行為を事後設立として、株主総会の特別決議を要することとした（467条1項5号、特別決議309条2項9号）。なお、純資産額の5分の1を超えない場合は省略することができる。財産価額の適正性の確保は、事業活動に伴う取締役の善管注意義務の範囲内で

II-4 変態設立事項・仮装払込の防止

行われるべきことであり，同時に運用上規制回避のための非合理的な努力がなされていたため，実効性に乏しいことから，会社法は事後設立においては，検査役の調査は廃止している。

③ 出資と仮装払込

出資の払込みを仮装する場合がある。発起人が払込取扱場所である銀行等と通謀し，その銀行から発起人が借り入れた金員を出資として払い込み，発起人がその返済をするまでは，成立後の会社は当該払込金を引き出せない旨約束する形でなされるものを預合いという。このような場合は，成立後の会社は出資された財産を利用することができず，会社債権者に対する責任財産としても意味をもたないことから，資本充実の原則に反するものとして預合い罪として刑事罰が科されるとともに（965条），私法上の効力も無効であると解されている。預合い以外にも仮装払込として，発起人が払込取扱場所である銀行等以外の第三者から金銭を借り受けて，会社成立後直ちにこれを借入先に返済する方法であるいわゆる**見せ金**などがありうる。

④ 払込取扱銀行等の責任

発起設立の場合には，払込取扱場所である銀行等は，保管証明を発行する必要はなく，それに基づく責任も負うことはない（⇨ II-3「株式会社の設立過程」❶30頁）。募集設立の場合には，保管証明を発行することで，払込取扱銀行等は，保管証明責任を負うことになる（⇨ II-3「株式会社の設立過程」❷31頁）。

計士等（不動産である場合は，不動産鑑定士の評価）の証明を受けた場合は，検査役の検査を省略することができる。このことにより実務上多くの場合で検査役の検査を省略することが可能であり迅速な会社の設立が可能となる。

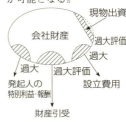

図II-1 変態設立事項

▷見せ金
見せ金の効力については争いがあるが，個々の行為が有効であると考えられるとしても，実質的に仮装の払いを目的として，一連の行為がなされている場合には無効であると解するべきである（最判昭和38年12月6日民集17巻12号1633頁参照）。

	株式会社		持分会社
	発起設立	募集設立	
定款（根本規則）の確定	定款の作成（26）→公証人による定款の認証（30）		定款の作成（575）
社員の確定	設立時発行株式に関する事項の決定（32） ↓ 出資の履行・設立時発行株式の株主（34・50）	設立時募集株式に関する事項の決定（58） ↓ 設立時募集株式の申込み（59） ↓ 設立時募集株式の割当て（60） 全額払込（63）・設立時発行株式の株主（102 II）	定款（576 I ④）
変態設立事項の調査	裁判所の選任による検査役の調査（省略）・証明（33）		
会社財産の確定	出資の履行（34） 全額払込・全部給付	全額払込（63） ↓ 保管証明（64）	（合同会社の設立時の出資の履行）（578）
機関の確定	設立時役員等の選任（38）	創立総会における設立時取締役等の選任（88）	定款（576→590）
調査	設立時取締役等による調査（46）	設立時取締役等による調査・創立総会への報告（93）	
法人格の取得	設立登記・成立（49）→法人（3）		設立登記・成立（579）→法人（3）

図II-2　株式会社と持分会社の設立手続の比較

II 設立について

設立中の会社と発起人の権限

▶発起人
発起人とは定款に発起人として署名または記名押印した（電磁的記録を含む）者とされる。この結果，実際に設立参画していない者も責任を負う。擬似発起人については II-6「設立に関する責任」❶36頁参照。

▶発起人組合
会社の設立を目的とした発起人組合の行った事業行為の効力について，本来の組合の目的ではないが，発起人組合への効果の帰属を認める（最判昭和35年12月9日民集14巻13号2994頁）。

▶設立中の会社
会社は確かに登記とともに成立し，法人格を取得するわけであるが，突然に登記とともに発生するのではなく，設立手続とともに社団を形成し，徐々に成立後の会社と実態を同じくする権利能力なき社団を形成していくのである。これを「設立中の会社」と呼ぶ。そして形式的に登記までは，権利義務の帰属主体とはなれないが，設立登記と同時に形式的な障壁がなくなり，設立中の会社に実質的に帰属していた設立手続による行為の効果が，成立後の会社に帰属することになるとする理論である。

▶開業準備行為
開業準備行為とは，会社成立後の営業の準備のための行為であり，会社の設立行

❶ 設立手続による効果が，何故成立後の会社に帰属するのか

株式会社は，登記によることによって成立し（49条），法人格を取得することになる（3条）。法人格がなければ，権利義務の主体にはなれないわけであるから，会社は成立するまで，権利義務の主体とはなれない。発起人がなした様々な設立行為が，成立後の会社に効果が帰属するのは何故かが問題になる。

発起人は，当該会社の設立のために設立手続を行うのだが，発起人は当然，成立後の会社とは，法人格を異にするので，発起人の行為の効果が当然には成立後の会社には帰属しない。また，発起人が数名いる場合は，会社の設立を目的とする民法上の組合としての**発起人組合**を想定できるが，民法上の組合であるから，権利義務の帰属は個々の発起人であり，法形式上，同様に成立後の会社に権利が帰属するということはできない。

❷ 設立中の会社という概念

❶で述べた問題について理論的に説明するために「設立中の会社」という概念が用いられている。この理論によれば，発起人は，設立手続を形式的には自己の行為として行っているが，実質的には設立中の会社の業務執行機関として行為していることになる。そして，設立中の会社は成立後の会社の前身であることから，実質的には同一であるので（同一性説），設立中の会社の業務執行機関としての発起人の行為が当然に成立後の会社に帰属するとされる。

設立中の会社は，定款作成後発起人が少なくても1株以上の株式を引き受けたときに形成され，その後の発起人の行為は，実質的に設立中の会社の業務執行機関の行為として，考えられている。ただし，設立中の会社の概念を用いたとしても，発起人がなした行為，例えば**開業準備行為**や営業行為が，成立後の会社に当然に帰属するものではない。これら効果が帰属するかどうかは，設立中の会社の実質的な権利義務の範囲をどう捉えるのか，加えて，設立中の会社の業務執行機関としての発起人の権限をどの範囲で捉えるかによって結論がかわることになる。そして，会社成立前に生じた債務を，発起人のみに，あるいは成立後の会社にも帰属させるべきかということが問題となる（後述❹参照）。

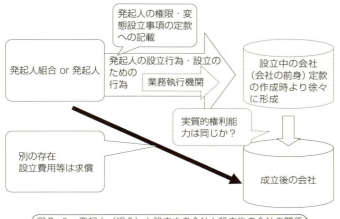

図Ⅱ-3　発起人（組合）と設立中の会社と設立後の会社の関係

3　発起人の権限

　発起人の行為としては，定款の作成，設立時取締役等の選任等の設立行為自体，設立事務所の借入れ等の設立に必要な取引行為，営業所の買入れ等の開業準備行為が考えられる。しかし発起人の権限に関して会社法は明確な規定をおいていない。会社法は変態設立事項として，財産引受，設立費用について定款に記載しないと効力が認められないとする（28条）。

　このことから定款に記載のない設立に必要な取引行為における費用（設立費用）が，発起人により弁済されていない場合，成立後の会社に帰属するのか，あるいは開業準備行為が財産引受として定款に記載されていない場合，その行為の効果を会社は追認できるのかという問題を生じることになるのである。

4　未払いの設立費用の債務は成立後の会社に帰属するのか

　設立のために要した費用については，発起人が立替払いをし，変態設立事項として記載してある場合に，その範囲で発起人は会社に求償できるのであるが，それは内部関係の問題であって，設立に必要な取引行為の発起人の債務が会社に成立後帰属するかは，会社法からは明らかではない。未払いの債権について，判例は定款への記載，創立総会の承認などの手続を経た限度において，会社に債務が帰属し，会社が支払い義務を負うとする（大判昭和2年7月4日民集6巻428頁）。設立中の会社が成立後の会社の前身であり実質的に同一であることを重視するならば，成立後の会社にこの債務は帰属することになり，債権者は会社に請求することが可能になる。これに対し，設立時の会社財産の充実を害し，会社の健全な設立を害する危険が大きくなるため，設立中の会社は会社の実質的権利能力を会社の社団形成それ自体を直接目的とする行為に限定して捉える見解によるならば，設立費用は，会社成立後も相手方との関係では発起人のみに帰属し，発起人は弁済後定款記載の範囲内で求償できるにとどまる。

為自体や会社の設立のための行為ではない。例えば会社成立後の営業のために店舗や営業所の借受けがこれにあたる。会社法は，変態設立事項として会社の成立を条件として財産を取得する財産引受を定め，定款に記載がある場合のみ有効とするが，それ以外の開業準備行為の位置づけが問題になる。また，発起人の開業準備行為の効果が，設立後の会社に帰属しない場合に，発起人が民法117条類推適用により責任を負うとする（最判昭和33年10月24日民集12巻14号3228頁）。

▷1　定款に記載された財産引受以外の開業準備行為の効果をどう評価するのかが議論されてきた。迅速な営業の開始のため，設立中の会社の同一性を重視し，財産引受以外の行為も定款に記載し検査役の検査等の手続を経ることで成立後の会社に帰属させることができ，定款に記載のない場合であっても，事後設立等の手続を経ることで追認が可能であるとすることができるとする見解がある。これに対して，判例は，設立時の会社財産の確保を重視し，調査手続を経ることを法が定めている趣旨を，追認を認めたならば没却するとして，定款に記載のない財産引受は無効であり，成立後の会社が追認することはできないとしている。

Ⅱ 設立について

 設立に関する責任

 資本充実責任

　会社法制定前商法における株式会社の旧規定では，設立時発行株式全部の引受・全額の払込を条件として会社の設立を認めていたが，資本充実に関する法規整が緩和され，定款において「設立に際して出資される財産の価額又はその最低額」を要求されるのみであり，たとえ全株式の引受け・払込みがなくても，この額を満たすことで会社を設立することができるようになった。これによりわずかな不足分により設立手続を完了できないことによる遅延を回避し，設立手続の迅速性を確保できる。なお，設立時の発行予定株式について全部の払込みを必要としない結果，設立時発行株式総数については，定款に記載する必要はなく，発行可能株式総数の記載を会社の成立時までにすることとなった（37条1項）。公開会社については，設立時発行株式総数が，発行可能株式総数の4分の1を下ることはできない（同条3項）。公開会社については，この意味において授権資本制度がとられている。

　この結果，会社法は資本充実責任について会社法制定前商法における発起人等の無過失責任である厳格な引受担保責任，払込・給付担保責任は廃止した。

　その一方で，会社法は現物出資財産等の記載された価額に不足する場合に発起人および設立時取締役は，不足額塡補責任を連帯して負うと規定した（52条1項）。検査役の調査を経た場合ないし，注意を怠らなかったことを証明した場合は責任を負わないとされ（同条2項），過失責任であるとする（検査役の調査を経た場合，注意を怠らなかったことを証明した場合のいづれを問わず，現物出資の財産を給付し，又は財産引受の譲渡人である発起人は除かれる〔同条2項かっこ書〕）。発起設立の場合は責任についても過失責任を原則にすることから不足額責任も過失責任であるとされる。

　募集設立の場合には，特則により，52条2項2号が排除され無過失責任とされる。これは，設立時の会社財産の確保が，会社一般債権者の保護だけでなく，株式引受人の保護のためでもあることから，より厳格な規制を求めている（103条1項）。

　また，募集設立の場合には，募集の広告等で氏名または名称および株式会社の設立を賛助する旨を記載したものは，発起人とみなして（擬似発起人），設立に関する発起人の責任を負うことになる（103条4項）。一般の株式引受人にと

▷1　「現物出資財産等」とは，現物出資及び財産引受の財産である（33条10項1号かっこ書）。
▷2　本条の趣旨を債権者保護のための資本充実責任ではなく，株主間の価値移転を防止するための予防的規制の実効性を高めるための規定であるとする立法担当者による見解が示されているが（相澤哲編著『立法担当者による新会社法の解説』商事法務，2006年，282頁），学説上争いがある。

っては，発起人かどうかの区別がつかないことから，株式引受人の保護のために必要である。

　繰り返しになるが，会社法制定前商法は，厳格な資本充実の原則から，株式の払込・給付がなされない場合，引受担保責任を，発起人等に負わせていた。これは資本充実責任のため，厳格な責任であると考えられ，無過失責任と解されていた。これに対し会社設立の迅速性から会社法では，設立時発行予定の株式すべてに引受がなくても会社が設立できるようになり，引受担保責任が廃止された。ただし，会社法の下でも，定款で定めた出資の最低額を満たさない場合の責任については，任務懈怠による責任によって塡補できないような場合，会社の不成立，設立無効の問題が生じることになるだろう。

❷ 現物出資財産等に関する関係者の責任等

　現物出資財産等について定款に記載された価額が相当であることを証明した弁護士等も，発起人および設立時取締役と連帯して責任を負う（52条3項）。注意を怠らなかったことを証明した場合には，責任を負わない過失責任である。

❸ 出資の履行を仮装した場合の責任

　平成26年会社法改正は，出資の履行を仮装した場合の発起人の責任，払込みを仮装した設立時募集株式の引受人の責任，およびそれらに関与した発起人，設立時取締役の責任について，新たに規定した。これは，会社法が発起人等の厳格な引受担保責任を廃止し（本節❶参照），現物出資財産等の不足額塡補責任のみを定めていたため，結果として，仮装払込などの出資の履行が仮装された場合に対する法規制が，出資の履行を仮装した発起人，設立時募集株式の引受人に不当な価値移転が生じ，それ以外の者の利益を保護できず，募集株式の出資の履行が仮装された場合と同じく，不十分であるためとされた。むしろ，これらの規定は，本来拠出すべき財産が拠出されていないことから，資本充実の原則を反するものとして，これらの発起人等に責任を負わせる趣旨であると解すべきであろう。

　払込みないしは給付の履行を仮装した発起人は，仮装した出資に係る金銭全額の支払義務ないしは，仮装した出資に係る金銭以外の財産全部の給付義務を負う（52条の2第1項），なお，給付を仮装した場合の責任については，会社が給付に代えて当該財産の価格に相当する金銭の支払を請求した場合，支払義務を負う（同項2号かっこ書）。

　さらに，発起人が出資の履行を仮装することに関与した他の発起人又は設立時取締役として法務省令で定める者は，第1項各号の支払義務を負う（同条2項，会社法施行規則7条の2）。ただし，この責任は，職務を行うについて注意を怠らなかったことを証明した場合は，義務を負わない過失責任である（同項た

▷3　仮装払込みについては，Ⅱ-4「変態設立事項・仮装払込の防止」❸33頁参照。

▷4　立法担当者の見解として示されている（坂本三郎編著『一問一答平成26年改正会社法』商事法務，2014年，146頁参照）。

だし書）。

　これらの発起人等の責任は，連帯責任である（同条 3 項）。これらの責任の免除については，総株主の同意が必要である（55条，本節❼参照）。仮装払込ないし給付をした発起人は，これらの義務を履行しなければ，設立時株主ないし株主としての権利を行使することはできないが（同条 4 項），悪意又は重大な過失なく設立時発行株式又はその株主となる権利を譲り受けた者は，当該設立時発行株式についての設立時株主及び株主の権利を行使することができる（同条 5 項，なお株主となる権利の譲渡を受けた者の権利の行使は，会社側から権利の譲渡を認める場合に限られるだろう〔35条，50条 2 項参照〕）。

　設立時募集株式の引受人が，払込みの仮装を行った場合，当該設立時募集株式の引受人は，仮装した払込金額全額の支払義務を負う（102条の 2）。さらに，払込みを仮装することに関与した発起人又は設立時取締役として法務省令で定める者は，その職務を行うについて注意を怠らなかったことを証明しないかぎり，当該募集株式の引受人と連帯して支払義務を負う（103条 2 項，会社法施行規則18条の 2）。これらの義務は，総株主の同意がなければ，免除することができない（102条 2 項，103条 3 項）。なお，設立時と比較して，出資の履行を仮装した場合の募集株式引受人の責任の免除には，「総株主の同意」を必要とするが（213条の 2 第 2 項），これに対して当該仮装に関与した取締役の免除には，「総株主の同意」を要件として規定していない（213条の 3，Ⅳ-8 表Ⅳ-2，103頁参照）。この相違は，設立時における関係者の責任強化のための規律と平仄を合わせるためのものである（本節❼参照）。

　仮装払込みをした設立時募集株式の引受人は，支払い義務を履行しなければ，設立時株主及び株主の権利を行使することはできない（102条 3 項）。なお，仮装払込みをした設立時募集株式の引受人から，悪意又は重大な過失なく，設立時募集株式又はその株主となる権利を譲り受けた者は，当該設立時発行株式についての設立時株主及び株主の権利を行使することができる（102条 4 項，なお63条 2 項参照）。

❹ 会社に対する任務懈怠責任

　発起人，設立時取締役または設立時監査役は，会社の設立についてその任務を怠ったときは，会社に対して，その損害を賠償する責任を負う（53条 1 項）。発起人，設立時取締役または設立時監査役は，実質的には設立中の会社の執行・調査機関として行為することから，任務懈怠に対する責任を法が認めたものである。同責任は過失責任である。複数の発起人・設立時取締役等が責任を負う場合，連帯責任とされる（54条）。従来，無過失の資本充実責任を中心として会社の健全な設立を制度的に担保してきたが，過失責任化により資本充実に対する責任についても任務懈怠の問題として扱われることになる。

▷ 5　払込取扱銀行等の責任については，Ⅱ-4「変態設立事項・仮装払込の防止」❹33頁参照。

5 第三者に対する責任

発起人，設立時取締役または設立時監査役が，その職務を行うについて悪意または重大な過失があったときは，これによって第三者に生じた損害を，賠償する責任を負う（53条2項）。第三者には，発起人以外の株式引受人の保護のため，設立時募集株式の引受人，設立時株主なども含まれると解すべきである。複数の発起人・設立時取締役等が責任を負う場合，連帯責任とされる（54条）。会社の設立では多数の利害関係人が関与し，発起人，設立時取締役，設立時監査役の任務懈怠によって，これらの者の利益が著しく害されるおそれがあるため，法が定めた第三者保護責任である。

6 株式会社不成立の場合の責任

株式会社が成立しなかったとき，発起人は連帯して，株式会社の設立に関してした行為について，その責任を負い，株式会社の設立に関して支出した費用を負担する（56条）。会社が成立しなかったときとは，設立登記ができず，会社の設立手続が完了できなかったときをいう。例えば，出資が定款に記載した最低額を満たさない場合，創立総会で設立の廃止が決議された場合である。株式引受人を保護するため，法が特に定めた無過失責任である。設立中の会社の概念を前提とすれば，発起人を含めた株式引受人は設立中の会社の構成員であることから，理論的には設立に関する費用について，本来は株式引受人全員が負担することになるのだが，募集設立では，不特定多数人から出資を募る場合もあることから，発起人以外の株式引受人を保護するため，設立に関する費用の負担を発起人の責任としたものである。

7 責任追及の強化

これら会社に対する発起人，設立時取締役，設立時監査役，払込みを仮装した設立時募集株式の引受人の責任については株主も代表訴訟によって責任追及を行うことができる（847条1項）。発起人，設立時取締役の不足額填補責任，発起人の出資の履行を仮装した場合の責任，発起人の出資履行を仮装することに関与した他の発起人，設立時取締役の責任，および発起人，設立時取締役または設立時監査役の任務懈怠による損害賠償責任の免除は総株主の同意を必要とする（55条）。

▷6 払込みを仮装した設立時募集株主の引受人，関与した発起人及び設立時取締役の責任の免責については，本節❸参照。

Ⅱ 設立について

7 会社の設立の瑕疵(かし)の治癒・防止

1 会社の不成立と会社の設立の瑕疵

会社の設立手続に何らかの法的瑕疵があって、会社の成立が問題になる場合がある。まず設立手続において瑕疵があり、設立登記が完了できなかった場合、会社の不成立となる（発起人の責任については Ⅱ-6 「設立に関する責任」 ➎ 37頁参照）。さらに、設立手続が一応完了し、登記もなされたが、設立手続に何らかの瑕疵があり、事実上成立している会社の無効が問題となる場合がある。法の原則からするならば、設立手続の法律行為に何らかの無効・取消原因があれば、それに続く行為は無効となりえ、会社の成立自体が無効となってしまうおそれがある。会社の設立は、多数の利害関係人が、重畳的に法律行為を行うことによって権利関係を形成し成り立っているため、一個の行為に無効・取消事由があるとしてもすべてを覆すことは、法律関係の安定性を著しく害する。このため、瑕疵の治癒・防止をするための工夫が会社法ではとられている。前節 Ⅱ-6 における発起人等の不足額塡補責任等により瑕疵が治癒されれば、会社の設立を害することはないことから、そのための制度としてみることができる。また、やむを得ず重大な瑕疵により、会社の設立を無効とする場合であってもその法律関係の混乱を最小限にとどめるようにされている。

2 会社法上の瑕疵の治癒・防止

会社法上の瑕疵の治癒・防止としては、全額払込制や出資額を定款で定める等の制度それ自体、あるいは資本充実のための不足額塡補責任等に加え、個々の株式引受人の行為の無効・取消しのような主観的瑕疵が会社の設立の無効にならないように、心裡留保・虚偽表示の瑕疵が設立時発行株式の引受けに係る意思表示については適用されないこと（51条1項）があげられる。

さらに、発起人は、会社成立後は錯誤を理由として設立時発行株式の引受けの無効を主張し、または詐欺もしくは強迫を理由として設立時発行株式の引受けの取消しをすることはできない（同条2項）とされている。

また、設立手続の各段階における瑕疵の治癒・防止が図られている。定款の絶対的記載事項の法定、公証人の認証、払込等の調査、変態設立事項の検査役による調査、あるいは創立総会による定款変更・設立の廃止、払込取扱銀行等の責任がある。加えて発起人等に任務懈怠による責任を課すことによって、瑕

▷1 「瑕疵」とはキズのことであり、「法的瑕疵」とは、法律上の欠陥等がある場合をいう。無効・取消原因がある場合が含まれる。

▷2 設立時募集株式について、同様の規定がある（102条5項）。

▷3 設立時募集株式の引受人について、同様の規定がある（102条6項）。

疵のない設立手続の履行を求めている。

3 設立無効の訴え

株式会社の設立無効については，会社の組織に関する行為の無効の訴えをもってのみ，会社の成立の日から2年以内に限って主張することができる（828条1項1号）。訴権者は，株主取締役，監査役等に限られている。本来無効主張は誰でもいつでもできるものであるが，無効主張に可及的制限を加えることで，無効主張を制限し，法的安定性を図っている。

同訴えの判決効についても，確定判決は，訴訟当事者だけではなく第三者についてもその効力を有することで（838条），会社の設立の多数の利害関係者の法律関係を画一的に解決し，また遡及効はなく将来に向かってその効力を失うとされ，法律関係の混乱を防止している（839条）。

4 設立無効の訴えの担保提供制度の導入

会社の組織に関する訴えであって，株主または設立時株主が提起することができる者については，裁判所は，被告の申立てにより，当該会社の組織に関する訴えを提起した株主または設立時株主に対し，相当の担保を立てるべきことを命ずることができる（836条1項）。商法の旧規定においては，設立無効の訴えには担保提供の規定はなかったが，訴えの濫用を防止するために規定された。このため，被告は，原告の訴えが悪意によるものであることを疎明しなければならない（同条3項）。

5 設立無効原因について

設立無効原因について，法はその内容を定めていない（株主総会等の決議の取消しの訴え〔831条〕における取消原因と比較）。これは，会社法が無効原因を，法令・定款に違反しない設立手続により健全な会社を設立する利益と，事実上成立している会社に関連する法律関係の安定性という利益を利益衡量した上で，裁判官が法解釈することを認めたものと解することができる。設立無効原因については，軽微な瑕疵は含まれず設立手続に重大な瑕疵がある場合であると解すべきである。例えば，設立に出資される財産の最低額を満たさないような場合，創立総会が開催されなかったような場合がこれにあたるだろう。

6 会社の不存在

会社の設立登記がされていても，株式の払込みもなく，創立総会や設立時取締役・監査役の選任・調査もなく，何らの設立手続がとられず，実態としての会社が存在しない場合をいう。このような場合には，設立無効の訴えを待たずして，会社の不存在を主張できると解されている。

▷4 持分会社の設立取消しの訴え
持分会社においては，設立無効の訴えの他，社員の設立に係る意思表示の取消しを請求することができる持分会社の設立の取消しの訴えが規定されている（832条1号）。これは持分会社における社員の人的要素の占める大きさが株式会社より大きいことがあげられる。

◯ Exercise

◯理解できましたか？
　1）会社設立手続の立法主義について，説明してください。
◯考えてみましょう！
　1）株式会社の設立手続には，どのような法的特色があるか，持分会社の場合と比較し説明してください。
　2）会社法は，会社の設立の瑕疵を防止・治癒させるために，どのような規定を設けているか，説明してください。
◯調べてみましょう！
　Aは出版事業を営むことを目的とする株式会社Mの設立を目指していた。以下のような各々の場合について，会社法を勉強しているあなたに相談してきた。その法的問題を検討してください。
　① Aは，手持ちの資金がなかったので，自分が所有するマンションを出資に充てられないかと考えている場合，あるいはAの複数の友人に出資をしてもらおうと考えている場合。
　② Aは，手持ちの資金がなかったので，C銀行と相談し，C銀行の帳簿上Aが資金を借り受け，M社設立のための出資をC銀行に払込，会社設立登記後に，その資金で弁済する旨の約束をする場合，あるいは払込をD銀行として，設立後，直ちに当該資金でC銀行に弁済する旨を約束する場合。
　③ AがM社が成立する前に，次のような行為をそれぞれ行った場合。
　　a）設立事務所の賃借　　b）本社ビルの購入　　c）出版予定の本についての宣伝広告
　④ 設立登記がなされたが，実はAがいまだに出資していなかった場合。

◯ 勉学へのガイダンス

◯初学者のための入門，概説書
　江頭憲治郎・岩原紳作・神作裕之・藤田友敬編『会社法判例百選〔第2版〕』有斐閣，2011年，5-7事件参照
　山下友信・神田秀樹『商法判例集　第6版』有斐閣，2014年，Ⅰ-18〜Ⅰ-21事件参照
　倉澤康一郎・奥島孝康・森淳二朗『判例講義　会社法〔第2版〕』悠々社，2013年，6-13事件参照
　　会社の設立において問題となる基本的な判例についての解説がなされており，学習に役立つ。
◯進んだ勉学を志す人に
　江頭憲治郎編『会社法コンメンタール総則・設立［1］』商事法務，2008年
　酒巻俊雄・龍田節編集代表『逐条解説　会社法　第一巻　総則・設立』中央経済社，2008年
　江頭憲治郎・門口正人編集代表『会社法大系〔会社法制・会社概論・設立〕第1巻』青林書院，2008年
　　上記3冊は，会社法についてのコンメンタール。各条の立法趣旨，判例，解釈等を網羅的に調べることができる。
　後藤元『株主有限責任制度の弊害と過小資本による株主の責任』商事法務，2007年
　　過小資本による問題と，株主の責任とその法律構成についての研究。
　久保寛展『ドイツ現物出資法の展開』成文堂，2005年
　　現物出資規制の潜脱についての比較法的研究。
　松山三和子「設立中の会社の構成員としての発起人の責任」愛知大学法学部法経論集142号1頁，1996年
　　設立中の会社の営業活動についての研究。
　丸山修平「いわゆる『会社の前身（Vorgesellschaft）』について─権利義務の移転に関する西ドイツ法の展開─」『現代商事法の重要問題』田中誠二先生米寿記念論文，経済法令研究会，1984年
　　現物出資時の事業活動の継続の問題について，同一性説の問題点の比較法的研究。
　平出慶道『株式会社の設立』有斐閣，1967年
　大隅健一郎「株式会社の設立と権利義務の帰属」『会社法の諸問題〔増補版〕』有信堂，1964年
　北沢正啓「設立中の会社」『株式会社法研究』有斐閣，1976年

第Ⅲ章　株　式

guidance

　本章では、広範囲から資本を調達し、大規模な企業を経営していくための制度として法技術的に工夫され、発展してきた株式制度について学習します。
　そのような株式会社制度の発展の経緯をふまえ、「株式とは何か。株主にはどのような権利が認められ、義務を負っているか」について学習します。また、会社法は、株式会社が資本を調達容易にするために、株式の「特別な内容を定めること」や「種類株式」を用意しています。さらに、株式会社では合名会社等で認められている退社制度が存在しないため、株主の投下資本回収方法として重要な意味を有する「株式の譲渡」、その例外として、会社の閉鎖性を維持するという実務的な必要性から導入された「株式の譲渡制限」、株式の譲渡に伴う「名義書換制度」について学習します。その他、近年、ストック・オプションや企業再編等にも利用されている「自己株式取得」や「株式の相互保有規制」についても学習します。

Ⅲ 株式

1 株式とは何か。どのような性質を有するか

1 株式の意義

　株式とは，均等に細分化された割合的単位の形をとる株式会社における社員（株主）の地位ないし株主権を意味する。

　株式会社は，巨額の資本を集めるために，均等に細分化された割合的出資単位を設定することにより，零細な資本をもつ者も自己の資力に応じて出資し株主になることができ，広く公衆から資本を集めることができるのである。また，株式を均等な割合的単位とすることにより，個性のない多数の株主と会社の法律関係の処理が簡便になるのである。

　合名会社などの持分会社においては，社員は出資額・損益分配額に応じて大きさの異なる一つの持分を有する（持分不均一主義，持分単一主義）のに対して，株式会社では，持分（株式）を均一的単位に分け（持分均一主義），株主は，1人で複数の株式を所有することができるのである（持分複数主義）。

　判例，通説は，株式は，株式会社における社員の地位であり，株主権は自益権と共益権を包含した権利であり，物権・債権とは異なる独特の権利であり，株式の譲渡とともに**自益権**・**共益権**ともに包括的に移転すると解される（社員権説）。それゆえ，株主たる地位に基づく個々の抽象的な権利について個別に譲渡する（例えば，剰余金配当請求権だけを譲渡する）ことはできないと解されている。なお，株主総会決議等により具体的な配当金額が確定したときには，それによって発生した剰余金配当請求権は通常の金銭債権であるため，株式とは別個独立に譲渡できるものと解されている。

　これに対して，社員権否認説は，自益権および共益権という性質の異なるものを包括する社員権という概念を否定し，議決権等の共益権は社員が会社の機関たる資格において有する権限にすぎず，自益権と義務（例えば出資義務）が発生する基礎となる法律上の地位を社員たる地位と呼び，株式は社員たる地位であるとする。株式債権説は，株式は剰余金配当請求権なる特殊の団体法上の債権であり，共益権は国家に対する公権に当たり，権利ではあるが一身専属的な人格権であり，団体のために行使すべきであるとする。株式会社財団論は，株式会社を営利財団法人と解し，株式とは，剰余金配当請求権および残余財産分配請求権を内容とする純然たる債権であり，譲渡性を有するが，それ以外の権利は株主の利益保護のために法の与えた株式法上の権利であって譲渡性は有し

▷**自益権**
自益権とは，会社から経済的利益を受ける権利である。⇨Ⅲ-2「株主の権利・義務（責任）」46頁
▷**共益権**
共益権とは，会社の経営に参与することを目的とする権利である。⇨Ⅲ-2「株主の権利・義務（責任）」46頁

ないとする。

2 株式の不可分性

株式は，均等に細分化された割合的な単位であるから，1株の株式を1株未満に細分化することは許されない（株式不可分の原則）。

例えば，1株の株式を2分し，その半分を他人に譲渡し，各々が会社に対して株主としての権利を半分ずつ行使することは許されない。

3 株式の共有

1個の株式を2人以上の者で共有することは認められる。株式を共有する場合には，共有者は，**共有株式についての権利を行使する者**を定め，株式会社にその者の氏名または名称を通知しなければ，共有株式についての権利を行使することができない（106条本文）。ただし，共有株式の権利行使の方法の制限は，会社の利益を目的とするものであるから，会社が共有株式についての権利行使をすることに同意した場合は，権利行使は認められる（同条ただし書）。

また，会社から株主へなす通知・催告については，共有者は，会社が株主に対してする通知・催告を受領する者を1人定めて，会社にその者の氏名または名称を通知しなければならず，その者が会社からの通知・催告を受ける株主とみなされる（126条3項）。

これに対して，前述の共有者の通知がない場合は，会社が株式の共有者に対してなす通知・催告は，共有者の1人に対してすれば足りる（同条5項）。

4 無額面株式

額面株式とは，定款に「1株の金額（券面額・株金額・額面額）」の定めがあり，それが株券に表示される株式である（平成13年改正前商法166条1項）。

無額面株式とは，定款に「1株の金額（券面額・株金額・額面額）」の定めがなく，株券上にその表彰される株式数のみが記載される株式である。

平成13年商法改正までは，額面株式と無額面株式の双方を認めていたが，わが国では，無額面株式はほとんど利用されなかった。しかし，額面株式は，額面額未満発行ができないため，株価下落時に株式の発行が困難である，株式の現在の経済的な価値は，会社の財務状況等によって決定されるのもかかわらず，額面株式では券面額が当該会社の経済的な価値を示しているかのように誤解される弊害があった等のように，無額面株式のほうが合理的な制度であるため，平成13年商法改正により無額面株式に一本化された。

▷共有株式の権利行使者
共有株式の権利行使者は，共有権者間において，持分の価格に従い持分の過半数をもってこれを決することができるものと解するのが相当である（最判平成9年1月28日判時1599号139頁）。

Ⅲ 株式

株主の権利・義務（責任）

1 株主の義務：株主有限責任

株主は，会社に対してその有する株式の引受価額を限度とする有限の出資義務を負うだけであり，会社に負債があっても，会社債権者に対して何ら（直接，株主の個人財産によって）責任を負うことはない。これを株主有限責任の原則といい，「株主の責任は，その有する株式の引受価額を限度とする」（104条）と規定されている。

2 株主の権利

株主は，その権利として剰余金の配当を受ける権利，残余財産の分配を受ける権利，株主総会における議決権その他会社法の規定により認められた権利を有する（105条1項）。特に，剰余金配当請求権，残余財産分配請求権については，その権利の全部を与えない旨の定款の定めは，その効力を有しない（同条2項）とされる。

株主の権利は，学問上その権利の目的に従って自益権と共益権に分類される。**自益権**とは，会社から経済的利益を受ける権利であり，**共益権**とは，会社の経営に参与することを目的とする権利である。

また，学問上，株主総会の多数決によっても奪うことのできない権利を固有権といい，株主総会の多数決によって奪うことができる権利を非固有権という。

▷自益権
剰余金配当請求権（105条1項1号），残余財産分配請求権（同2号），株式買取請求権（116条），名義書換請求権（133条）などがある。
▷共益権
株主総会における議決権（105条1項3号）と，会社組織に関する行為の無効の訴権（828条），役員の解任の訴提起権（854条），取締役の違法行為差止請求権（360条），株主総会招集請求権（297条），株主提案権（303条）等の監督是正権が含まれる。

3 単独株主権と少数株主権

株主の権利のうち，1株の株主でも行使できる権利を単独株主権といい，自益権はすべて単独株主権である。共益権は，議決権，会社組織に関する行為の無効の訴権（828条），株主総会決議取消訴権（831条），議事録の閲覧・謄写請求権（318条4項など）がある。

これに対し，一定株式数または一定の議決権割合を有する株主のみが行使できる権利を少数株主権という。株主総会招集請求権（297条），株主提案権（303条，305条），会計帳簿閲覧請求権（433条）などがある。

4 株主平等原則

株式会社は，株主をその有する株式の内容および数に応じて，平等に取り扱

わなければならない（109条）。これを株主平等の原則という。この原則の意味は，各株式の内容が同一である限り，同一の取扱いがなされるべきであるということであり，大株主らによる多数決の濫用などから少数株主の利益を保護するという機能を有する。

株主平等原則に違反する定款の定め，株主総会決議，取締役会の決議，取締役等の業務執行行為は，無効である。

これに対して，個々の取扱いについて不利益を受ける株主が任意に承諾したときは，株主平等原則と異なる取扱いをすることは許される。また，定款の定めにより内容の異なる株式（種類株式）が，発行されている場合に，一定の行為がある種類株式の株主に損害を及ぼすおそれがあるときは，種類株主総会決議を必要とする旨の定めがあるとき（323条）は，種類株主総会の決議があれば，損害を被る個々の株主の同意は必要ない。さらに，公開会社でない会社（非公開会社）においては，剰余金分配請求権，残余財産分配請求権，株主総会の議決権行使について，株主ごとに異なった取扱いをする旨の定款の定め（いわゆる属人的な定め）をすることができる（109条2項）。

❺ 株主の権利行使に関する利益供与の禁止

会社は，何人に対しても，株主の権利の行使に関し，財産上の利益の供与を自己または子会社の計算においてしてはならない（120条1項）。会社財産の浪費を防止し，会社経営の健全性・公正さを図るためである。利益供与の相手方は，必ずしも株主である必要はなく，「株主の権利の行使に関し」とは，利益供与の条件が株主権の行使・不行使，行使の方法・態様をも含むという趣旨である。

会社が特定の株主に対して無償で財産上の利益を供与したときは，財産上の利益供与をしたものと推定される（同条2項）。また，会社が特定の株主に対して有償で財産上の利益を供与した場合に，当該会社または子会社が受けた利益が，供与した財産上の利益に比べて著しく少ないときも，財産上の利益供与をしたものと推定される（同条2項）。

会社がこの利益供与禁止規定に違反した場合，利益供与を受けた者は会社または子会社に返還しなければならない（同条3項）。会社または子会社によるこの返還請求には，株主代表訴訟が認められる（847条1項）。

利益供与に関与した取締役・執行役は，供与した利益の額について連帯して支払う義務を負う（120条4項，施行規則21条）。利益供与をした取締役は無過失責任を負うが，それ以外の者は無過失を証明したときは責任を免れる（同条4項ただし書）。この責任は株主の総同意でなければ免除することができない（同条5項）。利益供与をした取締役・執行役には罰則がある（970条）。

▷1　株主平等原則に反し無効と解された事例（最判昭和45年11月24日民集24巻12号1963頁）
会社が，一般株主に対しては無配としながら，特定の大株主に対して，無配直前の配当に見合う金額（月8万円，中元・歳暮として各5万円）として，無配による投資上の損失を塡補する意味で締結された本件贈与契約は，特定の大株主のみを特別に有利に待遇し，利益を与えるものであるから，株主平等の原則に違反し，平成17年改正前商法293条本文（現会社法461条）の規定の趣旨に徴して無効である（最判昭和45年11月24日民集24巻12号1963頁）。

▷2　**株主優待制度**：株主優待制度とは，一定数の株式を保有する株主に対して，持株比率に比例してではなく，会社が事業に関連する無料乗車券，優待乗車券，映画館入場券，百貨店の割引券などを交付する制度である。このような制度は，上場会社を中心に広く行われているが，株主平等原則との関係で問題とされてきた。株主優待制度は，個人株主の増大，顧客の拡大，自社製品・サービスの知名度の向上などの経営政策上の目的のために行われるものであり，優待の程度が軽微であれば，株主平等原則に違反しないとされる。

III 株式

3 会社はどのような株式を発行できるか：特別な内容の株式と種類株式

1 株式の内容についての特別の定め

株式会社の資金調達の多様化と支配関係の多様化の要請により，会社法は，会社が発行するすべての株式の内容として特別なものを定めること（107条）と，権利内容の異なる2以上の種類の株式（種類株式）を発行すること（108条）を認めている。

株式の内容についての特別な定めとしては，ⅰ譲渡による当該株式の取得について会社の承認を要すること（譲渡制限株式），ⅱ当該株式について，株主が会社に対してその取得を請求できること（取得請求権付株式），ⅲ当該株式について，会社が一定の事由が生じたことを条件としてこれを取得できること（取得条項付株式）である（107条1項）。

2 種類株式

種類株式として認められるものとしては，①剰余金の分配，②残余財産の分配，③株主総会において議決権を行使することができる事項（議決権制限株式），④譲渡による当該株式の取得について会社の承認を要すること（譲渡制限株式），⑤当該種類の株式について，株主が会社に対してその取得を請求できること（**取得請求権付株式**），⑥当該種類の株式について，会社が一定の事由が生じたことを条件としてこれを取得できること（**取得条項付株式**），⑦当該種類の株式について会社が株主総会決議によってその全部を取得すること（全部取得条項付種類株式），⑧株主総会において決議すべき事項のうち，当該決議の他，当該種類株式の種類株主を構成員とする種類株主総会の決議があることを必要とするもの（拒否権付種類株式），⑨当該種類株式の種類株主を構成員とする種類株主総会において取締役・監査役を選任することである（**取締役等の選解任権付種類株式**）（108条1項）。ただし，公開会社および指名委員会等設置会社は，⑨の事項についての種類株式を発行することはできない（同項ただし書）。

3 特別な内容の株式・種類株式制度導入のための手続

すべての株式の内容として特別なものを定めるためには，会社は，法律で定める事項を定款で定めなければならない（107条2項）。

また，内容の異なる2以上の種類株式を発行する場合には，法律で定める事

▶1　トラッキング・ストック（Tracking Stock：特定事業連動株式）　トラッキング・ストックとは，剰余金の分配が会社の特定事業部門や子会社の業績にのみ連動する株式である。平成13年商法改正により導入された。

▶取得請求権付株式
取得請求権付株式には，平成17年改正前商法の転換予約権付株式（平成13年改正前商法では，転換株式）および義務償還株式が含まれる。

▶取得条項付株式
取得条項付株式には，平成17年改正前商法の強制転換条項付株式および強制償還株式が含まれる。

▶取締役等の選解任権付種類株式
ベンチャー企業や合弁企業が，その出資割合，事業関与の程度に応じて，取締役を選任できるように，実務で行われている投資契約または株主間契約を，法的制度として認めたものである。

項および発行可能株式総数を定款で定めなければならない（108条2項）。

剰余金の配当について内容の異なる種類の種類株主が配当を受けることができる額その他法務省令で定める事項の全部または一部については、その内容の要綱を定款で定めておけば、具体的な内容の決定を、株主総会または取締役会決議等によって定める旨を定款で定めることができる（同条3項）。これは、会社による機動的な種類株式の発行を可能にするためであるとされている。

4 優先株式, 普通株式, 劣後株式, 混合株式

剰余金の分配、残余財産の分配について、他の種類株式より優先して分配を受ける権利を有する株式を優先株式、他の種類株式より劣後して分配を受ける権利を有する株式を劣後株式、それ以外の標準となる株式を普通株式という。また、剰余金の分配に関しては優先的分配を受け、残余財産の分配については劣後的分配を受ける株式を混合株式という。

5 全部取得条項付種類株式

全部取得条項付種類株式とは、株主総会の特別決議によって会社がその全部を取得することができるような種類株式をいう（108条1項7号、171条1項、309条2項3号）。これは、債務超過の際に、倒産手続によらない私的整理等において、100％減資（会社の再建のために株主を入れ替えて新たな出資者を募るような場合にその株式の全部を消却すること）を可能とするために導入された。最近は、MBOを行う際に、第1段階の公開買付けで取得できなかった残りの株式について、第2段階で強制的に取得する手段として用いられることが多いとされる。

6 議決権制限株式

会社は、株主総会において議決権を行使できる事項について、内容の異なる種類株式を発行することができる（108条1項3号）。会社がこのような議決権制限株式を発行するには、発行可能種類株式総数、株主総会において議決権行使ができる事項、および議決権行使の条件を定めるときはその条件を定款で定めなければならない（同条2項3号）。会社は、すべての事項について議決権のない種類株式（完全無議決権株式）を発行することもできるし、剰余金の分配議案のみというような一定の事項についてのみ議決権を有する種類株式（一部議決権株式）を発行することもできる。

議決権制限株式の株主は、議決権が制限される事項については、その議決権の行使を前提とする権利（例えば、提案権〔303条〕）を行使することができない。公開会社では、議決権制限株式の総数は、発行済株式総数の2分の1を超えてはならず、この制限を超えた場合は、会社は直ちに2分の1以下にするための必要な措置をとらなければならない（115条）。

▷2 全部取得条項付種類株式の取得については、後述のⅢ-8「自己株式とは何か(2)」64頁参照

▷MBO (Management Buyout)
会社の経営陣が、買収をしようとする企業の資産や将来のキャッシュフローを担保として投資ファンドや金融機関から出資や借入れなどにより、資金を得て、自ら自社の株式や一事業部門を買収し、会社から独立する手法のことをいう。

III 株式

4 株主名簿とその記載内容

1 株主名簿の意義

株主名簿とは，株主および株券（株券発行会社の場合）に関する法定の事項を明らかにするために会社法の規定により作成される帳簿（電磁的記録でもよい）のことをいう。

株主名簿は，株主名簿上に記載・記録に基づく画一的処理を認めることにより，株主の権利行使の便宜を図るとともに，会社にとっても株主にかかわる大量の継続的・反復的な事務を効率的に処理することを可能とした法技術制度である。

2 株主名簿の記載事項

株主名簿の記載事項は，①株主の氏名または名称および住所，②株主の有する株式の数（種類株式発行会社にあっては種類および種類ごとの数），③株主が株式を取得した日，④株券発行会社では株式（株券が発行されているものに限る）の株券番号である（121条）。

3 株主名簿の作成・備置きと閲覧

株式会社は，株主名簿を作成し，会社の本店に備え置かなければならない（125条1項）。また，**株主名簿管理人**が置かれている場合は，株主名簿はその営業所に備え置かなければならない（125条）。

株主および会社債権者は，会社の営業時間内は，いつでも，請求理由を明らかにして，株主名簿の記載（記録）事項の閲覧・謄写請求をすることができる（同条2項）。親会社社員は，その権利を行使するため必要があるときは，裁判所の許可を得て，閲覧・謄写請求をすることができる（同3項）。

会社は，株主名簿の閲覧・謄写請求が，①請求者の権利の確保または行使に関する調査以外の目的で行われたとき，②請求者がその会社の業務の遂行を妨げ，または株主共同の利益を害する目的でなされたとき，③請求者が株主名簿の閲覧または謄写によって知り得た事実を利益を得て第三者に通報するために請求を行ったとき，④請求者が過去2年以内において，株主名簿の閲覧または謄写によって知り得た事実を利益を得て第三者に通報したことがあるときは，拒否できる（同条3項）。

▶株主名簿管理人
株主名簿管理人とは，株式会社に代わって株主名簿の作成および備置きその他の株主名簿に関する事務を行う者をいう（123条）。実務は，信託銀行等が委託を受けて行っている。

▶1 株主名簿の閲覧拒否事由：平成26年会社法改正により，「請求者がその会社の業務と実質的に競争関係にある事業を営み，またはこれに従事するものであるとき（旧3号）」は，削除された。

4 名義書換え

株式の譲渡がなされた場合に、株式の取得者が、自己の氏名または名称および住所の株主名簿上の記載・記録を書き換えてもらうことを名義書換えという。

株券発行会社では、株式の譲受人が株券を呈示して名義書換を請求したときは、株券の所持人は適法な所持人と推定されるので（131条1項）、単独で名義書換を請求できる。

株券不発行会社では、その他法務省令で定める場合を除き、株式名簿上の株主またはその一般承継人と株式の譲受人が共同して名義書換えを請求しなければならない（133条2項、施行規則22条1項）。

適法な名義書換の請求に対して会社が正当な理由なく拒絶した場合は、会社は損害賠償の責任を負う。

▷**株券発行会社**
株券発行会社とは、その株式（種類株式発行会社では、全部の種類株式）に係る株券を発行する旨の定款の定めのある会社である（117条6項）。

5 名義書換の効力

名義書換えがなされ、株主名簿上に自己の氏名・名称および住所が記載されると、株式譲受人は会社に対して株主であることを主張でき、会社はその者を株主として取り扱う義務を負うことになり、以下の効力が認められることになる。

○資格授与的効力
株主名簿上の株主は、権利行使の際に、改めて株主であることを証明する必要はない。

○免責的効力
会社は、株主名簿上の株主に権利行使を認めれば、たとえその者が実質上無権利者であっても、原則として免責される。

名義書換えは、権利創設的効力を有するものではなく、会社に対する形式的資格を付与する効力を有するだけであり、当事者間の実質的な権利関係の移転とは関係がない。

○確定的効力
株式所持人が自己の実質的な権利を証明しても、株式の名義書換をしない限り、株主であることを会社に対抗することができない（130条）。

6 名義書換未了の株式譲受人の地位

株式の取得者（譲受人）は、名義書換えをするまでは実質的な権利者であっても、会社に対して株主であることを主張できず、株主として権利行使をすることができない（130条）。これに対して、会社側が、名義書換未了の株式譲受人を株主として認め権利行使をさせることができるかという問題がある。

判例（最判昭和30年10月20日民集9巻11号1657号）・多数説は、名義書換は単なる対抗要件にすぎず、名義書換制度は会社の事務処理上の便宜のために認めら

れた制度であり、会社が自らの危険で株式の譲受人を株主として取り扱うことを肯定する。

これに対して、名義書換制度の目的が株主関係の画一的処理を図ることを目的とする制度であるとし、会社側が株式の譲渡人と譲受人のいずれを株主として取り扱うかを恣意的に決めることは不当であり、株主平等原則に反するおそれがあり認められないとする説もある。

❼ 会社による名義書換えの不当拒絶

株式の取得者の適法な名義書換請求に対して、会社が正当な理由なく拒絶した時は、不当拒絶となり、会社は損害賠償責任を負う（民709条）。名義書換えを拒絶された株主は、会社に対して、名義書換え請求の訴えを提起でき、株主としての地位の確認の必要があれば、その仮処分を請求できる。

名義書換えの不当拒絶の場合、名義書換えがなされていない実質的な株主（株式の取得者）が、会社に対して株主として権利行使ができるか問題となる。

判例・多数説は、会社による不当拒絶の場合には、名義書換え前であっても株主であることを会社に対して対抗できると解する。株主名簿制度は、会社と株主間を集団的・画一的に処理するという会社の便宜のための制度であるから、会社による不当拒絶の場合に、株主の犠牲（株主の不利益）において、実質的な株主の権利行使を拒むことは信義則に反するからであるとする。

これに対して、多数の株主について画一的処理を要求する株主名簿の制度趣旨と客観的な拒否の正当理由の決定が困難であることを理由に、損害賠償の請求は別として、株主としての権利を行使できないとする説もある。

❽ 失念株

失念株とは、株式の譲受をした後、名義書換えを失念していたところ、会社からによる募集株式の株主割当て、剰余金の配当等がなされた場合をいう。

会社との関係では、会社は、株主名簿上の株主に対して、割当て、配当を行えば原則として免責されるが、株式譲渡当事者間においては、失念株主（株式の譲受人）と株主名簿上の株主（譲渡人）のいずれに権利が属するかが問題となる。

剰余金の配当、株式の無償割当て、株式分割がなされた場合（広義の失念株）は、株主名簿上の株主はなんら経済的な出損をせずに、失念株主の損失の下に利得を得ているため、不当利得（民703条）として、失念株主は、配当金等の返還を請求できると解する。

名簿上の株主に募集株式の割当てを受ける権利が与えられ、名簿上の株主が権利行使をした場合（狭義の失念株）、判例（最判昭和35年9月15日民集14巻11号2146頁）は、新株引受権の事例であるが、譲渡当事者間においても名簿上の株主に帰属するとする。これに対しては、判例は、会社に対する関係と譲渡当事

▷2　会社の過失により名義書換えが行われなかった場合については、判例（最判昭和41年7月28日民集20巻6号1251頁）は、「正当の事由なくして株式の名義書換請求を拒絶した会社は、その書換のないことを理由としてその譲渡を否認し得ないのであり（大審院昭和3年7月6日判決、民集7巻546頁参照）、従って、このような場合には、会社は株式譲受人を株主として取り扱うことを要し、株主名簿上に株主として記載されている譲渡人を株主として取り扱うことを得ない。そして、この理は会社が過失により株式譲受人から名義書換請求があったのにかかわらず、その書換をしなかったときにおいても、同様であると解すべきである」とする。

▷3　福岡地判昭和37年5月17日、下民集13巻4号1212頁。

者間の関係を混同しているとの批判が多い。

　株式を引き受ける権利は，特約がない限り，失念株主に移転している。名簿上の株主がその権利を有するとすることは，権利落ち前の価額で株式を譲渡しながら，募集株式等のプレミアを利得することになり（通常，株主割当ての募集株式の発行は市場価額より有利な価額で行われることが多く，発行後は，権利落ちとして株価は下がることが多い），名簿上の株主は二重の利得を得ることになるため，失念株主に対して何らかの権利が認められるべきである。

　不当利得返還説は，名簿上の株主が株式の引受け・払い込みをなした場合は，失念株主は，株式それ自体は名簿上の株主に帰属し，返還はできないが，名簿上の株主が株式の引受け等によって得た利益を不当利得として返還請求できる（民703条）と解する。

　これに対して，名簿上の株主は，通常，自己のためにする意思で，株式の引受け・払込みを行うため，民法697条の「他人のためにする意思」という主観的要件を欠くため，事務管理の成立要件は認められないが，準事務管理の概念を認め，事務管理に関する規定を類推適用すべきであるとする説もある（準事務管理説）。

▷4　日本証券業協会は，統一慣習規則第2号「株式の名義書換失念の場合における権利処理に関する規則」において，会員証券会社間の失念株の取り扱いについて定めている。

⑨ 基準日

　議決権その他の株主権を行使できる株主は，本来，行使時の株主であるが，株主が多数いる会社ではその把握が困難である。そのため，会社法は，一定の日（基準日）を定め，その時点における株主名簿上の株主（基準日株主）に権利行使をすることができる者と定めることができる（124条1項）。

　定款に基準日および基準日株主が行使できる権利の内容について定めがある場合を除き，基準日株主が行使できる権利の内容を，基準日の2週間前までに公告しなければならない（124条2項，3項）。

　基準日は，権利行使日の前3カ月以内とされる（124条3項）。これは，基準日と権利行使日の期間が長期となると，名簿上の株主と実質株主との乖離が著しくなり，基準日以後に株主となった者が権利行使ができなくなり不利益を被ることになるためである。

　基準日に行使することができる権利が株主総会または種類株主総会の議決権である場合には，株式会社は，その基準日以後に株式を取得した者の全部または一部を議決権を行使できる者と定めることができる（124条4項）。これは，基準日以後に組織再編が行われた結果，新たに株主となった者などに議決権行使を認める機会を与えようとする実務の要請によるものであるとされる。ただし，当該株式の基準日株主の権利を害することはできない（同項ただし書）。

▷5　実務では，一事業年度を4月1日始まり翌年の3月31終わりとする会社が多い。事業年度の最終日（3月31日）を，決算に関する株主総会の権利行使のための基準日と設定するものが多いため，上場会社の定時株主総会は6月末に開かれることが多い。過去には，上場会社の9割近くの会社が，同じ日に株主総会を開く「株主総会の集中日」が問題となっていた。

Ⅲ 株　式

 株式の譲渡

1 株式の譲渡の意義

株式の譲渡とは，法律行為によって株式を他に移転することをいう。株式会社の株主は，株式の譲渡により，株主が会社に対して有するすべての法律関係（自益権・共益権）が，包括的に移転すると解する（通説）。

株主は，その有する株式を原則として自由に譲渡することができる（127条）。株式会社は，合名・合資・合同会社とは異なり社員の退社による持分の払戻し（606条以下，611条）の制度はないので，株主は，投下資本を回収するためには，自己の株式を他人に譲渡し，その対価を得る以外に方法がない。そのため，投下資本の回収可能性を確保するため，原則として株式の自由譲渡を認めているのである（株式自由譲渡の原則）。

2 株式譲渡の手続・対抗要件

株券発行会社の株式の譲渡は，株券を譲受人に交付しなければその効力を生じない（128条1項）。株券の交付は，株式譲渡の効力要件である。また，株券の占有者は適法な所持人と推定される（131条1項）。株券の交付を受けた者は，その者に悪意重過失がない限り，株式を善意取得する（同条2項）。

株券不発行会社の株式の譲渡は，当事者間の意思表示のみによって効力が生じる。株券発行会社であっても，会社による自己株式の処分の場合は，株式の譲渡は意思表示のみによって効力を生じる。

株式の譲受人は名義書換をしなければ，会社その他の第三者に対抗できない（130条1項）。

3 株式の譲渡の制限

○法令による制限

会社成立前または新株発行前の株式引受人の地位（権利株という）の譲渡は，当事者間では有効であるが，会社に対しては対抗できない（35条，63条2項，208条4項）。権利株の譲渡制限の趣旨は，会社の設立事務，株主名簿の整備，株券発行事務が円滑・迅速に行われるようにするためであるとされる。

株券発行会社では，会社成立後または新株発行後でも株券発行前になされた株式の譲渡は，当事者間では有効であるが，会社に対しては効力を生じない

(128条2項)。これは，株券発行事務の円滑化・迅速化を図るためであるとされる。

○定款による譲渡制限

株式会社は，すべての株式または一部の種類株式の譲渡について会社の承認を要する旨を定款で定めることができる（107条1項，108条1項）。これは，同族会社のような閉鎖的な会社においては，株主の個性が重視されるため，会社にとって好ましくない者が株主となって会社経営の安定が害されることを防ぐために設けられた制度である。

譲渡の承認機関は，株主総会（取締役会設置会社においては取締役会）である（139条1項）。

▷ 1 ⇨ Ⅲ-6 「譲渡制限株式の譲渡の手続」58頁参照。

○子会社による親会社株式の取得制限

子会社は，親会社株式を原則として取得することができない（135条1項，施行規則3条4項）。例外的に取得が許容された場合，子会社は，取得した親会社株式を相当の時期に処分しなければならない（135条3項）。また，この場合に，子会社は保有する親会社株式については，議決権を有しない（308条1項）。

▷ 2 ⇨ Ⅲ-9 「親子会社・株式の相互保有規制」68頁参照。

○契約による制限

契約による株式の譲渡制限は，株主間または株主以外の第三者と株主間の契約による株式の譲渡制限と，会社と株主間で契約による株式の譲渡制限が存在する。実務上，**従業員持株制度**や業務提携を行う場合などに用いられている。

契約による株式の譲渡制限は，会社法の定める手続の厳格さ・煩雑さを回避できるものであるが，そのような契約が有効であるかが問題となる。

判例は，株主間または株主以外の第三者と株主間の契約による譲渡制限は，127条（旧商法204条1項ただし書）の関知しないところであるから，会社と株主間の脱法行為とみなされる場合を除き，契約自由の原則より有効であると解される（最判平成7年4月25日裁判民集175号91頁）。

伝統的な通説は，株主間相互または株主・第三者間の契約は，会社法127条および定款による譲渡制限（136条以下）の関知しないところであり，原則として契約の自由の原則により有効であるが，会社・株主間の契約の脱法手段と認められる場合には，無効と解する。会社・株主間の契約は，会社法127条および定款による譲渡制限の脱法行為として無効であるが，その契約内容が株主の投下資本の回収を不当に妨げない合理的なものである場合は，例外的に有効と解する。合弁事業や業務提携の際に見られる他の株主や会社の指定する者に先買権を認める契約は，投下資本の回収を妨げない合理的なものと認められるが，株式の譲渡に会社の同意権を与えるものは無効であるとされる。

これに対して，近時の有力説は，会社と株主間の契約による譲渡制限についても契約の自由の原則が妥当し，原則として有効であり，民法90条の公序良俗に反する場合は無効になるとする。その理由として，定款による譲渡制限は，

▷**従業員持株制度**
会社の従業員が，自社の株式を購入・保有することを会社が推進する制度をいう。従業員が民法上の組合である従業員持株会を設立し，会員である従業員は毎月一定額を拠出し，株式を共同購入し，拠出額に応じて持分を配分するものであり，会社は持株会の自社株の取得に対して奨励金の支給を行うのが一般的である。この制度の目的としては，①福利厚生の一環として従業員の資産形成を図ること，②従業員の経営参加意識を高めること，③安定株主の形成などが挙げられる。

株主の個別的意思にかかわらず反対株主をも拘束し，その後株主となったものも拘束するが，契約による譲渡制限は契約当事者のみを拘束し，個々の株主の現実の同意を要するから個々の株主が不測の損害を被ることはなく，契約に違反した譲渡も有効であり，契約当事者間に債務不履行責任が発生するのみであり，株式の譲受人に対しては譲渡制限の効果を主張できないため取引の安全は害されないからであるとする。

❹ 保管振替制度

　上場会社を中心とした膨大な量の株式の流通を，迅速・確実に処理するため，株式のペーパーレス化が図られ，「株券の保管及び振替に関する法律」が制定・施行された。2004（平成16）年に「社債，株式等の振替に関する法律」（が制定され，2009（平成21）年1月5日より施行された。これにより，上場会社の株式等に係る株券等が廃止され，株主等の権利の管理は，証券保管振替機構および証券会社等に開設された口座において電子的に行われることとなった。

　株券を発行する旨の定款の定めがない会社の株式（譲渡制限株式を除く）で振替機関が取り扱うものを「振替株式」という（保振128条）。

　「振替株式」についての権利の帰属は，「社債，株式等の振替に関する法律」の規定による振替口座簿の記載又は記録により定まるものとされ（保振128条1項），株主は，証券会社等に口座を開設し，振替株式の譲渡は，振替の申請により，譲受人がその口座の保有欄に当該譲渡に係る数の増加の記録を受けなければ，その効力を生じない（保振140条）。

　振替機関は，保振151条各号に掲げる場合のいずれかに該当するときは，発行者に対し，当該各号に定める株主につき，氏名または名称および住所ならびに当該株主の有する当該発行者が発行する振替株式の銘柄および数その他主務省令で定める事項を速やかに通知しなければならない（総株主通知という）（保振151条）。発行会社は，総株主通知を受けたときは，株主名簿に通知事項を記載しなければならず，名義書換えがなされたものとみなされる（保振151条・152条）。

　発行者は，正当な理由があるときは，振替機関に対し，当該振替機関が定めた費用を支払って，当該発行者が定める一定の日の株主についての通知事項を通知することを請求することができる（個別株主通知）（保振151条8項）。

　振替株式の善意取得も認められる（保振140条）が，すべての株主が有する振替株式の総数が振替株式の発行総数を超えた場合は，発行会社と間では，株主は，案分比例で株主権を有することになる。この場合，保管振替機関等は，超過株式の消却義務を負い（保振145条以下），株主に対しては損害賠償責任を負う（保振147条2項）。

❺ 信託財産に属する株式についての対抗要件等（154条の2）

　株券不発行会社の株式については，株式が信託財産に属する旨を株主名簿に記載・記録しなければ，当該株式が信託財産に属することを株式会社その他の第三者に対抗することができない（154条の2第1項）。株主名簿上の株主は，その有する株式が信託財産に属するときは，株式会社に対し，その旨を株主名簿に記載・記録することを請求することができる（同2項）。株主名簿に信託財産である旨の記載・記録がされた場合は，株主名簿上の株主は，会社に対して株主名簿記載事項（株主の有する株式が信託財産に属する旨を含む。）を記載した書面・記録の交付を請求することができる（同3項）

❻ 株式の担保化

　株式は財産的な価値を有し，原則として自由譲渡が認められているため，担保となり得る（146条1項）。会社法が規定する株式の質入れのほか，実務では譲渡担保の方法が利用されている。
　株式の質入れには，略式質と登録質がある。
　略式質は，質権設定の合意と株券の交付によって成立する（146条2項）。会社および第三者に対抗するためには，継続して当該株式に係る株券を占有しなければならない（147条2項）。
　登録質は，質権設定の合意（株券発行会社では株券の交付）（146条2項）のうえ，その質権者の氏名または名称および住所を株主名簿に記載（記録）することによって成立する（147条1項）。登録質権者は，株主名簿に質権設定の登録をしなければ，株式会社その他の第三者に対抗することができない。
　振替株式の質入れは，振替の申請により，質権者がその口座における質権欄に当該質入れに係る数の増加の記載または記録を受けなければ，その効力を生じない（保振141条）。
　株式の質権者は，優先弁済権，物上代位権（151条）が認められる。登録質権者は，会社から直接，剰余金の配当，残余財産の分配，株式の分割・併合等により株主が受けることができる金銭または株式についての物上代位的給付を受けることができる（150条～154条）。

Ⅲ 株式

 譲渡制限株式の譲渡の手続

① 定款による譲渡制限

　株式会社は，すべての株式または一部の種類株式の譲渡について会社の承認を要する旨を定款で定めることにより，譲渡制限を設けることができる（107条1項，108条1項）。同族会社のような閉鎖的な会社においては，株主の個性が重視され，会社にとって好ましくない者が株主となって会社経営の安定が害されることを防ぐために設けられた制度である。

　会社は，会社設立時の定款においてこのような定めを設けることができるが，会社設立後に定款を変更して譲渡制限の定めを設けることもできる。定款を変更して譲渡制限の定めをおく場合には，通常の定款変更より厳格な株主総会の特殊決議を必要とする（309条3項）。特殊決議は，議決権を行使することができる株主の半数以上かつ，当該株主の議決権の3分の2以上の賛成を要する決議である。

　譲渡制限株式の譲渡の承認機関は，株主総会（取締役会設置会社では，取締役会）である（139条1項）が，**定款で別段の定め**をすることは認められる（同項ただし書，107条2項1号ロ，108条2項4号）。

　会社に対する譲渡の承認請求をすることができる者は，譲渡制限株式の所有者である株主（譲渡人）および株式の取得者（譲受人）である（136条，137条）。

② 譲渡制限株式の株主（譲渡人）からの譲渡承認請求手続・方法

　譲渡制限株式の株主がその保有する株式を他人に譲渡しようとするときは，会社に対し，当該他人が株式を取得することを承認するか否かの決定を請求できる（136条）。それに加えて，会社が不承認の決定をする場合には，会社または指定買受人による当該株式の買取りを請求できる（138条1項ハ）。

　譲渡制限株式の株主が譲渡等の請求をするのには，①譲渡する株式の数（種類株式発行会社の場合は，譲渡制限株式の種類および種類ごとの数），②譲受人の氏名または名称，③会社が不承認の場合には，会社または指定買受人による買取りを請求する旨を明らかにしなければならない（138条1項）。

　会社は承認等の決定をした時は，譲渡等承認請求者に対し，承認の通知をしなくてはならない（139条2項）。

▷**譲渡制限株式**
譲渡制限株式とは，株式会社がその発行する全部または一部の株式の内容として譲渡による株式の取得について，当該会社の承認を要する旨の定めのある株式をいう（2条17号）。

▷**譲渡制限の範囲についての定款の別段の定め**
定款で会社法が定める範囲以上の制限（全面的に譲渡を禁止するなど）は，投下資本回収を妨げるものであるから認められないと解される。それとは逆に，株主又は従業員に譲渡する場合は承認を要しない旨の定款の定めは許されると解される。

③ 株式取得者（譲受人）からの承認請求手続・方法

譲渡制限株式の譲受人は，会社に対し，その取得を承認するか否かの決定を請求できる（137条1項）。株式の譲受人がこの請求をなすには，利害関係人の利益を害するおそれがないものとして法務省令に定める場合を除き，その取得した株式の株主として株主名簿に記載・記録された者またはその相続人その他の一般承継人と共同してしなければならない（同条2項，施行規則24条）。株券発行会社の場合は，株式譲受人は，株券を提示することにより単独で請求することができる（施行規則24条2項）。

譲渡制限株式の株式譲受人が譲渡等の請求をするのには，①取得した譲渡制限株式の数（種類株式発行会社の場合は，譲渡制限株式の種類および種類ごとの数），②譲受人の氏名または名称，③会社が不承認の場合には，会社または指定買受人による買取りを請求する旨を明らかにしなければならない（138条1項）。

会社は承認等の決定をした時は，譲渡等承認請求者に対し，承認等の通知をしなくてはならない（139条2項）。

④ 会社が不承認の場合の手続（買取人指定）

会社が譲渡不承認の決定をし，かつ，買取請求がなされている場合は，会社は譲渡等承認請求に係る譲渡制限株式（対象株式）を買い取らねばならない。

会社は，①対象株式を買い取る旨，②買い取る対象株式の数（種類株式発行会社にあっては，対象株式の種類および種類ごとの数）を，**株主総会の特別決議**により決定しなければならない（140条，309条2項1号）。譲渡等承認請求者は，前記株主総会において議決権を行使することができない（同条3項）。ただし，当該譲渡等承認請求者以外の株主の全部が議決権を行使することができない場合は，この限りではない。

また，会社は，対象株式の全部または一部を買い取る者（指定買取人）を指定することができる（140条4項）。指定買取人の指定は，株主総会の特別決議（取締役会設置会社にあっては取締役会決議）によらなければならない（同条5項）。ただし，定款に別段の定めがある場合（例えば，予め定款で先買人を指定するなど）は，この限りではない。

会社は，譲渡等承認請求者に対して，前記①②の事項の決定を通知しなければならない（141条1項）。会社から買取りの指定を受けた指定買取人は，譲渡等承認請求者に対して，③買取人として指定を受けた旨，④指定買取人が買い取る対象株式の数（種類株式発行会社にあっては，対象株式の種類および種類ごとの数）を通知しなければならない（142条）。

会社又は指定買取人がこれら決定の通知をするときは，1株あたりの純資産額（施行規則25条）に対象株式の数を乗じた額を，会社の本店所在地の供託所

▷株主総会の特別決議
当該株主総会において議決権を行使することができる株主の議決権の過半数を有する株主が出席し，出席株主の議決権の3分の2以上の賛成を要する決議である。

に供託し，かつ，当該供託を証する書面を譲渡等承認請求者に交付しなければならない（141条2項，142条2項）。

対象株式が株券発行会社の株式である場合には，前記供託を証する書面の交付を受けた譲渡等承認請求者は，当該交付を受けた日から1週間以内に，対象株式の株券を会社の本店所在地の供託所に供託し，会社に対して遅滞なく供託した旨を通知しなければならない（141条3項，142条3項）。譲渡等承認請求者がその期間内に供託をしなかったときは，会社は対象株式の売買契約を解除できる（141条4項，142条4項）。

5 売買価格の決定

会社による買取事項（前記4①②の事項）の決定の通知，または指定買取人の指定の通知（前記4③④）の指定の通知があった場合には，対象株式の売買価格は，当該会社または指定買取人との協議によって定められる（144条1項）。

協議が整わない場合には，前記通知があった日から20日以内に，裁判所に対して売買価格の決定を請求でき（同条2項，7項），裁判所が売買価格を決定する（同条4項，7項）。裁判所は，対象株式の売買価格の決定に際しては，譲渡等承認請求の時における資産状態その他一切の事情を考慮しなければならない（同条3項，7項）。

協議が整わず，前記20日以内に裁判所に対する売買価格の決定の申立てもなされなかったときは，1株あたりの純資産額（施行規則25条）に対象株式の数を乗じた額が売買価格となる（144条5項）。

会社または指定買取人が前記売買価格の供託をした場合，対象株式の売買価格を確定したときは，会社または指定買取人は，供託した金銭に相当する額を限度として，売買代金の全部または一部を支払ったものとみなす（同条6項）。

6 会社が譲渡を承認したとみなされる場合

会社は，①承認請求の日（136条，137条1項）から2週間以内に承認・不承認の通知をしなかった場合（139条2項），②不承認の通知の日から40日以内（これを下回る期間を定款で定めた場合にあっては，その期間）に，買取り決定の通知（141条1項）をしなかった場合（指定買取人が不承認の通知の日から10日〔これを下回る期間を定款で定めた場合にあっては，その期間〕に買取人指定の通知をした場合を除く），③その他，法務省令で定める場合には，譲渡の請求を承認したものとみなされる（145条）。

ただし，会社と株式譲渡等承認請求者と別段の定めをしたときは，その限りではない（同条ただし書）。

▷1 株式の価格の算定方法：相続税財産評価基本通達が定める取引相場のない株式の評価基準である類似業種比較方式や，配当還元方式，純資産額方式などがある。

7 譲渡承認請求の撤回

譲渡等承認請求者は，会社による買取り決定の通知または指定買取人による買取り通知を受けた後は，それぞれの通知をなした者の承諾を得た場合に限り，その請求を撤回できる（143条）。

8 譲渡制限株式の譲渡の効力

会社の承認のない株式の譲渡は，会社に対する関係では効力を生じないが，譲渡当事者間においては有効であると解される（最判昭和48年6月15日民集27巻6号700頁）。これは，株式の譲渡制限は，会社にとって好ましくない者が株主となって会社経営の安定が害されることを防ぐために設けられた制度であるため，会社にとって好ましくない者が株主として権利を主張することができないとすれば，目的を達成することができるためであるとされる。

9 相続人等に対する売渡請求

会社は，相続その他の一般承継により譲渡制限株式を取得した者に対して，当該株式を会社に売り渡すように請求することができる旨を定款で定めることができる（174条）。相続や合併により会社にとって好ましくない者に株式が承継されるおそれは，株式が譲渡される場合と同様であるため，会社法により新設された制度である。

会社は，相続人等に対して売渡請求をするときは，その都度，売渡請求をする株式の数（種類株式発行会社にあっては，株式の種類および種類ごとの数），株式を所有する者の氏名または名称を，株主総会の特別決議によって決定しなければならない（175条1項）。売渡請求を受ける株主は，その者以外の株主の全部が当該株主総会において議決権を行使することができない場合を除き，当該株主総会において議決権を行使することができない（同条2項）。

会社は，売渡請求事項を決定したときは，相続その他の一般承継があったことを知ったときから1年を経過したときを除き，株式の売渡しを請求することができる（176条1項）。

売買価格の決定は，会社と対象者の協議によって定める（177条1項）。会社または対象者は，売渡請求のあった日から20日以内に，裁判所に対して，売買価格の決定を請求でき（同条2項），その際，裁判所は，会社の資産状態その他一切の事情を考慮して価格を決定しなければならない（同条3項）。売買価格についての協議が整わず，前記20日以内に裁判所に価格決定の請求の申立てがないときは，売渡請求は効力を失う（同条5項）。

会社は，いつでも，売渡請求を撤回することができる（176条3項）。

▷2 一人会社における譲渡

一人会社とは，株主が1人しか存在しない会社をいう。定款に株式の譲渡制限の定めがある一人会社の株主がその保有する株式を他に譲渡した場合，取締役会の承認を得なくても，会社に対する関係においても有効と解される（最判平成5年3月30日民集47巻4号3439頁）。

Ⅲ 株式

7 自己株式とは何か(1)：自己株式の意義，保有する自己株式の地位

1 自己株式の意義

自己株式とは，会社の有する自己の株式をいう（113条4項）。

平成13年6月改正前商法は，会社による自己株式の取得には弊害を生じるおそれがあるため，原則として禁止していたが，自己株式の取得規制を緩和することには一定のメリットがあり，自己株式取得の弊害は，法律による弊害防止措置や制度の適正な運用により対応できるものであるとされ，平成13年6月改正商法により，会社は株主総会の授権があれば，一定の手続・方法・財源の規制のもとで，原則として自己株式の取得を自由にできるようになった（いわゆる**金庫株**の解禁）。その後，平成15年7月改正では，予め定款に定めを置くことにより取締役会決議に基づく自己株式の取得を認めた。

会社法の自己株式取得規制は，これら商法の規制を引き継ぐものである。

2 自己株式取得事由

会社が自己株式を取得できる場合は，以下のような場合である（155条）。①取得条項付株式の取得事由が生じた場合，②譲渡制限付株式の譲渡不承認の場合の買取請求があった場合，③株主との合意による有償取得の株主総会の決議があった場合，④取得請求権付株式の取得請求があった場合，⑤全部取得条項付種類株式の取得の決議があった場合，⑥株式相続人に対する売渡しの請求，自己株式とは何か。どのようにして取得できるか，⑦単元未満株式の買取請求があった場合，⑧所在不明株主の株式買取りに関する事項を定款で定めた場合，⑨端株が生じる場合の株式の買取りに関する事項を定款で定めた場合，⑩他の会社（外国会社を含む）の事業の全部を譲り受ける場合において当該株式会社の株式を取得する場合，⑪合併後消滅する会社から当該株式会社の株式を取得する場合，⑫吸収分割する会社から当該株式会社の株式を取得する場合，⑬**その他法務省令で定める場合**。

3 自己株式の保有・消却・処分

○保　有

会社は，適法に取得した自己株式を期限の制限なく保有し続けることができる。会社が保有する自己株式については，議決権を有しない（308条2項）。また，

▷1　**禁止の理由**　自己株式の取得は，①資本を財源として会社自己株式の有償取得を認めると，出資の払戻しと同様になり資本維持の原則に反する。②一部の株主のみに株金を払い戻すことになり株主平等原則に反する。③会社財産を利用した経営者支配の危険がある。④取締役等によるインサイダー取引や株価操縦に利用され，株主や一般投資家に損害を与える危険性がある。このような弊害を防止するために政策的に禁止されていた。

▷2　**自己株式取得を自由化するメリット**　合併・分割などの企業再編に際して代用自己株として利用することにより，機動的な組織再編ができる（新株発行による事務手続・利益配当負担の増加，既存株主の持株比率低下の回避など）こと，大株主による株式の放出，株式の持合解消の受け皿として株式市場の安定に資することなどが主張された。

▷**金庫株（Treasury Stock）**
会社が目的を問わずに買い受け，保有期間などの制限を定めずに保有・消却・処分できる自己株式をいう。保有する自己株式を金庫に

その他の共益権も有しないと解されている。

自益権については、剰余金配当請求権、残余財産分配請求権は認められない（453条、504条3項）。

新株・新株予約権等の株主割当を受ける権利も認められない（202条2項、241条2項、186条2項、278条2項）。

株式併合・株式分割など全部またはある種類の株式に一律に効力が生じる場合には効力が及ぶ（182条、184条参照）。

会社が保有する自己株式は、貸借対照表上の純資産の部に、控除項目として計上される（会社計算76条2項）。

○消却

会社は、取締役会設置会社の場合は取締役会決議により、消却する株式の種類および数を定め、その保有する自己株式を消却することができる（178条1項）。

指名委員会等設置会社においては、執行役への委任も可能である（416条4項、399条の13第5項・6項参照）。それ以外の会社においては、株主総会決議が必要であると解すべきである。

自己株式の消却により、発行株式総数は減少するが、定款で定めた発行可能株式総数は影響を受けない。

○処分

会社が自己株式を処分する場合は、合併・分割の際に代用自己株式として使用する場合、新株予約権の行使に際し新株発行の代わりに自己株式を移転する場合、単元未満株式の買増請求に応じる場合などを除き、募集株式の発行と同じ規制がある（199条以下）。

4 取得規制違反の効果

会社が自己株式取得規制に違反して自己株式を取得した場合、その取得は私法上無効であり、会社・会社債権者・株主のみが主張でき、取引の相手方（譲渡人）の無効の主張は認められないと解される（最判昭和43年9月5日民集22巻9号1846頁、最判平成5年7月15日判時1519号116頁）。

5 財源規則

前記❷の①②③④⑤⑥⑧⑨の事由による自己株式の取得については、株主に対して交付する金銭等（当該会社の株式は除く）の帳簿価格の総額は、当該行為が効力を生じる日における分配可能額を超えてはならない（170条5項、461条1項1号、166条1項ただし書き）。前記⑦⑩⑪⑫⑬については、そのような財源規制は存在しない。

財源規制に違反する自己株式の取得は、無効と解される。

保管しておくことから金庫株と呼ばれる。

▷その他法務省令で定める場合
無償で譲渡を受ける場合、116条5項、469条5項、785条5項、797条5項〔これらの規定を株式会社について他の法令において準用する場合を含む〕に規定する株式買取請求に応じて取得する場合など。施行規則27条。

▷3 自己株式に剰余金の配当を認めると、いったん計上した利益を受取配当の利益として二重に計上することとなり、不当だからである。残余財産の分配については、清算が終了しないからである。

▷4 市場における売却については、インサイダー取引防止措置等との関係で、衆議院における会社法案の一部修正により削除された。

Ⅲ 株式

8 自己株式とは何か(2)：自己株式の取得手続

1 株主との合意による取得

会社が株主との合意による取得とは，株主総会の授権枠の範囲内で，すべての株主に（種類株式の場合は当該種類株式すべての種類株主）に申込みの機会を与えて行う有償取得である。すべての株主に対して申し込みの機会を与えるものであるため，株主平等原則には反しないことになる。

株主との合意により取得するには，株主総会決議によって，①取得する株式の数（種類株式発行会社にあっては，株式の種類および種類ごとの数），②株式を取得するのと引換えに交付する金銭等（当該会社の株式を除く）の内容およびその総額，③株式を取得することができる期間（最長1年）を定めなければならない（156条1項）。

会計監査人設置会社であって取締役の任期の末日が選任後1年以内に終了する事業年度のうち最終のものに関する定時株主総会の終結の日までとするもの（指名委員会等設置会社，監査等委員会設置会社，または監査役会設置会社）は，剰余金の配当ともに，前記①～③の事項を取締役会が定めることができる旨を定款で定めることができる（459条1項1号，2項）。

次に会社は，上述の株主総会の授権枠の範囲内で，その都度，(1)取得する株式の数（種類株式発行会社にあっては，株式の種類および数），(2)株式1株を取得するのと引換えに交付する金銭等の内容および数もしくは額またはこれらの算定方法（1株あたりの取得価格である），(3)株式を取得するのと引換えに交付する金銭等の総額，(4)株式の譲渡の申込期日を定め（157条1項），株主に通知（公開会社では，公告でもよい）しなければならない（158条）。この取得の条件は，その都度の決定ごとに均等でなければならない（同条3項）。

取締役会設置会社の場合は，前記(1)～(4)の事項の決定は，取締役会決議によらなければならない（同条2項）。

会社から前述の通知・公告を受けた株主は，その有する株式の譲渡しの申込みをしようとするときは，株式会社に対し，その申込みに係る株式の数（種類株式発行会社にあっては，株式の種類及び数）を明らかにしなければならない（168条1項）。株主は，通知・公告により会社から提示された取得価額等の条件を考慮して自己の所有する株式を会社に売り渡すか判断することになる。

株主より株式の譲渡の申込みがあった場合，会社は，申込期日に，株主が申

込みをした株式の譲渡の承諾をしたものとみなされる（159条2項）。

申込総数が取得総数を超えるときは，按分比例（個々の株主の申込みした株式数×取得総数／申込総数）で取得することになる（同条2項ただし書）。その際，1株に満たない端数がある場合にあっては，切り捨てるものとする。

② 特定の株主からの取得

会社は，特定の株主から自己株式を取得するために，株主総会の**特別決議**に（309条2項2号）より，会社による自己株式取得条件（前記(1)～(4)）の通知を特定の株主に対して行う旨定めることできる（160条1項）。

会社がこの決定をしようとするときは，**法務省令で定める時**（総会の日2週間前）までに，株主（種類株式発行会社にあっては，取得する種類の種類株主）に対し，株主総会の日の5日前（公開会社でない会社では3日前，定款でこれを下回る期間を定めた場合は，その期間）までに自己を売主として追加するように請求できる旨を通知しなければならない（160条2項，3項，施行規則29条，30条）。この株主の売主追加請求権は，特定の株主だけが自己の保有する株式を会社に売却できるというのでは，株主平等原則に反するおそれがあり，他の株主にも売却の機会を与えるという趣旨である。

株主の売主追加請求権をあらかじめ定款で排除することは可能であるが，総株主の同意が必要である（160条2項）。

取得する株式が市場価格のある株式である場合は，その株式1株を取得するのと引換えに交付する金銭等の価額がその1株の価格として法務省令で定める方法により算定されるものを超えないとき（161条，施行規則31条），株式相続人等から取得の場合の一定の場合（後述），および株主の売主追加請求権を定款で排除しているとき（164条）は，前記通知は必要ない。

会社が，特定の者から自己株式を取得する場合，売主である特定の株主は，前記株主総会において議決権を行使することができない（160条4項本文）。ただし，売主である特定の株主以外の株主の全部が，当該株主総会において議決権の行使をすることができない場合は，議決権を行使できる（同4項ただし書）。

会社が特定の者から株式を取得する旨の特別決議をしたときは，(1)取得する株式の数（種類株式発行会社にあっては，株式の種類および数），(2)株式1株を取得するのと引換えに交付する金銭等の内容および数もしくは額またはこれらの算定方法（1株あたりの取得価格である），(3)株式を取得するのと引換えに交付する金銭等の総額，(4)株式の譲渡の申込期日を定め，特定の者に通知をしなければならない（160条5項）。

③ 相続人等からの合意による取得

会社が，株主の相続人その他の一般承継人（以下，相続人等）からその相続そ

▷**特別決議**
当該株主総会において議決権を行使することができる株主の議決権の過半数を有する株主が出席し，出席株主の議決権の3分の2以上の賛成を要する決議である。

▷**法務省令で定める時**
株主総会の招集通知を発すべき時が，1週間以上2週間未満前である場合は，1週間前まで，1週間を下回っている場合は，1週間前までであり，株主全員の同意により招集通知を省略する場合は，1週間前までである。（299条，300条，施行規則29条）

▷**相続人等に対する売渡請求**
⇨ Ⅲ-6 「譲渡制限株式の譲渡の手続」58頁。

の他の一般承継により取得した株式を合意により取得する場合は，株主総会の特別決議が必要であるが，売主である相続人等の株主は，当該株主総会において売主である相続人等の株主以外の株主の全部が当該株主総会において議決権の行使をすることができない場合を除き，議決権を行使することができない（160条4項）。

また，会社から特定の株主以外の株主に対する通知は必要ではなく，他の株主の売主追加請求権はないのである（162条，160条3項，4項）。ただし，株式会社が公開会社である場合，当該株式の相続人その他一般承継人が株主総会または種類株主総会において当該株式について議決権を行使した場合は，その限りではなく，会社から特定の株主以外の株主に対する通知は必要であり，他の株主の売主追加請求権はあることになる（162条）。

④ 子会社からの取得

会社が**子会社**から自己株式を取得する場合は，株主総会による前記①〜③の自己株式取得のための授権枠の決定（156条1項）のみで自己株式を取得することができる（163条）。この場合，取締役会設置会社では，取締役会決議で定めることができる。子会社が保有する親会社株式を第三者に売却することが困難であることが多いため，簡易な手続きにより親会社が自己株式として取得することを認めているものである。

⑤ 市場取引等による取得

前記1株主との合意による自己株式取得の規制（157条—160条）は，株式会社が市場において行う取引または**公開買付け**（金融商品取引法27条の2第6項）の方法（市場取引等）により，自己株式を取得する場合は適用されず（会社法165条），株主総会の普通決議により取得できる。これらの場合には，すべての株主に株式売却の機会が与えられるためである。

取締役会設置会社では，取締役会決議によって，市場取引等により自己株式を取得できる旨の定款の定めをすることができる（同2項，3項）。

⑥ 全部取得条項付種類株式の取得

会社が全部取得条項付種類株式を取得するには，取締役は，取得を決定する株主総会において，全部取得条項付種類株式の全部を取得することを必要とする理由を説明しなければならない（171条3項）。

株主総会の特別決議によって，①取得対価の内容・数・額等，②全部取得条項付種類株式の株主に対する取得対価の割当てに関する事項，③取得日を定めなければならない（173条1項）。取得対価としては，株式，新株予約権，社債，新株予約権付社債，金銭等（株式以外の財産）がある。100％減資による株主の

▷**子会社**
子会社とは，会社が，その総株主の議決権の過半数を有する株式会社その他当該会社がその経営を支配している法人として法務省令で定めるものをいう（2条3号，施行規則3条）。⇨ Ⅲ-9「親子会社・株式の相互保有規制」68頁。

▷**公開買付け**
公開買付けとは，不特定かつ多数の者に対して，公告により株券等の買付け等の申し込みの勧誘を行い，取引所有価証券市場外で株券等の買付けをすることである。欧米では，会社の支配権の取得または強化の目的で頻繁に行われている。

▷1 **相対取引（あいたいとりひき）** 市場を通さずに特定の者から株式を取得することを相対取引という。

入れ替えが目的の場合は，無償（取得価額0円）ということもありうる。

また，会社が全部取得条項付種類株式を取得するには，事前の情報開示が求められる。取得を決定する株主総会の日（171条1項）の2週間前の日，株主に対する通知または公告の日（172条2項・3項）のいずれか早い日から効力発生日後6ヶ月を経過する日までの間，前記①～③（171前条1項各号）に掲げる事項に掲げる事項，その他法務省令で定める事項を記載し，または記録した書面または電磁的記録をその本店に備え置かなければならない。株主は，会社に対して，その営業時間内は，いつでも，閲覧・謄写請求をすることができる（171条の2）。

全部取得条項付種類株式の取得に関する株主総会の前に，反対する旨を会社に対し通知し，かつ，株主総会において取得に反対した株主（当該株主総会において議決権を行使することができるものに限る。）および当該株主総会において議決権を行使することができない株主は，取得日の20日前の日から取得日の前日までの間に，裁判所に対し，株式会社による全部取得条項付種類株式の取得の価格の決定の申立てをすることができる（172条1項）。この場合，会社は，裁判所の決定した価格に対する取得日後の年6分の利率により算定した利息をも支払わなければならない（172条4項）が，会社は，全部取得条項付種類株式の取得の価格の決定があるまでは，株主に対し，会社がその公正な価格と認める額を支払うことができ（同5項），これにより利息の支払いを回避できる。

▷2 全部取得条項付種類株式の取得価額の決定の申立の事例（東京地決平成19年12月19日全判1283号22頁）

全部取得条項付種類株式の株主（裁判所に価額決定の申立てした株主は除く）は，取得日に，決議の定めに従い，株主，社債権者，新株予約権者等になる（173条2項）。

会社は，事後的情報開示として，取得日後遅滞なく，会社が取得した全部取得条項付種類株式の数その他の全部取得条項付種類株式の取得に関する事項として法務省令で定める事項を記載した書面または電磁的記録を作成し，取得日から6カ月間，その本店に備え置かなければならない（173条の2第1項・2項）。

全部取得条項付種類株式を取得した株式会社の株主または取得日に全部取得条項付種類株式の株主であった者は，会社に対して，その営業時間内は，いつでも，閲覧・謄写請求をすることができる（173条の2第3項）。

全部取得条項付種類株式の取得が，法令または定款に違反する場合において，株主が不利益を受けるおそれがあるときは，株主は，会社に対し，全部取得条項付種類株式の取得をやめることを請求（差止請求）することができる（171条の3）。

❼ 単元未満株式の買取り

単元未満株式の買取りについては，後述の Ⅲ-12 「単元株制度」参照。

III 株式

9 親子会社・株式の相互保有規制

1 親会社・子会社

子会社とは，会社が，その総株主の議決権の過半数を有する株式会社その他当該会社がその経営を支配している法人として法務省令で定めるものをいう（2条3号，施行規則3条）。

親会社とは，株式会社を子会社とする会社その他の当該株式会社の経営を支配しているものと法務省令で定めるものをいう（2条4号，施行規則3条）。

会社法は，親子会社の定義に関して，単なる議決権基準だけではなく，実質的な支配基準（「財務及び事業の方針の決定を支配している場合」）を取り入れているのである。

「財務及び事業の方針の決定を支配している場合」とは，以下の場合をいう。財務上または事業上の関係からみて他の会社等の財務または事業の方針の決定を支配していないことが明らかであると認められる場合を除かれる（支配されるものが破産開始の決定等を受けている場合など）。

①〜③ 支配される会社等（有効な支配従属関係が存在しないと認められるものを除く）の決議権の総数に対する自己（その子会社及び子法人等〔会社以外の会社等が他の会社等の財務及び事業の方針の決定を支配している場合における当該地の会社等をいう。〕を含む）の計算において所有している議決権の数の割合が100分の50を超えている場合

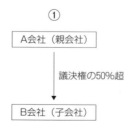

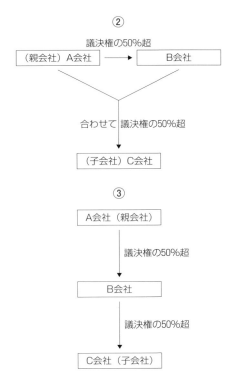

④ 支配される会社等が自己の計算において所有する議決権の数の割合が40％以上＋

㋑
(1)自己と趣旨，人事，資金，技術，取引等において緊密な関係があることにより自己の意思と同一の内容の議決権を行使すると認められる者が所有している議決権の数。
(2)自己の意思と同一内容の議決権を行使することに同意している者が所有している議決権の数。
を合わせて50％を超えていること。

⑤ 支配される会社等が自己の計算において所有する議決権の数の割合が40％以上＋

㋺他の会社等の取締役会等の機関の構成員の総数に対する(ⅰ)自己の役員，(ⅱ)自己の業務を執行する社員，(ⅲ)自己の使用人，(ⅳ)前記(ⅰ)～(ⅲ)であった者の数の割合が50％を超えていること。

⑥ 会社等が自己の計算において所有する議決権の数の割合が40％以上＋

㋩自己が他の会社等の重要な財務および事業の方針の決定を支配する契約が存在すること。

⑦ 会社等が自己の計算において所有する議決権の数の割合が40％以上＋

㋥他の会社等の資金調達額の総額に対する自己が行う融資の額の割合が50％を超えていること。

⑧　会社等が自己の計算において所有する議決権の数の割合が40％以上＋
　ホその他自己が他の会社等の財務および事業の方針の決定を支配していることが推認される事実が存在すること。

などである。

⑨　他の会社等の議決権の総数に対する**自己所有等議決権数**の割合が100分の50超（自己の計算において議決権を所有していない場合を含み，①〜⑧に掲げる場合を除く。）＋前記ロ〜ホまでに掲げるいずれかの要件に該当する場合。

2　子会社による親会社株式の取得規制

　子会社は，原則として，親会社株式の取得をすることは禁止されている（135条1項，施行規則3条4項）。これは，親会社の資産には子会社株式が含まれるため，子会社による親会社株式の取得は資本充実の点で問題があり，また，親会社は，子会社の活動を支配しているため，子会社に親会社株式を取得させることによる不当な株価操縦・投機的行為がなされるおそれや，経営者支配をはかるおそれなどがあるため規制されているのである。

　例外的に取得が許容されるのは，以下の場合である（135条2項）。
①他の会社（外国会社も含む）の事業の全部を譲り受ける場合において，当該他の会社の有する親会社株式を譲り受ける場合。
②合併後消滅する会社から親会社株式を承継する場合。
③**吸収分割**により他の会社から親会社株式を承継する場合。
④**新設分割**により他の会社から親会社株式を承継する場合。
⑤その他法務省令で定める場合（無償で取得する場合，その権利の実行にあたり目的を達成するために必要，かつ，不可欠である場合など，施行規則23条）。

　また，吸収合併消滅持分会社もしくは株式交換完全子会社の株主，吸収合併消滅持分会社の社員または吸収分割会社（消滅会社等の株主等）に対して交付する金銭等の全部または一部が存続会社等の親会社の株式である場合には，当該存続会社等は，吸収合併等に際して消滅会社等の株主等に対して交付する親会社株式の総数を超えない範囲内で，親会社株式を取得することができる（800条1項）。

　適法に取得され子会社が保有する親会社株式については，子会社は，原則として議決権を行使することができない（308条1項括弧書き・325条）。

　自益権，議決権および議決権を前提とする権利（株主総会招集請求権，株主提案権など）以外の共益権については，親子会社は独立の法人格であり，子会社自体の利益を保護する必要性から原則として認められる。

　子会社は，適法に取得した親会社の株式を，相当の時期に処分しなければならない（135条3項）。

　親会社は，子会社から自己株式として，子会社の保有する親会社株式を，株

▷**自己所有等議決権数**
自己所有等議決権数とは，（1）自己の計算において所有している議決権，（2）自己と出資，人事，資金，技術，取引等において緊密な関係があることにより自己の意思と同一の内容の議決権を行使すると認められる者が所有している議決権，（3）自己の意思と同一の内容の議決権を行使することに同意している者が所有している議決権の合計数をいう。

▷**吸収分割**
⇨ⅨⅩ-3「会社分割」吸収分割，212頁参照

▷**新設分割**
⇨Ⅸ-3「会社分割」新設分割，213頁参照

主総会決議により取得することができる（163条）。この場合，取締役会設置会社では，取締役会決議で取得することができる。

▷1 III-7「自己株式とは何か(1)」子会社からの取得，62頁参照

3 親会社による子会社の株式等の処分467条1項2号の2

株式会社は，以下の行為をする場合には，効力発生日の前日までに，株主総会の決議による承認を受けなければならない（467条1項2号の2）。

その子会社の株式または持分の全部または一部の譲渡が，①譲渡により譲り渡す株式または持分の帳簿価額が親会社の総資産額として法務省令で定める方法により算定される額の5分の1（これを下回る割合を定款で定めた場合にあっては，その割合）を超え，かつ，②親会社が，効力発生日において子会社の議決権の総数の過半数の議決権を有しないときである。

4 株式の相互保有規制（趣旨・基準）

○相互保有規制の趣旨

実務において会社がお互いの株式を相互に保有することが広く行われている。このような株式の相互保有は，業務提携時や企業グループ間の協調・信頼の形成，安定株主の確保などに用いられている。しかし，株式の相互保有により，会社財産の裏づけのない資本が形成され，会社債権者等が害されるおそれや，会社経営者が相互に相手方の支配権を支持することによる議決権行使の歪曲化のおそれなどの弊害がある。

そのため，会社法は，株式の相互保有自体を完全に禁止するのではなく，一定の条件を満たしている場合に，議決権の行使を制限するという方法を採用している。

○基　準

株式会社（およびその子会社を含む）がその総株主の議決権の4分の1以上を有することその他の事由を通じて株式会社がその経営を実質的に支配することが可能な関係にあるものとして法務省令（施行規則67条）で定める株主は，所有している株式について，株主総会または種類株主総会において議決権を行使することができない（308条1項かっこ書）。（図III-1）

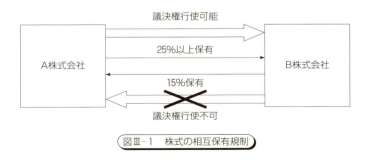

図III-1　株式の相互保有規制

III 株式

 株式の分割・併合・無償割当て

 株式の併合

株式の併合とは、数個の株式を合わせて、従来よりも少数の株式とすることをいう（180条1項）。例えば、2株を1株に、または10株を1株にするような場合である。

会社が、株式の併合をしようとするときは、その都度、株主総会の特別決議（309条2項4号）によって、①併合の割合、②効力発生日、③種類株式の場合は併合する種類、④**効力発生日における発行可能株式総数**を定めなければならない（180条2項）。取締役は、株主総会において、株式の併合をすることを必要とする理由を説明しなければならない（同条3項）。

株式の併合により1株に満たない端数が生じた場合は、原則として、その端数の合計数に相当する株式を競売し、その端数に応じてその代金を分配しなければならない（235条1項）。また、市場価格のある株式は、市場価格で売却することができ、市場価格のない株式については裁判所の許可を得れば競売以外の方法で売却することができる（同条2項、施行規則52条）。

株式会社が株式の併合をする場合（単元株式数を定款で定めている場合は、単元株式数に一に満たない端数が生ずるものに限る）、**事前の情報開示**が求められ、株主等の閲覧・謄写に供される（182条の2）。

株式会社が株式の併合をすることにより株式の数に一株に満たない端数が生ずる場合には、反対株主には、株式買取請求権が認められる（182条の4・182条の5）。

株式の併合が法令または定款に違反する場合に、株主が不利益を受けるおそれがあるときは、株主は、株式会社に対し、当該株式の併合をやめることを請求することができる（182条の3）。

株式の併合をした株式会社は、効力発生日後遅滞なく、株式の併合が効力を生じた時における発行済株式総数その他法務省令で定める事項を記載した書面（記録した電磁的記録）作成し、効力発生日から6ヶ月間、本店に備え置き、株主または効力発生日に株式会社の株主であった者対して、営業時間内はいつでも、閲覧・謄写に供さなければならない（事後の情報開示182条の6）。

▷効力発生日における発行可能株式総数
公開会社では、発行可能株式総数は、効力発生日における発行済株式の総数の4倍を超えることができない。

▷事前情報開示
株主総会の日の2週間前の日、株主または登録質権者に対する通知または公告の日のいずれか早い日から効力発生日後6カ月を経過する日までの間、1の①〜④（180条1項各号）に掲げる事項その他法務省令で定める事項を記載し、または記録した書面又は電磁的記録をその本店に備え置かなければならない。

2 株式の分割

　株式の分割とは，既存株式を細分化し，従来よりも多数の株式とすることをいう（183条）。例えば，1株を2株に，または2株を3株にするような場合である。

　会社が，株式の分割をしようとするときは，その都度，株主総会の決議によって（取締役会設置会社では取締役会決議によって），①分割の割合および分割の基準日，②分割の効力発生日，③種類株式の場合は株式の種類を定めなければならない（183条2項）。

　会社（現に2以上の種類株式を発行しているものは除く）は，定款変更のための株主総会決議（466条）によらずに，分割の効力発生日における発行可能株式総数を，その日の前日の発行可能株式総数に分割の割合を乗じて得た数の範囲内で増加する定款の変更をすることができる（184条2項）。

　株式の分割により1株に満たない端数が生じた場合の処理は，株式の併合と同じである（同条2項，施行規則52条）。

3 株式の無償割当て

　株式会社は，株主（または種類株主）に対して新たに払込みをさせないで当該株式会社の株式の割当て（**株式無償割当て**）をすることができる（185条）。この制度は，会社法により新たに導入された制度である。この制度は，募集株式の発行際に株主の株式を引き受ける権利を与える場合と異なり，株主は申込等の手続きを行う必要はない。

　株式会社は，株式無償割当てをしようとするときは，その都度，①株主に割り当てる株式の数（種類株式発行会社では，株式の種類および種類ごとの数）またはその数の算定方法，②株式無償割当ての効力発生日，③種類株式発行会社では，株式無償割当てを受ける株主の有する株式の種類を定めなければならない（186条1項）。

　①の事項についての定めは，当該株式会社以外の株主（種類株式発行会社には種類株主）の有する株式（種類株式発行会社では，種類株式）の数に応じて株式を割り当てることを内容とするものでなければならない（186条2項）。

　前記①②③の事項の決定は，株主総会（取締役会設置会社では，取締役会）の決議（定款で別段の定め可）によらなければならない（186条3項）。

　①の株式の割当てを受けた株主は，②の効力発生日に，無償割当てを受けた株式の株主となる（187条1項）。株式会社は，無償割当ての効力が発生した日，遅滞なく，株主（種類株式発行会社では，種類株主）およびその登録株式質権者に対し，当該株主が割当てを受けた株式の数（種類株式発行会社では，株式の種類および種類ごとの数）を通知しなければならない（187条2項）。

▷1　株式を分割することにより，株式数は増加するが，会社の純資産額は変動しないため，1株あたりの純資産額は減少する。そのため，株式分割は，高騰した株価を引き下げ，流通性を高める手段として利用される。また，合併の準備工作として合併比率を調整するために行われることもある。

▷株式の無償割当て
経済的効果の面で，株式分割と共通するが，以下のような違いがある。ⅰ）株式分割は，同一種類の株式の数が増加するが，株式の無償割当てでは，同一または異なった種類の株式を割り当てることができる。ⅱ）株式分割は，自己株式の数も増加するが，株式の無償割当てでは，自己株式については割当てができない。ⅲ）株式分割は，自己株式を交付することができないが，株式の無償割当てでは，自己株式を交付することができる。

III 株式

 特別支配株主の株式等売渡請求：キャッシュアウト

1 特別支配株主の株式等売渡請求とは

株式会社の**特別支配株主**（株式会社の総株主の議決権の10分の9（これを上回る割合を当該株式会社の定款で定めた場合にあっては，その割合）以上を有する株主）は，当該株式会社の株主（当該株式会社および当該特別支配株主を除く）の全員に対し，その有する当該株式会社の株式の全部を当該特別支配株主に売り渡すことを請求することができる（179条1項）。新株予約権，新株予約権社債についても売渡請求をすることができる（同2項・3項）。これらの請求を総称して株式等売渡請求という。

この制度は，特別支配株主が，**対象会社**の株主総会決議を要することなく，**キャッシュ・アウト**を行うことを可能とするものである。キャッシュ・アウトは，平成26年改正前会社法の下では，全部取得条項付種類株式の取得，金銭を対価とする合併や株式交換，株式併合などを利用して行うことが可能であったが，これらの方法は，原則として株主総会の特別決議を必要とし，キャッシュ・アウトを完了するまでに長期間を要し，時間的・手続的コストが大きいという問題があった。また，キャッシュ・アウトが行われる際，それに先行して公開買付けが行われることが多く，公開買付け完了後，キャッシュ・アウトが行われるまでに長期間を有する場合には，公開買付けに応募しなかった株主は，その間，不安定な立場に置かれることから，公開買付けの強圧性が高まるとの問題が指摘されていた。そこで，キャッシュ・アウトを行おうとする株主が，株主総会の特別決議を経ることなく，機動的にキャッシュ・アウトを行えるように，特別支配株主の株式等売渡請求の制度が創設された。

2 株式等売渡請求の手続

○特別支配株主から対象会社への通知

特別支配株主は，①特別支配株主完全子法人に対して株式売渡請求をしないこととするときは，その旨および当該特別支配株主完全子法人の名称，②株式売渡請求によりその有する対象会社の株式を売り渡す株主（売渡株主）に対して当該株式（売渡株式）の対価として交付する金銭の額またはその算定方法，③売渡株主に対する②の金銭の割当てに関する事項，④株式売渡請求に併せて新株予約権売渡請求（新株予約権付社債の売渡請求を含む）をするときは，その旨

▷**特別支配株主**
株式会社の特別支配株主とは，株式会社の総株主の議決権の10分の9（これを上回る割合を当該株式会社の定款で定めた場合にあっては，その割合）以上を有するものをいう（179条1項）。議決権保有割合の算定に当たっては，特別支配株主が保有する議決権に加え，特別支配株主完全子法人（特別支配株主が発行済株式の全部を有する株式会社その他これに準ずるものとして法務省令で定める法人（施行規則33条の4））が有する議決権も合算される。

▷**対象会社**
特別支配株主による株式売渡請求に係る株式を発行している株式会社をいう。

▷**キャッシュ・アウト**
支配株主が，少数株主の有する株式の全部を，少数株主の個別の承諾を得ることなく，金銭を対価として取得することをいう。

▷1 金銭を対価とする合併や株式交換は，原則として課税されるため，実務では，全部取得条項付種類株式の取得が使われてきた。

およびそれに係る①～③に相当する事項，⑤特別支配株主が売渡株式等の取得日，⑥その他，法務省令で定める事項（施行規則33条の5）を定め（179条の2第1項），株式等売渡請求をする旨およびこれらの事項を，対象会社に通知しなければならない（179条の3第1項）。対象会社が種類株式発行会社である場合には，種類株式ごとに異なる取扱いを行うことができる（179条の2第2項）。

○対象会社の承認，通知・公告

特別支配株主は，株式等売渡請求をしようとするときは，対象会社の承認を受けなければならない（179条の3第1項）。対象会社は，特別支配株主が株式売渡請求に併せて新株予約権売渡請求をしようとするときは，新株予約権売渡請求のみを承認することはできない（同条2項）。

取締役会設置会社が，株式等売渡請求の承認をするか否かの決定をするには，取締役会の決議によらなければならない（同条3項）。

対象会社は，第1項の承認をするか否かの決定をしたときは，特別支配株主に対し，当該決定の内容を通知しなければならない（同条4項）。

対象会社は，上記の承認をしたときは，取得日の20日前までに，売渡株主等に対し，株式等売渡請求の承認をした旨，特別支配株主の氏名または名称および住所，株式等売渡請求の条件（前記①～⑤），その他法務省令で定める事項（施行規則33条の6）を通知または公告しなければならない（179条の4第1項・2項）。

対象会社が第一項の規定による通知または前項の公告をしたときは，特別支配株主から売渡株主等に対し，株式等売渡請求がされたものとみなされる（179条の4第3項）。通知または公告の費用は，特別支配株主の負担とされる（179条の4第4項）。

○事前開示手続

対象会社は，売渡株主等に対する通知の日または公告の日のいずれか早い日から取得日後6カ月（非公開会社では，取得日後1年）を経過する日までの間，特別支配株主の氏名または名称および住所，179条の2第1項各号に掲げる事項（前記①～⑥），株式等売渡請求の承認をした旨，その他，法務省令で定める事項（施行規則33条の7）を記載した書面（電磁的記録可）を，その本店に備え置き，売渡株主等による閲覧・謄写等に供しなければならない（179条の5）。

○売渡株式等の取得

株式等売渡請求をした特別支配株主は，取得日に，売渡株式等の全部を取得する（179条の9第1項）。特別支配株主が取得した売渡株式等が譲渡制限株式等であるときは，対象会社が譲渡の承認をする旨の決定をしたものとみなされる（同条2項）。

○事後開示手続

対象会社は，取得日後遅滞なく，株式等売渡請求により特別支配株主が取得

した売渡株式等の数その他の株式等売渡請求に係る売渡株式等の取得に関する事項として法務省令で定める事項を記載し，又は記録した書面等（電磁的記録可）を作成し，取得日から 6 カ月間（非公開会社である場合は，取得日から 1 年間），当該書面等をその本店に備え置き，取得日に売渡株主等であった者による閲覧・謄写等に供しなければならない（179条の10）。

○株式等売渡請求の撤回

特別支配株主は，株式等売渡請求の承認を受けた後は，取得日の前日までに対象会社の承諾を得た場合に限り，売渡株式等の全部について株式等売渡請求を撤回することができる（179条の6項第1項）。取締役会設置会社が，株式等売渡請求の撤回の承諾をするか否かの決定をするには，取締役会の決議によらなければならない（同条2項）。

対象会社は，撤回の承諾をするか否かの決定をしたときは，特別支配株主に対し，当該決定の内容を通知しなければならない（同条3項）。

対象会社は，撤回の承諾をしたときは，遅滞なく，売渡株主等に対し，当該承諾をした旨を通知または公告をしなければならず（同条4項・5項），この通知または前項の公告がされたときは，株式等売渡請求は，売渡株式等の全部について撤回されたものとみなされる（同条6項）。この通知または第五項の公告の費用は，特別支配株主の負担とする（同条7項）。

❸ 売渡株主等の救済手段

○売買価額決定の申立て

株式等売渡請求があった場合には，売渡株主等は，取得日の20日前の日から取得日の前日までの間に，裁判所に対し，その有する売渡株式等の売買価格の決定の申立てをすることができる（179条の8第1項）。

特別支配株主は，裁判所の決定した売買価格に対する取得日後の年6分の利率により算定した利息をも支払わなければならない（同条2項）。特別支配株主は，売渡株式等の売買価格の決定があるまでは，売渡株主等に対し，当該特別支配株主が公正な売買価格と認める額を支払うことができ（同条3項），これにより利息の支払いを回避できる。

○差止請求

ⅰ）株式売渡請求が法令に違反する場合，ⅱ）対象会社による通知・公告義務（売渡株主に対売渡株主が不利益する通知に係る部分に限る。）または事前開示手続を行う義務に違反した場合，ⅲ）売渡株主等に対して交付される金銭の額もしくはその算定方法もしくは売渡株主に対する金銭の割当てに関する事項が，対象会社の財産の状況，その他の事情に照らして著しく不当である場合において，売渡株主が不利益を受けるおそれがあるときは，売渡株主は，特別支配株主に対し，株式等売渡請求に係る売渡株式等の全部の取得をやめること（差止

め）を請求することができる（179条の7第1項）。

株式等売渡請求による売渡株式の取得については，全部取得条項付種類株式の取得等の手法によるキャッシュ・アウトとは異なり，対象会社の株主総会決議を必要としないため，株主が株主総会決議取消しの訴え（831条）によりキャッシュ・アウトの効力の発生を事前に阻止する余地がないため，これに代わる株主の事前の救済方法として，差止請求が認められた。

4 取得の無効の訴え

特別支配株主による株式等売渡請求に基づく売渡株式等の全部の取得が違法であった場合，利害関係人が多数に上り，法的安定性を確保する必要性があるため，売渡株式等の全部の取得の無効は，「売渡株式等の取得の無効の訴え」によってのみ主張できる（846条の2第1項）。

売渡株式等の取得の無効の訴えの提訴期間は，取得日から6カ月以内（非公開会社である場合は，取得日から1年以内）に限られ（同条1項），訴えをもってのみ主張することができる。

訴えを提起できる者は，取得日において売渡株主（新株予約権者）であった者，取得日において対象会社の取締役，監査役，執行役であった者，対象会社の取締役，監査役，執行役または清算人である（846条の2第2項）。

売渡株式等の取得の無効の訴えについては，特別支配株主を被告とする（846条の3）。

売渡株式等の取得の無効の訴えは，対象会社の本店の所在地を管轄する地方裁判所の管轄に専属する（846条の4）。担保提供命令（846条の5），弁論・裁判の必要的併合（846条の6），原告が敗訴した場合に悪意または重過失あったときの損害賠償責任（846条の9）については，会社の組織に関する訴えの手続きと同様である。

売渡株式等の取得の無効の訴えに係る請求を認容する確定判決は，第三者に対してもその効力を有する（対世効）（846条の7）。

売渡株式等の取得の無効の訴えに係る請求を認容する判決が確定したときは，無効とされた売渡株式等の全部の取得は，将来に向かってその効力を失う（将来効）（846条の8）。

無効原因については法定されておらず，解釈に委ねられることとなる。取得手続きの瑕疵（取得者の持株要件の不足，対象会社の取締役会決議の瑕疵など）があたるとされる。

Ⅲ 株式

 単元株制度

 意 義

　会社は，その発行する株式について，一定の数の株式をもって株主が株主総会または種類株主総会において1個の議決権を行使することができる1単元の株式とする旨定款で定めることができる（188条1項）。1単元の株式数は，1,000および発行済株式総数の200分の1に当たる数を超えることができない（同条2項，施行規則34条）。種類株式発行会社においては，単元株式数は，株式の種類ごとに定めなければならない（同条3項）。

　単元株制度は，株主総会の招集にかかる費用などの株主管理コストの削減を目的とした制度であり，平成13年6月商法改正により導入され，現会社法へと引き継がれているものである。

　定款を変更して単元株制度を導入する場合には，取締役は株主総会において当該単元株式数を定めることを必要とする理由を説明しなければならない（190条）。

　株式分割をする場合に，株主の権利を害するおそれがない場合には，株主総会決議によらずに，株式分割と同時に単元株式制度を導入する定款変更，または単元株式数を増加する定款変更をすることができる（191条）。株主の権利を害するおそれがない場合とは，株式分割と単位株式数の設定（または増加）とを同時に行い，かつ，その前後で各株主が有する議決権の数も変化しないように（または下回らないように）割合を定めた場合である（191条）。例えば，1株を10株に株式分割をし，同時に1単元を10株とする単元株式制度を導入する場合である。この場合には，その前後で各株主の有する議決権の割合は変化しないため，株主の権利を害するおそれはなく，会社の株主管理コストも上昇せずに，株式の流通単位（株価）を引き下げることができる。

　また，単元株式数を減少し，または単元株式制度を廃止する場合には，株主の利益を害さないので，株主総会決議によらずに，取締役の決定（取締役会設置会社では取締役会決議）で定款の変更をすることができる（195条）。

 端株制度の廃止

　端株制度とは，1株に満たない端数を有する者（端株主という）に対して，議決権以外の一定の権利を与える制度である。昭和51年商法改正により，株式

78

の出資単位が5万円以上とされたことにより，株式の発行・併合・分割により1株に満たない端数が生じる場合に，端数部分の経済的価値を無視することは適当ではないため，端株制度は単位株制度（その後，単位株制度は，平成13年商法改正により廃止され，単元株制度になった）とともに導入された。

会社法は，単元株制度と端株制度は，出資単位の小さい者について議決権以外の一定の権利を与えるという点で同様の趣旨であることから，両者を一体化することにし，現在採用している会社が多い単元株制度を維持し，端株制度を廃止した。

3 単元未満株式のみを有する株主（単元未満株主）の権利

単元株式制度を導入した会社では，株主は1単元について1議決権を有し（308条1項ただし書），**単元未満株式**については議決権を行使することができない（189条1項）。

単元未満株主は，株主提案権（303条）のような議決権の存在を前提とする権利を除き，株主としての権利を有するのが原則である。しかし，株式会社は，単元未満株主が当該単元未満株式について，その権利の全部または一部を行使することができない旨を定款で定めることができる（189条2項）が，①全部取得条項付種類株式の取得対価の交付を受ける権利，②取得条項付株式の取得と引換えに金銭等の交付を受ける権利，③株式の無償割当てを受ける権利，④単元未満株式の買取請求権，⑤残余財産分配請求権，⑥その他法務省令で定める権利（施行規則35条）については，奪うことができない。

株券発行会社は，定款で，単元未満株式に係わる株券を発行しない旨を定めることができる（189条3項）。

4 単元未満株式の買取請求

株主は，その有する単元未満株式について会社に対して買取請求権を有する（192条，193条）。

5 単元未満株式の売渡請求

株式会社は，定款で，単元未満株主がその単元未満株式と併せて単元株式となるような単元未満株式を売り渡すことを会社に請求できる旨を定款で定めることができる（194条）。これは，単元未満株主が単元株主になる機会を広げるためであるとされる。

単元未満株式の売渡請求を受けた株式会社は，その請求があったときに会社がその請求により譲渡すべき数の株式を有しない場合を除き，自己株式をその単元未満株主に譲渡しなければならない（同条3項）。

▷単元未満株式
単元株式数に満たない数の株式をいう。

III 株式

13 株券とは何か。株券を発行した場合の取扱い

▷**有価証券**

有価証券とは，私法上の財産権を表章する証券であり，その権利の発生・行使・移転の全部または一部に証券の所持を必要とするものである。例えば，手形・小切手・株券・社債券などである。

▷1　**株券の発行**

平成16年改正前商法は，株式会社に株券を発行することを義務づけていた。平成16年改正商法は，定款の定めにより株券を不発行とすることを認めた。株券不発行制度を導入した趣旨は，大量の株券が流通する上場会社等においては，株券の発行はコストがかかるものであり，また，決済の迅速化・明確化を実現するためにペーパレス化を図る必要性があったため，中小会社では，従来から株券未発行会社が多いといわれており，そのような会社では，株式の流通性が乏しいため株券の発行を強制する必要性が少ないためである。以上の経緯から，会社法は，会社は原則として株券を発行しないものとした。

▷2　**上場会社の株券の廃止**：「社債，株式等の振替に関する法律」により，上場会社の株式等に係る株券等が廃止され，株主等の権利の管理は，証券保管振替機構及び証券会社等に開設

1　株券の意義

株券とは，株式すなわち株主たる地位または株主権を表章する**有価証券**である。

株券は，すでに存在している株式を表章するものであり，株券の作成によって株式が発生するものではないから，要因証券である。また，株券が表章する株式の権利（内容）は，定款や株主総会等の決議によって定まり，株券上の記載事項によって定まるのではないから，非文言証券である。さらに，株券発行会社の株式の譲渡は，株券の交付によってなされる（128条1項）ので，無記名証券である。

株券は，1枚で1株券とする必要はなく，1枚の株券で（例えば100株券，1,000株券のように）数個の株式を表章できる（併合株券という）。

2　株券の発行

株式会社は，その株式（種類株式発行会社では，全部の種類株式）に係る株券を発行する旨を定款で定めることができる（214条）。このような会社を株券発行会社という（117条6項）。

株券発行会社は，株式発行後遅滞なく当該株式に係る株券を発行しなければならない（215条1項）。公開会社でない株券発行会社は，株主から請求のある時までは，株券を発行しないことができる（同条4項）。

3　株券の記載事項

株券には，①株券発行会社の商号，②当該株券が表章する株式の数，③定款に譲渡制限の定めがあるときは，その旨，④種類株式発行会社では，当該株券が表章する株式の種類と内容，および⑤株券番号を記載し，代表取締役（委員会設置会社では代表執行役）が署名または記名押印をしなければならない（216条）。

株券は記載事項が法定されている要式証券であるが，これら法定の記載事項のうち本質的記載が記載されていれば，その他の事項が記載されていなくても株券自体は有効であると解される。

4　株券の効力発生時期

株券は，まず作成行為があり，その後，株主に交付されるが，有価証券とし

ての株券がいつの段階で効力を発生するか問題となる。例えば，株券が作成され，株主に交付される前に盗難にあった場合，善意取得（131条2項）が認められるか問題となる。

判例（最判昭和40年11月16日民集19巻8号1970頁）・多数説は，会社が適法に株券を作成し，株主に交付したときに効力が生じるとする（交付時説）。この見解では，株主に交付する前に盗取された場合，その株券について善意取得は認められないとする。これに対して，近時の有力説は，会社が，株券を適法に作成し，株主に交付されるものが確定すれば，株券として効力が生じるとする（作成時説）。

5 株券不所持制度

株券の紛失・盗難のおそれがあるので，株券発行会社の株主は，当該発行会社に対して，株主の有する株券の所持を希望しない旨申し出ることができる（217条1項）。株券発行後に株主が不所持の申出をした場合は，申出株主は会社に株券を提出し（同条2項），提出された株券は，当該会社が株主名簿に株券を発行しない旨記載・記録したときに無効となる（同条5項）。

株券不所持の申出をした株主は，いつでも，当該会社に対して，当該株式に係る株券の発行を請求することができる（同条6項）。この場合，株券の発行に要する費用は，当該株主の負担とする。

6 株券喪失登録制度（手続・効力）

株券を喪失した者は，会社に対し，株券喪失登録事項を株券喪失登録簿に記載・記録することを請求できる（221条-223条参照）。

会社は，申請に係る株券の番号，株券を喪失した者の氏名・名称および住所，株券に係る株式の名義人（株主名簿上の株主および登録質権者）の氏名・名称および住所，株券喪失登録日を喪失登録簿に記載・記録し，一般に閲覧するとともに，当該株式の株主名簿上の株主と登録質権者に対して通知をする（224条，231条）。会社は，当該株券が権利行使のために提出された場合には提出者に対して通知しなければならない（224条2項）。

これに対して，当該株券の所持人は，会社に対して株券喪失登録の抹消を申請することができ，抹消の申請を受けた会社は，喪失登録者に対して通知し，2週間経過後に株券喪失登録を抹消しなければならない（225条）。

喪失登録がされた株券は，喪失登録日の翌日から1年を経過した日に無効となり，喪失登録者に対して株券を再発行できる（228条）。

喪失登録がされた株券の株式は，登録抹消日までは，名義書換ができず，喪失登録者が株主名簿上の株主でない場合は，議決権行使もできない（230条）。

された口座において電子的に行われることとなり，平成21年1月5日より実施された。

Exercise

○理解できましたか？

1) 株式とは何か，株主にはどのような権利があるか。また，会社はどのような内容・種類の株式を発行できるか，説明してください。

2) 株式の譲渡が原則自由とされているのはどのような理由か。また，譲渡制限が認められているのはどのような理由か，説明してください。

○考えてみましょう！

1) 株券の電子化と，それに伴う株式等振替制度とはどのようなものでしょうか。それにより株主の権利行使にどのような影響を及ぼしますか。

2) 会社が取得した自己株式と子会社が取得した親会社株式とでは，法的にどのような異同がありますか。

○調べてみましょう！

1) 株式の名義書換を会社が不当拒絶をした場合，会社は損害賠償責任を負い，名義書換を拒絶された実質上の株主は，地位確認の仮処分の必要があれば，仮処分を受けることができます。この場合に，名義書換を拒絶された実質上の株主は，会社に対して株主として権利行使ができますか。

2) 株式譲受人が株主名簿の名義書換を失念していたところ，会社が名簿上の株主に募集株式を割り当てた場合（いわゆる狭義の失念株），名義書換未了の株式譲受人は，割り当てられた募集株式の引渡しを求めることができますか。また，剰余金が支払われた場合（いわゆる広義の失念株）は，どうなりますか。

勉学へのガイダンス

○初学者のための入門，概説書

丸山秀平『やさしい会社法　第13版』法学書院，2015年
　イメージ化した図や関連する新聞記事などが挿入され，初学者に会社法の全体像を理解しやすく解説されている。

神田秀樹『会社法　第18版』弘文堂，2016年
　立法担当者により，会社法の体系・基本的な論点が簡潔に解説されているため，初学者に会社法の全体像を理解しやすく解説されている。

『別冊ジュリスト第205号　会社法判例百選　第2版』有斐閣，2011年
　重要判例を学習するのに適している。

○進んだ勉学を志す人に

加美和照『新訂会社法　第10版』勁草書房，2011年
　立法趣旨・背景に存在する問題が詳細に記述され，重要論点に関する学説・判例を網羅的に記述されている体系書である。国家試験の受験参考書，実務の書としても広く利用されている。

江頭憲治郎『株式会社法　第6版』有斐閣，2015年
　立法担当者による立法趣旨，論点等に関して詳細な記述のある体系書。特に会社法実務をふまえた内容（例えば，閉鎖的な会社に関する記述）である。

丸山秀平編著『ケースブック会社法　第5版』弘文堂，2015年
　判例を題材に判例の理論的分析の習慣を身につけるに最適な1冊であり，全国の法科大学院でも定評あるテキストである。

山下友信編『会社法コンメンタール　第3巻　株式(1)』商事法務，2013年
山下友信編『会社法コンメンタール　第4巻　株式(2)』商事法務，2009年
神田秀樹編『会社法コンメンタール　第5巻　株式(3)』商事法務，2013年
　会社法の注釈書（コンメンタール）。各条の立法趣旨，判例，解釈等が詳細に記述されている。

資金調達

guidance

　株式会社は，多額の資金を法人に集中させ，大規模な事業資金を形成できるための企業形態として仕組まれ，発展してきました。だとすると，株式会社が成立した後も，その事業展開に応じて新たに大規模な資金調達が必要になることがあるはずであり，その場合はさらに，時々の状況に応じて機動的に迅速に調達したいという要請も加わります。ところが，会社成立後はすでに株主が存在しますから，株主の利益をないがしろにしてまで機動的な資金調達という要請を優先すればよいとはいえません。会社法は，これら種々の利益に配慮して，新株を発行して新たに資金調達をする場合の手続を定めています。他方で，必ずしも資金需要が旺盛でない会社では，配慮すべき諸利益の重要度は上記とは異なってくるでしょう。株式会社も多様化し，株式の種類も多様化したこともあいまって，新株発行は主として資金調達のために行われるものだと一律に言い切ることもできなくなっています。
　本章では株式会社の募集株式の発行等を中心に取り扱いますが，どのような会社のどのような目的の発行等によって，規制や具体的な解釈論が異なりうることを理解してほしいと思います。

Ⅳ　資金調達

1　資金調達における募集株式の発行等の意義

1　会社の資金調達

　会社は，様々な理由で資金を調達する必要に迫られる。当面の資金繰りのために短期的な少額の資金を調達しなければならないという場合から，新規の大規模プロジェクトを遂行するために長期的に多額の資金を必要とするという場合もある。それに応じて，どのような者からどのような方法で資金を調達するかも様々である。会社代表者の知人に頼るという場合から，最先端の金融手法を用いた調達手段を利用する場合もある。会社は，その規模や状況に応じて，実に多彩な方法で新たな事業資金を調達している。

　資金調達方法を，法規制という視点から区別すれば，民法やその特別法などの法規制に従い，会社法に特に規制がないという場合も多い。会社法の規制があっても，その私法上の問題全般について規制しているのではないという場合もある。例えば取締役会設置会社がその会社にとって多額の金銭を他から借り入れるという場合，取締役会でその取引の大綱を決定することが必要になる（362条4項2号）。しかし会社法が規制するのはこの面だけであって，この金銭消費貸借契約に関する規制は他に委ねられる。

　様々な資金調達方法のうち，会社法が中心となって規制の対象としているものに，①株式を新たに発行したり，会社が保有している**自己株式**を処分したりすること，②新株予約権を発行すること，③社債を発行することによる資金調達があげられる（これらは資金調達以外の目的で行われることもある）。会社法は，これらの行為に瑕疵がある場合の規制も加えている。本章ではこれらの資金調達手段を取り扱う。

2　新株発行

　広義の意味では会社が新たに株式を発行することを新株発行と呼ぶが，そのうちには無償で株式を発行する場合も含まれる（無償だから資金調達の意味はない）。例えば株式の無償割当て（185条）は，ある種類の株式を1株所有している株主に，株式を新たに2株割り当てるというような場合だが，これは新たに発行した株式2株を無償で交付するということでもある（自己株式の交付という形でもよいが）。このように会社が直接的に何らの対価を得ることなく株式を発行する行為は，無償割当ての他にもある。しかし，単に新株発行という場

▷自己株式
⇨Ⅲ-7「自己株式とは何か(1)，(2)」62-65頁

合は有償の新株発行を指すことが多い。すなわち，狭義の意味で新株発行とは，株式の引受人から対価の払込みを受けて新株を発行することを指しており，それは株式会社にとって資金調達の一手段という側面を有している。

ところで，新たに株式が発行される場合は，会社設立の段階で株式が発行される場合と，会社成立後に新株が発行される場合とに分けられる。法がこれらを規制する基本的な姿勢に変わりはないが，これまで存在していなかった会社を新たに設立するときに株式を発行する場合と，すでに存在していて一定の信用を得ている会社が新たに発行する場合という違いがある。また，会社成立後はすでに株主が存在するから，その**既存株主**の利益に配慮する必要がある。既存株主にとっては，新株発行によって自らの持株比率が下がったり，自ら保有する株式の経済的価値が下がったりする場合があるからである。そこで，設立段階における株式の発行と会社成立後の新株発行とは区別されて規制される。

以下，この章では，新株発行の語は狭義の意味で用い，会社成立後の新株発行を扱う。

③ 自己株式の処分

会社は，すでに発行している株式を取得することもできる（155条）。そして取得した自己株式を消却して消滅させることもできるが（178条1項），自己株式を保有し続けることもできる。この自己株式もまた，様々に利用できる。例えば吸収合併に際して，存続会社である株式会社が，消滅会社の株主・社員に対して自社の株式を交付する場合，新たに株式を発行せず，自己株式を交付するということもできる。このような場合には資金調達という意味をもたない。それに対して，自己株式を有償で処分することにより会社の資金調達の一手段として利用することもできる。

自己株式の処分は，その株式を取得する者にとっては，新株の発行を受けるのと変わらない。既存株主が一定の影響を受ける点でも同じである。そこで，上述の吸収合併の際の交付のように法定されている場合を除き，新株発行と同じ手続によることとされている。

④ 募集株式

会社法は，新株発行における株式と，自己株式の処分における株式とを併せて募集株式と呼び（199条），その発行・処分の手続について統一的な規制を加えている。いずれも，会社が株主または第三者に対してその引受けを募集し，金銭等の払込みを受け，株式を交付するという点で共通するし，既存株主が受ける影響という点でも変わりがないからである。新株発行と自己株式の処分は，「募集株式の発行等」と呼ばれる。

▷1　もっとも，新株発行（募集株式の発行等）は，新たに株主を増加させる，会社の人的組織を拡大する行為でもある。持分会社では社員の加入には定款変更が必要であるが（604条2項），株式会社でも実態は持分会社に近い会社（株主の個性が重視される）もある。他方で新株発行を業務執行に準ずる行為とみてよい会社（株主の個性が重視されない）もある。発行等の手続は公開・非公開会社で異なっているが，さらに，紛争解決にあたっても，新株発行の有する両側面のどちらが重視されるべきかは会社により異なる。

▷**既存株主**
募集株式の発行等によって新たに株主となる者との対比で，発行前にすでに株主である者を既存株主と呼ぶことが多い。

Ⅳ 資金調達

2 募集株式の発行等の方法と利害関係

① 募集株式の発行等の方法

募集株式の発行等が行われる場合に，誰が株主になるかによって，次のように区別される。

まず，**既存株主（当該会社を除く）**に募集株式の割当てを受ける権利を与えて発行等を行うという方法（株主割当てと呼ばれる）がある（202条）。この場合，既存株主は，その持株数に応じて募集株式の割当てを受ける権利を与えられる。割当てを受けて払い込んだ既存株主にとっては，発行等の効力発生後に自らの持株比率が下がることはないし，その株主が有する株式の経済的価値に影響はない。

次に，既存株主であるかどうかにかかわらずに割当てを受ける者を決めるという方法がある（第三者に対する発行ないし第三者発行と呼ぶ）。それには，特定の第三者を決めて，その者に割り当てるという方法（第三者割当てと呼ばれる）と，募集株式を引き受けようとする者を一般に広く募集するという方法（公募）とがある。前者の場合，その特定の第三者が株主である場合もそうでない場合もあるし，後者の場合も同様である。いずれの場合も，既存株主の持株比率に影響がないということは保障されないし，払込金額によってはその有する株式の経済的価値に影響が生じる。

このように，募集株式の発行等の方法は，株主割当て，第三者割当て，公募に大別できる。その方法などによって，既存株主が有する利害関係に相違があるため，発行等の手続も異なる。

② 募集株式の発行等をめぐる既存株主の利害関係

新株発行を行えば，当然のことながら，発行済株式（2条31号参照）の総数が増加する。既存株主がその発行に関与せず，従来どおりの持株数しかもたなければ，発行後に自らの持株比率は下がる。自己株式が処分された場合には発行済株式の総数に影響はないが，自己株式に議決権は認められず（308条2項），その他の共益権（少数株主権）行使の算定上も控除されていることがほとんどだから，これが社外に流出して他の株主が議決権等をもつことになれば，やはり影響を受ける。すなわち既存株主は募集株式の発行等によって，会社支配の面において影響を受けることになる。もっとも，株主割当ての方法によれば，

▷既存株主（当該会社を除く）
会社が有する自己株式には募集株式の割当てを受ける権利は与えられない（202条2項のかっこ書参照）。

持株数に応じて募集株式の割当てを受けるため、払込みをすれば持株比率が下がることはない。従って、既存株主が持株比率、つまり会社支配に重大な利害関係を有している場合、どのような方法で発行等が行われるかは大きな影響をもつ。

　既存株主は、募集株式の**払込金額**によっても影響を受ける。いかなる金額であれ有償であれば、会社にとっては資金調達の意味をもつ。しかしながら、発行済株式の1株あたりの経済的価値は払込金額によって変動する。例えば、株価（株式の市場価格）が1株あたり1,000円の会社が10万株の株式を発行しているとする（市場では会社の価値は1,000円×10万株＝1億円と評価されていることになる）。ここで会社が株価と同じ1株あたり1,000円の払込金額で募集株式の発行等を行えば、たとえ10万株を発行しようとも、1株あたりの経済的価値に変動はない。すなわち、効力発生後は1,000円×10万株＝1億円の資産が増加しているが（2億円に増加）、発行済株式の総数も10万株増加しているため（20万株に増加）、1株あたりの経済的価値に変動はない（2億円÷20万株＝1,000円）。

　ところが、払込金額を500円とし20万株を発行することで1億円を調達するとなると、同じく効力発生後は500円×20万株＝1億円の資産が増加することになるが（2億円に増加）、発行済株式の総数は20万株増加しているため（30万株に増加）、1株あたりの経済的価値は下がることになる（2億円÷30万株≒667円）。

　これは極端な例だが、上記のような計算上は、払込金額が株価を下回っていれば1株あたりの経済的価値は下がることになる（そのうち「特に有利な払込金額」〔199条3項参照〕による発行等を有利発行と呼ぶ）。もっとも、ここでも株主割当ての方法によれば、自らが保有する株式全部の経済的価値に変動はない。1株あたりの経済的価値は下がるが、低額の払込みで、持株数に応じて取得した株式数分が増加しているからである。前記の例では、10株の株主は1,000円×10株の1万円の価値を所有していたところ、持株数に応じて20株を割り当てられるから（10万株のうち10株を所有していたから、20万株発行されるなら20株の割当てを受ける）、500円×20株＝1万円を払い込む。発行後は30株の株主になっているから、667円×30株≒2万円の価値の株式を所有することとなる。1万円の価値を所有していて1万円を払い込んで2万円の価値の株式を所有することになるのだから、1株あたりの経済的価値は下がっていてもその株主は経済的な影響を受けないのである。従ってここでもまた、既存株主はどのような方法で発行等が行われるかに重大な利害関係をもっていることになる。

　会社は一般に機動的に資金調達を行いたいという要望を有している。時宜を逸して資金を必要とした目的を達することができなくなるのでは、会社全体の価値を損ねてしまうかもしれない。それに対して既存株主は上記のような利害関係を有している。募集株式の発行等の手続は、このような利害を調整するために規制される。

▷払込金額
募集株式1株と引換えに払い込む金額または給付する財産の額（199条1項2号）。

Ⅳ 資金調達

募集株式の発行等の手続(1)：募集事項の決定・通知

 総　説

　募集株式の発行等が行われる場合，まず①募集の内容（募集事項）を決定する必要がある（199条1項1号）。その後，原則として，②会社が，募集株式を引き受ける者を募集し，③引き受けようとする者が引受けの申込みをし，④会社が，申込者の中から募集株式の割当てを受ける者等を定め，⑤割当てを受けた者（募集株式の引受人）が出資を履行する（金銭の払込みまたは現物出資財産の給付）という段階を経て，発行等の効力が発生する。すなわち，募集株式の引受人は，募集事項において金銭の払込みまたは現物出資財産の給付の期日が定められた場合はその日に，期間が定められた場合は出資を履行した日に，株主となる（209条，なお211条2項）。後者の場合には，払込期間の終了を待たずに株式を譲渡するということも可能である。会社は，払込期日または払込期間の末日から2週間以内に，変更登記をする（915条1項，2項）。

　新株発行によって，発行済株式の総数が，定款記載の発行可能株式総数（37条1項，2項）を超えることになってはならない（113条2項参照）。そのような場合は，まず，定款変更決議によって発行可能株式総数を引き上げておくことが必要になる。**非公開会社**では，発行済株式の総数と発行可能株式総数とに関連性がないため，予め発行可能株式総数を大きく見積もって定款に定めておくこともできる。それに対して，公開会社では，後述のように，その時点で発行できる株式総数について，発行可能株式総数との関連で一定の制約が課されている。もっとも，自己株式の処分は新たに株式を発行するわけではないから（発行済株式の総数は増加しないから），この制約は問題とならない。

▶非公開会社
会社が発行することを定款で定めているすべての株式につき譲渡制限の定めがある会社。公開会社は会社法が定義している（2条5号）が，その反対概念。法文上は「公開会社でない株式会社」と表現されている。

2 募集事項の決定権限

○総　説

　発行等の手続として最初の問題は，誰が発行等を決定し募集事項を決定するかということである。既存株主の利益を最重要視するならば，少なくとも株主総会決議で決定することが要請される。それに対して，機動的な資金調達という要請をも重視するならば，株主総会よりも下位の機関で決定した方が迅速でよいということになる。会社法は，公開会社かどうかで規制を分け，非公開会社においては原則として株主総会特別決議で決定することとしている。それに

対する特則として、公開会社では一定の場合を除き取締役会決議で決定する（201条1項，202条3項3号）。これは、非公開会社においては、株主間の持株比率・支配関係が株主にとっても会社にとっても重要な要素であるのに対し、公開会社では、ある程度までは株主の持株比率よりも機動的な資金調達の要請を重視するべきであるという判断による。このように、原則として公開・非公開の基準で規制を切り分けているが、発行等の方法によっても既存株主の利害関係は異なるから、この二つの視点から異なる規制が加えられている。

なお、1回の募集において、払込金額に差をつけるなどして募集株式の引受人間の平等を損ねるというような決定はできない（199条5項）。

○第三者発行の場合

①非公開会社

株主総会特別決議で募集事項を決定する（199条1項2項，309条2項5号）。ただし、募集株式の数および払込金額の決定については、適宜状況に応じて機動的に定め得るよう、株主総会決議で数の上限および金額の下限を定めた上で、具体的な数・金額の決定について取締役（取締役会設置会社においては取締役会）に委任する決議をすることもできる（200条1項）。有利発行の場合も同様だが、取締役は理由を説明することが必要になる（199条3項，200条2項）。取締役または取締役会に委任した場合、委任された数の範囲内で1年間のあいだに複数回にわたって発行等を行うこともできる（発行等の都度、株主総会を開催する必要はない）（200条3項）。ベンチャー企業などの機動的な発行等を考慮したものである。

なお、種類株式を発行している場合において、募集する株式の種類が譲渡制限株式である場合（非公開会社では必ず譲渡制限株式）には、株主総会特別決議に加えて当該種類株主による種類株主総会特別決議が必要である（199条4項，324条2項2号）。さらに取締役または取締役会に一定事項の決定を委任する場合、その委任につき種類株主総会特別決議が必要である（200条4項，324条2項2号）。これは、既存の種類株主は、その種類株主の範囲においてやはり持株比率に重大な利害関係を有していることを考慮したものである。ただし、いずれについても定款で不要と定めてもよい（199条4項，200条4項）。

②公開会社

公開会社では、機動的に資金調達を行う要請が強く、また株主総会を機動的に開催しにくい大規模な会社も多いということに鑑みて、募集事項の決定権限が取締役会に与えられている。ただし、下記のように取締役会の新株発行権限に制限を加えるという規制が設けられている（授権株式制度または授権資本制度という）。

新株発行権限は取締役会にあるが（201条1項）、その権限に歯止めをかけるため、発行できる株式数に制約が設けられている。すなわち、定款記載の**発行**

▷1 一定の監査等委員会設置会社や指名委員会等設置会社では、取締役会で発行等を決定できる場合については（つまり株主総会特別決議が必要な場合を除いては）、それぞれ取締役・執行役に委任することもできる（399条の13第5項，416条4項参照）。

▷1回の募集
同時期に募集するとしても、募集株式の種類が異なれば別の募集手続ということになる。

▶発行可能株式総数
将来にわたって会社が発行しようとする株式数を指す（37条1項参照）。公開会社では，設立時に発行する株式数は発行可能株式総数の4分の1を下回ってはならない（37条3項）。定款変更の際にも同様の制限がある（113条3項，180条2項4号・3項，なお，182条2項）ため，発行可能株式総数は発行済株式総数の4倍以内の数であるということになる。

▶決定方法
上場会社などでは株価は刻々変動しているから，具体的な金額を事前に定めても，払込みの時点で株価がそれを下回っていれば，払込みがなされないおそれがある。そこで，証券会社が機関投資家等を対象としてヒアリングを行うなどして払込期間の直前に具体的な金額を決定する方法などが行われる（ブック・ビルディング方式）。こうした方法を定めておけば足りるわけである。

可能株式総数を超えて株式を発行することができず，発行可能株式総数は常に発行済株式の総数の4倍以内の範囲で定められることになっている（37条3項，113条3項，180条3項）。発行可能株式総数以上に株式を発行するためには，株主総会特別決議によって定款を変更して発行可能株式総数を引き上げておく必要がある。新株発行は，発行方法によっては既存株主の持株比率を下げることになるが，株主が関与できないまま無限に下げられていくことはないという仕組みがとられているのである。授権資本制度の枠内で，取締役会に募集権限が認められているわけである。

ただし，第三者発行かつ有利発行であるという場合は，原則に戻って株主総会の特別決議が必要とされる（199条3項，309条2項5号，なお201条1項）。既存株主は持株比率の面と経済的価値の面の両面で影響を受けるからである。また，発行等により支配株主に異動が生じる場合，取締役会決議だけで行いうるのでは不適当とされ，株主総会普通決議が要求される場合がある（206条の2）。

取締役会が募集事項を決議して市場価格のある株式を発行する場合は，決議後の種々の事情に応じて払込金額を機動的に決定するため，募集する数・払込金額を具体的に決議せず，その**決定方法**を取締役会で定めておけばよい（201条2項）。

募集事項を決議した後，一定の期日までに募集事項を株主に対して通知または公告しなければならない（201条3項，4項）。募集事項に差止事由がある場合には株主は募集株式の発行等の差止請求権を行使しうるが（210条），その機会を保障しているのである（最判平成5年12月16日民集47巻10号5423頁）。株主が募集事項を検討して，保有株式を譲渡したり，逆に買い増したりする機会が与えられるという意味もあろう。もっとも，金融商品取引法に基づく届出をしている場合など，株主の保護に欠けるおそれがない場合には，通知・公告は不要である（201条5項）。

公開会社においても，種類株主総会の特別決議が必要な場合がある（ただし定款で排除できる）ことは，非公開会社と同様である（第三者発行—199条4項，第三者に対する有利発行—199条4項，200条4項，特別決議—324条2項2号，4号）。

○株主割当ての場合
①規　制
株主割当てで発行等を行う場合，199条2項から4項，200条，201条の規定は適用されない（202条5項）。決定機関は202条3項の定めによる。募集事項の他にも決定する事項がある（202条1項）。

②非公開会社
既存株主は引受けの申込みをし，払い込めば持株比率を維持することができるが，逆にいえば，そのためには申込み・払込みを事実上強制されていることとなる。そのため，株主総会特別決議による（202条3項4号，309条2項5号）

Ⅳ-3　募集株式の発行等の手続(1)：募集事項の決定・通知

表Ⅳ-1　募集株式発行等の決定権限

		決議機関	種類株主総会特別決議（324条2項2号，4号）が必要な場合（定款で排除可—199条4項，322条2項）
非公開会社（譲渡制限株式しか発行できない）（取締役会は設置・非設置ありうる）	第三者発行	株主総会特別決議（199条2項） ＊総会特別決議で一定事項を取締役または取締役会に委任可（200条1項，3項） →当該事項について取締役が決定または取締役会決議	譲渡制限株式を募集する場合（199条4項） （左記委任決議をした場合は，委任についても決議〔200条4項〕）
	有利発行の場合	＊理由の説明が必要（199条3項，200条2項）	
	株主割当て	株主総会特別決議（202条3項4号） ＊定款の定めがあれば，取締役の決定または取締役会決議（202条3項1号，2号）	ある種類の株主に損害を与えるとき（322条1項4号）
公開会社（定款で一部の株式につき譲渡制限を定めている場合もある）（必ず取締役会が設置されている）	第三者発行	取締役会決議（199条1項，201条1項） ＊一定の場合，払込金額の決定の方法を定めればよい（201条2項） ＊支配株主の異動を伴う場合，株主総会普通決議が必要となる場合がある（206条の2）	譲渡制限株式を募集する場合（199条4項） （左記委任決議をした場合は，委任についても決議〔200条4項〕）
	有利発行の場合	株主総会特別決議（199条2項） ＊総会特別決議で一定事項を取締役会に委任可（200条1項，3項） →当該事項について取締役会決議 ＊理由の説明が必要（199条3項，200条2項）	
	株主割当て	取締役会決議（202条3項3号）	ある種類の株主に損害を与えるとき（322条1項4号）

出所：筆者作成。

こととされている。ただし，取締役の決定（取締役会設置会社においては取締役会決議）によって定めることができる旨の定款規定を設けている場合は，それに従ってもよい（202条3項1号，2号）。定款で定めておけば株主総会決議は不要であり，株主総会決議で委任するという方式とは異なる。株主割当ての場合は，既存株主の持株比率にも，その有する株式全部の経済的価値にも影響を与えないから，定款で定めておけば株主総会を開催する必要はなく，機動的に募集株式の発行等を行うことができる。

なお，種類株式を発行している場合において，その募集がある種類の種類株主に損害を与えるときは，当該種類株主総会の特別決議も必要である（322条1項4号，324条2項4号）。

定められた募集事項等は，一定の期日までに株主に通知される（202条4項）。

③公開会社

取締役会決議による（202条3項3号，5項）。既存株主が引き受けて払込みを行うことを前提とすれば，株主に与える影響はないからである。種類株主総会の特別決議が必要な場合がある（ただし定款で排除できる）ことは，非公開会社と同様である（322条1項4号，324条2項4号）。また，定められた募集事項等は，一定の期日までに株主に通知される（202条4項）。

IV 資金調達

4 募集株式の発行等の手続(2)：出資

1 募集・申込み・割当て・引受けまたは契約による引受人の確定

　募集株式の割当手続は，原則として，募集に応じて引受けの申込みをしようとする者に対して会社が一定事項を通知することに始まる（203条1項，なお4項）。この通知は適宜の方法によればよいが，引受けの申込みは，その意思の明確化のため，書面または電磁的方法による（同条2項，3項）。会社は，申込者の中から割当てを受ける者を決め，その者が引受けを希望する数の範囲内で割当数を決める（204条1項，なお211条1項）。ただし，募集株式が譲渡制限株式である場合は，株主総会特別決議（取締役会設置会社においては取締役会）によって決定しなければならない（204条2項）。これは譲渡の承認機関（139条1項）に割当てを決定させる趣旨であるが，定款で**別段の定め**をおいてもよい。この決定により申込者は引受人となる（206条1号）。会社は，払込期日または払込期間の初日の前日までに，申込者に対して通知する（204条3項）。

　株主割当ての場合には，まず，基準日制度を利用して（124条），「割当てを受ける権利」の割当てを受ける株主を確定する（法律上，必ず基準日制度を利用することが強制されているわけではない）。そして，引受けの申込みの期日が通知されるが（202条4項3号），その日までに申込みをしない場合は，株主は割当てを受ける権利を失う（204条4項）。

　上記のように，募集株式の引受人は，原則として申込みに対する割当てによって定まるが，契約によって定まる場合もある。すなわち，引受人が発行会社との契約によって募集株式の総数を引き受ける場合は，すでに十分な情報を得ているし，契約を締結している以上，申込みや割当ての手続をあらためて踏む必要はない。そこで，203条・204条の適用は排除され（205条1項，なお2項），契約を締結した者（複数でもよい）は引き受けた数について引受人となる（206条2号，なお211条1項）。

　募集株式の引受けの申込みおよび割当てならびに総数引受契約にかかる意思表示については，民法の規定の適用が排除される場合がある（211条）。個々の意思表示の瑕疵が資本充実の確保・安定性を害することを可及的に防止している。

2 出資の履行

　募集株式の引受人は，金銭出資の場合，払込期日または払込期間内に，払込

▶別段の定め
通常は譲渡の承認機関について定款で別段の定めをおいた場合に，それと合わせる定めをおくこととなろう。

みの取扱いの場所において，払込金額の全額を払い込む（208条1項）。現物出資者は払込金額の全額に相当する現物出資財産を給付する（同条2項）。全額払込制度が採られている。

資本充実の原則により，金銭出資の払込みおよび現物出資財産の給付につき，募集株式の引受人が会社に対する債権を有していても，それを**自働債権**として相殺をすることは禁じられる（208条3項）。ただし，会社の側からの相殺は禁じられていない。それによって債権者は株主（債権者に比して弁済順位が低い）になるのであり，会社および他の会社債権者が害されることはないからである。

出資の履行をしたときに株主となる時期については前述した（209条）。出資の履行をすることにより募集株式の株主となる権利の譲渡は，会社に対抗することができない（208条4項）。履行をしないときは，株主となる権利を失う（同条5項）。

なお，変更登記の際の払込取扱機関への金銭の払込みがあることの証明については，残高証明等の方法で足りる（商業登記法56条2号参照）。金銭が払い込まれているのに一定の期間は会社がその金銭を使用することができないという不便は解消される。

③ 現物出資財産の出資に特有の規制

募集株式の引受人が現物出資財産（金銭以外の財産）を出資するときは，まず，募集事項の決定の段階で定められる（199条1項3号）。募集株式の発行等においても，不動産や無体財産権（特許権・商標権など）を出資の対象として認めることが会社の利益となることは，設立の場合と同じである。そこで現物出資財産の出資も認められるが，こうした出資に伴う危険性もまた設立段階と同様である。そこで下記のような特別の手続が定められている（207条）。

金銭以外の財産を出資の目的とするときは，原則として検査役の調査が必要となる。検査役は裁判所によって選任され，必要な調査を行った検査役は，書面または電磁的記録をもって裁判所に報告をし，株式会社に対してもそれを提供する。裁判所が，募集事項に定められた価額を不当と認めたときは，これを変更する。この場合，募集株式の引受人は引受けの申込みまたは契約にかかる意思表示を取り消すことができる。

ただし，募集株式の引受人に割り当てる株式の総数が少数である場合や現物出資財産の価額の総額が少額である場合は，検査役の調査は不要である。また，市場価格のある有価証券が出資の目的である場合や価額の相当性について専門家の証明を受けた場合も，一定の要件のもとに不要とされる。さらに，会社に対する金銭債権が出資の目的である場合も，一定の要件のもとに，不要とされる。これにより，債務超過会社であっても，金銭債権を現物出資してもらうことで，債務を株式に振り替えることもできる（**デット・エクイティ・スワップ**）。

▷自働債権
相殺をしようとする側の債権。

▷デット・エクイティ・スワップ
⇨ Ⅰ-4 「株式会社における利害関係人」10頁

Ⅳ　資金調達

募集株式の発行等の差止請求

総　説

　新株発行または自己株式の処分が行われようとしているが，その手続や内容に法令・定款違反があったり，著しく不公正な方法によってなされようとしている場合には，それによって不利益を受ける株主は発行等をやめることを請求することができる（210条）。この**差止請求権**は，取締役等の違法行為に対する差止請求権（360条）と異なり，会社に著しい損害が生ずるおそれがあるかどうかを問題としていない。既存の株主が発行等に対して有している利益（持株比率や経済的価値）に配慮したものである。

　差止めは裁判外で請求してもよいが，実際には差止請求権を被保全権利とする差止めの仮処分申請が行われる（民事保全法23条2項）。発行等の効力が発生する前に迅速に差止めることが必要だから，まず仮処分を得ようとするわけだが，差止仮処分に違反した発行等は無効と解されている（最判平成5年12月16日民集47巻10号5423頁）ことなどから，仮処分命令が出された場合には事実上は発行等がなされないことが多い。事実上，仮処分手続で雌雄が決せられる。

　発行等の効力が生じてしまえば，無効の訴えの提起や（834条2号，3号），役員等の責任追及訴訟（847条など）などの事後的手段によるほかない。

▷差止請求権
差止めは裁判外で請求してもよいが，実効性はうすい。差止請求訴訟を提起することはもちろんできるが，それだけでは，判決が下されるまでに発行等がなされてしまう。そこで後述のように仮処分申請がなされる。

2 差止事由

　法令・定款違反には，必要な株主総会決議や取締役会決議がないこと，代表取締役や代表執行役による発行等でないこと，募集事項の公示（201条3項-5項）がないこと，発行可能株式総数を超えて発行がなされようとしていること，定款に定めのない種類の株式を発行しようとしていることなどがあげられる。

　著しく不公正な発行とは，不当な目的を達成する手段として募集株式の発行等が利用される場合をいう。実際には，次のような事例が多い。それは，会社内に内紛があり支配権をめぐって争いがあるような場合や，一部株主が株式を大量に買い集め，現経営陣にとって代わろうとしているとみられる場合などにおいて，現経営陣が相手方の持株比率を下げるために第三者割当てによる発行等を行おうとしているのではないかと主張される事例である。時価より低い払込金額が設定されることも多いため，当該発行等が有利発行にあたるのかどうかも問題とされることもある。

③ 有利発行にあたるかどうかの争い

公開会社の場合、第三者発行でも取締役会決議で発行等を決定すればよいが、有利発行にあたるとすれば株主総会特別決議が必要となる。発行等を差し止める側は、当該発行等は有利発行にあたるのに株主総会特別決議を欠いていると主張して、差止めを求める。払込金額が「特に有利な金額」（199条3項）にあたるかどうかをどのように判断すればよいのかが問題となる。

一般的に、会社の資産状態、収益状態、株式市況の動向等を総合的に判断した上で、直前の株価に近接している金額ならば、公正な払込金額であり、特に有利な金額ではないとされる（東京地決平成16年6月1日金判1201号15頁）。ただし、買占め等により株価が一時的に急騰していた場合にまで直前の株価を基準として判断してよいかは困難な問題である。そのような状況での株価は会社の客観的価値を反映したものではないとして、直前の株価を過度に重視すべきではないという見解がある。それに対し、その時点においてその金額で引き受けることが特に有利かどうかを問題とすべきとする見解がある。会社の価値をどうはかるかが金銭的評価の面で問われる問題ともいえる。

④ 著しく不公正な方法かどうかの争い

第三者割当てによる発行等は、募集株式の引受人以外の株主の持株比率を下げる。そこで、内紛の相手方や企業買収をしかけているとみられる者の持株比率を下げる目的で、発行等がなされようとしていると主張される。

そもそも現経営陣は会社全体の利益を判断する立場にあるのだから、上記のような意図があっても著しく不公正とはいえないという見解もある。しかし、現経営陣が、自分に不都合な相手の持株比率を下げようとすることが会社の利益にも沿うとは必ずしもいえない。かえって会社の利益よりも自分の地位を盤石にするためだけに行われているおそれが強い。株主間の支配権争いに経営陣が介入できるかという問題もある。

一般には、募集株式の発行等が決定された種々の動機のうち、不当な目的を達成するという動機が他の動機よりも優越している（それが唯一または主要な目的として発行等が決定された）場合には、著しく不公正と判断される（主要目的ルールと呼ばれる）。その発行等が特定の株主の持株比率を低下させ現経営者の支配権を維持することを主要な目的としているときは、不公正発行にあたる。

もっとも、近時は、現経営陣と対立している者が支配権を取得すれば企業価値が著しく毀損することが明らかである場合は、現経営陣の地位を維持するための発行等であっても許容されるのではないかという問題が提起されており、この面でも企業価値とは何かが問われている。

▷1 なお発行目的（提携など）を市場が好感して急騰したような場合に、当該提携先に対して第三者割当増資をするときは、理論的には急騰前の株価を基準とする方が公正であると考えられる。

▷2 東京地決平成16年7月30日判時1874号143頁
ただし本決定、抗告審決定（東京高決平成16年8月4日判時1874号143頁）では不公正発行にあたらないとされた。

▷3 ⇨ Ⅳ-7 「新株予約権の発行」⑤ 100頁

IV 資金調達

 募集株式の発行等の効力

無効の訴え・不存在確認の訴え

　新株発行や自己株式の処分がなされた後でも，発行等の手続や内容に瑕疵がある場合には，その効力が問題となる。しかし，大多数の者に発行等がなされていることもあるし，それを基礎に新しい様々な法律関係が形成されていく。いつまでも発行等の効力を覆すことができたり，一部の者との関係においては無効だがその他の者との間では有効というのでは，発行等をめぐる法律関係の画一性・安定性が著しく害される。そこで会社法は，新株発行の無効の訴え・自己株式の処分の無効の訴えおよびそれらの不存在確認の訴えの制度を設け（828条2号，3号，829号1号，2号），民法や民事訴訟法の一般原則に対する特則を定めている。

　発行等に無効事由がある場合も，訴えによってしか無効を主張できず（828条1項），請求認容（無効）の確定判決をもってはじめて無効とされる（無効の訴えは形成訴訟）。無効判決は，訴訟当事者間のみならず第三者に対しても効力が及ぶが（838条，対世効），遡及効は認められない（839条）。無効の訴えの提訴期間，提訴権者も限定される（828条1項2号，3号，2項2号，3号）。いずれも大量に形成された法律関係を早期に画一的に確定させるための特則である。無効判決が確定すると，会社は，払込みを受けた金額や給付を受けた財産の給付時の価額に相当する金銭を，その時点の株主に支払う（840条，841条）。

　不存在であることは訴えによってしか主張できないというわけではないが（他の訴訟における攻撃防御方法として主張することもできる），請求認容（不存在）の確定判決には対世効が認められるから（838条），画一的に効力を決するためには訴えによることになる（不存在確認の訴えは確認訴訟）。無効の訴えの場合と異なり，提訴期間，提訴権者の限定もなく，不存在と確定されれば**遡及的に無効**となる（839条参照，最判平成15年3月27日民集57巻3号312頁参照）。

▷遡及的に無効
正確には，はじめから存在していなかったことが確認されたということである。

無効事由

　会社法は無効事由を具体的に明らかにしていない。そこで，法を遵守した発行等を求める既存株主と，新たに株主となった者や発行等があった事実を基礎として新たに法律関係を形成した者（会社債権者など）の利益，法律関係の画一性・安定性という要請に配慮して解釈する必要がある。

一般には，新株発行は会社組織に変動を加える行為でもあるが，業務執行に準じる行為ともいわれ（最判昭和36年3月31日民集15巻3号645頁），無効原因も限定的に解釈される傾向にある。もっとも，会社の特性や発行等の状況によって利害状況は異なる。例えば小規模で閉鎖的な会社において，小規模な発行がなされ，新株主も多くないという場合，無効とされて事後的な処理が必要となっても法律関係の安定性を著しく害するとまでは言いづらいことも多いだろう。経営陣が事実上差止めの機会を与えないように発行等を行った結果，株主は事後的に無効主張するほかないという場合もある。ただし，判例は会社の実態などは考慮しないとしている（最判平成6年7月14日判時1512号178頁）。

必要な株主総会決議や取締役会決議を欠いていた場合も無効事由にはあたらない（前掲最判昭和36年3月31日，最判昭和46年7月16日判時641号97頁など）。しかし，非公開会社においては，持株比率の維持にかかる既存株主の利益が重視され，株主総会特別決議を経ないまま株主割当て以外の方法で募集株式の発行がされた場合，無効事由とされる（最判平成24年4月24日民集66巻6号2908頁）。会社法は，無効であることを前提として，非公開会社における無効の訴えの出訴期間を1年と伸長したものと解される（828条1項2号）。

著しく不公正な発行の場合も無効事由にあたらないとされる（前掲最判平成6年7月14日）。しかし，非公開会社の場合は，株主総会特別決議を経て発行等がされているとはいえ，これを無効と解しても，上記の決議がない場合とのバランスが失われるわけではない。また，非公開会社において，株主総会決議によって付された行使条件に反して新株予約権が行使され，株式が発行された場合も，行使条件を変更・廃止する株主総会決議がないものとして，無効事由にあたると解される（上記最判平成24年）。

必要な公示手続を欠いた場合は，他に差止事由がなく差止請求をしたとしても認められなかったという場合を除き，無効事由にあたる（最判平成9年1月28日民集51巻1号71頁）。差止仮処分に違反してなされた発行等は無効である（最判平成5年12月16日民集47巻10号5423頁）。定款に定めのない種類の株式を発行した場合は無効事由と解される。

③ 不存在事由

発行等の手続ないし事実・実体が全くないのに，登記がされているなどの発行等がなされた外観が存する場合が不存在事由であることは疑いない（前掲最判平成15年3月27日）。一応発行等の手続が踏まれたが著しい瑕疵が存するような場合まで不存在と評価するかは争いがある。

▷**必要な公示手続**
公開会社において，株主割当て以外，有利発行以外の場合に必要な通知または公告を指す（201条3項，4項）。

Ⅳ 資金調達

 ## 新株予約権の発行

1 新株予約権

　新株予約権とは，この権利を有する者（新株予約権者）が会社に対して権利行使をしたときに，新株予約権者が会社から株式の交付を受けることができるということを内容とする権利である（2条21号）。会社は新株予約権者の権利行使に対して，新株を発行するか，自己株式を交付する。それにより，新株予約権者は株主となる（282条）。

2 新株予約権の利用

　例えば，**ストック・オプション**の付与のために新株予約権が発行されることもある。権利を行使できる期間（将来の一定期間）を定め，権利行使の際の出資金額などを定めておく。新株予約権者は権利行使期間が到来したときに，株式の時価（株価）が定められた出資金額より上回っていれば，権利を行使する。市場で取得すればより高い金額を支払う必要があるが，権利を行使すればより低い金額で株式を取得できるからである。逆に下回っていれば権利を行使する意味がなく，権利を放棄する。新株予約権者は，会社の株価が上昇すれば権利行使によって利益を得ることになるから，取締役等に新株予約権を付与することによって経営努力をするインセンティヴを与えることになる。このように，業績連動型報酬の一形態としての利用がなされる。

　そのほか，敵対的企業買収に備える防衛策としても利用される（第Ⅸ章参照）。また，資金調達の手段として，**新株予約権付社債**として発行されることも多いが，近時は，募集株式の発行等に代える形での新株予約権無償割当ての利用が議論されている（ライツ・オファリング〔ライツ・イシュー〕といわれる）。募集株式の発行等では，株主割当て以外の場合，既存株主の持株比率維持は保障されない。また，株主割当てでは，既存株主は，割当てを受ける権利を譲渡することができないため，払込みをしない場合は持株比率が低下するだけの結果に終わってしまう。新株予約権の無償割当て（277条）によれば，既存株主は，無償で割り当てられた新株予約権を譲渡することもできるため，新株予約権を行使して持株比率を維持するか，行使せずに譲渡して対価を得るかを選択することができる。新株予約権無償割当ての利用を促進するため，平成26年改正会社法は，279条2項を改正・3項を新設して，より迅速な資金調達を可能とした。

▷**ストック・オプション**
取締役・使用人等にインセンティヴ報酬として付与される新株予約権。新株予約権規制および取締役等の報酬規制に服する。

▷**新株予約権付社債**
会社法は，新株予約権付社債に対する規制としては，新株予約権と社債とを切り離して譲渡することができないタイプのものについてのみ規制する（2条22号，254条2項，3項など）。分離して譲渡することができる新株予約権付社債は，同一人に割り当てられるとしても，新株予約権と社債の発行がそれぞれ行われているものとして，各々の規制を受けるにすぎない。なお，⇨Ⅳ-9「社債の発行」104頁，側注も参照。

3 募集新株予約権の発行手続

　募集新株予約権は，有償で発行される場合も無償の場合もある（238条1項2号参照）。新株予約権を引き受ける者の募集という場合（238条）は，**自己新株予約権**は含まれない（自己新株予約権の処分について特に手続規制はない）。

　募集新株予約権の発行手続については，募集株式の発行手続に準じる規制が設けられている。募集事項は，非公開会社では株主総会特別決議により決定する（238条2項，309条2項6号）。公開会社では取締役会決議によるが，第三者発行であり有利発行である場合は株主総会特別決議が必要である（240条1項）。また，支配権の異動を伴う募集新株予約権の発行の際は，株主総会決議が必要になる場合がある（244条の2）。募集株式の発行等の場合（206条の2）と同趣旨である。

　なお，新株予約権の無償割当ては，株主総会（取締役会設置会社では取締役会）決議により決定される（278条3項）。無償であるし，株主の有する株式数に応じて割り当てられることから（同条2項），公開・非公開の区別ではなく，取締役会設置会社かどうかによって規制が区別されており，また，取締役会設置会社で特に株主総会決議を要するような場合は定められていない。もっとも，行使条件の内容によっては，株主平等の原則が問題となることもある（後述）。

　新株予約権発行時にその価値を金銭的にいくらと評価すれば合理的なのかは難問であるが，実務的には一定の算定方法が存する（ブラック・ショールズ・モデル，二項モデルなど）。発行する新株予約権の行使条件などに応じた算定方法を採用することになる。

　申込み・割当て・引受けの手続などは募集株式の発行等の手続とほぼ同様である。ただし，新株予約権の申込者等は，たとえ有償で発行される場合であって払込みがなされなくても，割当日において募集新株予約権者となる（245条1項）。払込みについては，募集事項において払込期日を定めた場合はその期日に，定めない場合は権利行使期間の初日の前日までに，払込金額の全額の払込みが行われればよい（238条1項5号，246条1項，3項）。払込みがない場合は，新株予約権の行使はできなくなり，新株予約権は消滅する（287条）。退職した場合には権利行使ができなくなるという内容の新株予約権を従業員に付与した場合において，従業員が退職したなどの場合も，同じく消滅する。

　新株予約権を行使した新株予約権者は，権利を行使した日に株主となる（282条）。

　なお，新株予約権付社債（2条22号）についての募集手続も，募集新株予約権の発行手続による（238条1項6号，248条）。

▷1　それに対して，新株予約権の権利行使に際しては，一定の財産が出資されることが予定されている（236条1項2号3号）。

▷**自己新株予約権**
会社が過去に発行した新株予約権を，その権利者から取得して当該会社自らが有している場合，自己新株予約権という。会社は自己新株予約権を行使することはできない（280条6項）。

④ 新株予約権原簿・新株予約権の譲渡

　会社は新株予約権原簿を作成しなければならない（249条1項）。無記名式の新株予約権証券が発行されている新株予約権（無記名新株予約権）等を除き，新株予約権者の氏名等が記載・記録される。新株予約権原簿は本店に備え置かれ，株主・会社債権者の閲覧謄写等請求権が認められる（252条）。

　新株予約権者は，その有する新株予約権を譲渡することができる（254条1項）。新株予約権証券が発行されている場合（無記名式・記名式がある）も発行されていない場合もあるが，それぞれの権利移転の要件，対抗要件などは株式規制におおむね準じる。譲渡制限についても同様である。

⑤ 瑕疵ある募集新株予約権の発行・新株予約権無償割当て

○総　説

　募集新株予約権の発行についても，募集株式の発行等の場合と同様に，募集新株予約権発行の差止請求権（247条），新株予約権の発行の無効の訴え（828条1項4号），新株予約権の発行の不存在確認の訴え（829条3号）の制度が定められている。新株予約権無償割当てについては募集手続はない（割り当てられるのは募集新株予約権ではない）が，後述のように，募集新株予約権の発行差止請求権規定の類推適用が認められる。また，無償割当ても発行の一種であるから，無効の訴え・不存在の訴えの制度の適用がある。

○株主の差止請求権

　募集株式の発行等の場合と同様に，募集新株予約権の発行に法令定款違反がある場合，または著しく不公正な方法により行われる場合に，それによって株主が不利益を受けるおそれがあるときは，当該発行の差止めを請求することができる（247条）。なお，新株予約権無償割当ては，既存株主に不利益を与えないものと想定され，差止請求権の規定は置かれていない。しかし，敵対的企業買収防衛策として差別的条件付きの新株予約権の無償割当てが行われるなど，既存株主の地位に実質的な変動を及ぼす場合には，同条が類推適用される（最決平成19年8月7日民集61巻5号2215頁はこのことを前提としていると解される）。

　法令定款違反として争われる典型例は，ここでも有利発行該当性が争われるケースである。新株予約権の価値もゼロではないが，将来権利を行使できるかどうかは不明であるため，その価値をどう測るかが問題となる。ブラック・ショールズ・モデルなどのオプション評価理論に基づいて算出された募集新株予約権の発行時点における価額が，公正な価額とされる。これと払込金額とを比較し，後者が前者を大きく下回るとき，有利発行に該当する（東京地決平成18年6月30日金判1247号6頁など，オプション価格基準説）。それに対して，合理的に予測される行使期間中の株価の平均値と，払込金額および行使価額の合計額とを

▷新株予約権証券
株券発行会社かどうかにかかわらず，新株予約権証券を発行することができる。新株予約権の内容とされている（236条10号）。

▷2　なお，責任規制については，後述 IV-8 「募集株式の発行等・新株予約権の発行に関する責任規制」102頁参照。

比較して判断するという見解（予想株価基準説）もあるが，この方法では，発行時における既存株主から引受人への不当な価値移転を把握できないことから，現在ではほとんど支持されていない。

また，企業買収防衛策として，株主の属性に応じて内容が異なる（差別的行使条件付き）新株予約権の無償割当てがされるケースにおいて，株主平等の原則に違反しないかが問題となっている。最高裁は，「特定の株主による経営支配権の取得に伴い，会社の存立，発展が阻害されるおそれが生ずるなど，会社の企業価値がき損され，会社の利益ひいては株主の共同の利益が害されることになるような場合には，その防止のために当該株主を差別的に取り扱ったとしても，当該取り扱いが衡平の理念に反し，相当性を欠くものでない限り」同原則の趣旨に反しないとした（上記最決平成19年）。必要性と相当性の判断基準が示されたものと解されている。

著しく不公正な方法による場合とは，募集新株予約権の内容により，募集株式の発行等と同様に考えてよい場合もある（東京高決平成17年3月23日金判1214号6頁）。同決定は，主要目的ルールを示した後，さらに，「株主全体の利益の保護という観点から新株予約権の発行を正当化する特段の事情がある場合には，例外的に，経営支配権の維持・確保を主要な目的とする発行も不公正発行に該当しない」とした。具体的に生起された敵対的企業買収に対抗して差別的行使条件が付された新株予約権無償割当てがされた事案においては，「会社の企業価値ひいては株主の共同の利益を維持するためではなく，専ら経営を担当している取締役等又はこれを支持する特定の株主の経営支配権を維持するためのものである場合」に著しく不公正としたものがある（上記最決平成19年）。また，敵対的企業買収者が具体的に現れる前に新株予約権の無償割当てが行われたケースにつき，当該新株予約権が株式の移転に随伴しないものであったことから，既存株主に損害が生じるおそれがあるとして，著しく不公正とされた事例がある（東京高決平成17年6月15日判時1900号156頁）。

○無効の訴え・不存在確認の訴え

新株予約権が行使されれば株式が発行・交付されるため，その効力を一般原則（何らかの瑕疵があれば無効）どおりに処理することは不適切である。募集株式の発行等の場合と同様の配慮に基づき，新株予約権の発行の無効の訴え，不存在確認の訴えの制度が設けられている（828条1項4号，829条3号）。

無効の訴えが形成訴訟であること，提訴期間，提訴権者が限定されていること，判決の効力など，募集株式の発行等の場合と同様である（828条1項3号，2項3号，838条，839条，842条）。不存在確認の訴えについても同様である。

無効事由や不存在事由も，募集株式の発行等の場合に準じる。

▷3 ⇒Ⅳ-5「募集株式の発行等の差止請求」❹95頁。

▷4 従来の主要目的ルールを発展させたものであり，募集株式の発行等に関する差止事由（著しく不公正な方法）についても同様に解される。

▷5 この事案では，著しく不公正な方法によるものではないとされた。

▷6 ⇒Ⅳ-6「募集株式の発行等の効力」96頁

IV 資金調達

8 募集株式の発行等・新株予約権の発行に関する責任規制

1 総説

募集株式の発行等や新株予約権の発行に伴い、役員に任務懈怠がある場合、もちろん一般的な任務懈怠責任（423条）が問題になる。会社法は、それとは別に、特別の法定責任を定めている（212条～213条の3・285条～286条の3）。株式引受人や新株予約権者が後者の責任を負う場合も、847条1項が定める「責任追及等の訴え」に含まれるものと規定されており、株主代表訴訟等に服する。

2 212条・213条（285条・286条）所定の責任

○引受人・現物出資者の責任

①取締役・執行役と通じて著しく不公正な払込金額で募集株式を引き受けた引受人は、公正な価額との差額を支払う義務を負う（212条1項1号）。また、募集新株予約権につき金銭の払い込みを要しないこととすることが著しく不公正な条件であり、取締役・執行役と通じて新株予約権を引き受けた引受人（285条1項1号）、あるいは取締役・執行役と通じて著しく不公正な払込金額で新株予約権を引き受けた引受人は（同項2号）、それぞれ、当該新株予約権の公正な価額を支払う義務、公正な価額との差額を支払う義務を負う。

②給付した現物出資財産の価額が、募集事項に定めた価額に著しく不足する場合、株式引受人たる現物出資者は、当該不足額を支払う義務を負う（212条1項2号）。また、権利行使の際に現物出資をするものとされていた新株予約権者についても、同様の支払義務が規定されている（285条1項3号）。

○取締役・執行役の責任

上記②の場合、213条1項・286条1項所定の取締役・執行役も、同様の支払義務を負う。もっとも、取締役・執行役は、その職務を行うについて注意を怠らなかったことを証明することにより、支払義務の発生を免れる（213条2項2号・286条2項2号）。なお、この支払義務は、現物出資について検査役の調査が行われていた場合は、発生しない（213条2項1号・286条2項1号）。

○証明者の責任

上記②の場合、さらに、現物出資が行われるに際して検査役調査が不要となる代わりに一定の証明をした者（証明者）も（207条9項4号・284条9項4号）、同様の支払義務を負う（213条3項・286条3項）。

▷1 なお、これらの場合、価額が著しく不足することにつき引受人・新株予約権者が善意・無重過失である場合、引受けの申込みの意思表示・総数引受契約にかかる意思表示または新株予約権の行使にかかる意思表示を取り消すことができる（212条2項・285条2項）。

Ⅳ-8　募集株式の発行等・新株予約権の発行に関する責任規制

表Ⅳ-2　募集株式の発行等に関する責任

	引受人（現物出資者）	取締役・執行役		証明者
取締役・執行役と通じて，著しく不公正な払込金額で株式を引き受けた者がいる場合	・差額相当額の支払義務（212条1項1号）	—	・任務懈怠責任（423条1項）	—
現物出資財産が，募集事項の決定時の価額に著しく不足する場合	・不足額の支払義務（212条1項2号） 善意・無重過失の場合は ・申込みの意思表示 ・総数引受契約にかかる意思表示 を取り消しうる（212条2項）	特定の取締役・執行役 ・左の支払義務（213条1項） 　過失責任（213条2項2号） ・例外―検査役調査があった場合（213条2項1号）	・任務懈怠責任（423条1項）	・左の支払義務 　過失責任（213条3項）
	連帯責任　213条4項・430条			
出資の履行を仮装した引受人がいる場合	・仮装した額の支払義務（213の2第1項1号） ・仮装した現物出資財産の給付義務or支払義務（213の2第1項2号） 総株主の同意で免除（213の2第2項）	関与した取締役・執行役 ・左の支払義務 　過失責任（213の3第1項）	・任務懈怠責任（423条1項）	—
	連帯責任　213条の3第2項・430条			

3　213条の2・213条の3（286条の2・286条の3）所定の責任

○払込みを仮装した者の責任

①募集株式の引受人が払込みを仮装した場合，募集新株予約権の引受人が払込を仮装した場合，新株予約権者が権利行使に伴う払込みを仮装した場合など，仮装した払込金額の全額の支払義務を負う（213条の2第1項1号・286条の2第1項1号2号）。当該募集新株予約権を譲り受けた者が，払込みの仮装について悪意・重過失ある場合も，同様である（286条の2第1項1号）。

②上記①と同様，募集株式の引受人・募集新株予約権の引受人・新株予約権者が現物出資の給付を仮装した場合，当該財産の給付義務を負う（213条の2第2項・286条の2第2項1号3号）。ただし，会社が当該給付に代えて当該財産の価額に相当する金銭の支払いを請求した場合は，当該金銭の全額の支払義務を負う。

○取締役・執行役の責任

上記①②のうち，募集株式の引受人や新株予約権者が出資の履行を仮装した場合，それに関与した取締役・執行役は，同様の支払義務を負う（213条の3第1項）。自ら仮装をした場合を除き，その職務を行うについて注意を怠らなかったことを証明することにより，支払義務の発生を免れる（同項ただし書）。

○仮装の払込みに応じて発行等がされた株式

払込み・給付を仮装して発行等がされた株式について，引受人は，上記の責任が履行されるまでは，株主の権利を行使することができない（209条2項・282条2項）。ただし，当該株式を譲り受けた者は，仮装について悪意・重過失がない限り，権利を行使することができる（209条3項・282条3項）。

Ⅳ 資金調達

9 社債の発行

1 社債

　社債とは，これを発行する会社を債務者とし，募集社債に関して決定した事項（676条）に従って償還される金銭債権である（2条23号）。募集社債に関する一定の事項によって「種類」が区別され（681条1号），発行時期が異なっても，内容が同じであれば同じ種類の社債となる。社債は，株式会社に限らず持分会社でも発行することができる。なお，社債も株式と同様，多数に分割されて広く公衆に引き受けられることを通例とするが，そうである必要はない。

　なお，**担保付社債**を発行する場合は，担保付社債信託法の適用を受ける。

▷担保付社債
社債権を担保するため物上担保が付された社債。多数の社債権者が物上担保権を設定・管理することはできないため，信託会社が総社債権者のために管理する。

2 社債と株式

　社債には償還期限があり（676条4号），期限が到来すれば元本が返済（償還という）される。また発行会社の利益の有無にかかわらず利息の支払を受ける（同条3号参照）。しかし会社の意思決定に参加することはできない。これらの点について株式と異なるが，それは株主が出資者たる地位にあるのに対して社債権者は債権者だという違いによる。従ってまた，残余財産の分配につき，社債権者は株主に優先して支払いを受けることができる。

　投資家は，このような株式との違いに着目して，自らのニーズに合致した投資を行うことになる。例えば，会社の運営に参加する意思はなく，確定した利息を得たいという場合は，募集社債の引受けが選ばれる。他方，会社にとっても，社債による資金調達は資産を増加させるが，同時に負債も増加させるため，募集株式の発行等による資金調達と異なり，純資産を増加させるわけではない。上記の違いなどと併せていずれの資金調達方法を選択するかが判断される。

　もっとも，社債にも多様な内容が認められる。**新株予約権付社債**のように，株式に近い社債も認められる。他方，株式でも，非参加的・累積的優先株式・完全無議決権株式で取得条項付株式であるものは社債に近い株式といえる。

▷新株予約権付社債
新株予約権を付した社債（2条22号）。予め定めた事由の発生等によって，株式を対価として新株予約権付社債を会社が強制的に社債権者から取得することができるように設計されている場合は，さらに株式に近くなる（いわゆる強制転換条項付新株予約権付社債，236条1項7号ニ参照）。なお，Ⅳ-7「新株予約権の発行」98頁の側注も参照。

3 社債発行の手続

　まず①募集の内容を決定する（676条）。取締役会設置会社では取締役会が決定し（362条4項5号），それ以外の株式会社では取締役（348条），持分会社では社員の過半数で決定する（590条2項，591条1項）。

その後，原則として，②会社が，募集社債を引き受ける者を募集し，③引き受けようとする者が引受けの申込みをし（677条），④会社が，申込者の中から募集社債の割当てを受ける者を定める（678条）。これにより割当てを受けた者は社債権者となる（680条）。社債の応募額が募集社債の総額に達しない場合でも，社債の成立は認められる（打切発行が原則）。申込み・割当ての方法によらず，募集社債の総額を引き受ける契約によって，社債権者が決まる場合もある（総額引受　679条，680条）。

社債権者は，期日に一定の金額を払い込む（676条10号）。

4 社債の流通・利払・償還

会社は，自らまたは社債原簿管理人によって**社債原簿**を作成しなければならない（681条）。その規制は株主名簿に準じる。社債の譲渡・質入れに関する規制も基本的には株式に準じている。種類ごとに社債権を表章する有価証券（社債券）の発行の有無を決めるが（676条6号），**振替社債**については発行できない（社債，株式等の振替に関する法律67条）。

社債の譲渡方法は，振替社債とそれ以外の無記名社債・記名社債でそれぞれ異なる。

社債の利息は，社債原簿に記載されている社債権者に支払われるが，無記名社債の場合は，社債券に付された利札と引き換えに支払われる。

社債は募集にあたり決定された事項に従い，償還される。

5 社債管理者・社債権者集会

社債発行会社は，原則として社債管理者を定めなければならない（702条）。社債の償還までには長期にわたることが多いため，発行後の状況によって発行会社が債務不履行に陥ることなども考えられる。そのようなとき，とりわけ小口の社債権者（公衆）が自らの利益を十分に維持できないおそれもある。こうした社債権者の利益に配慮したものである。社債管理者は，社債に係る債権の弁済を受け，または社債に係る債権の実現を保全するために必要な一切の行為をする権限を有する（705条1項）。

同様に，種類の異なる社債権者間では利害が共通するとは限らないことから，同一種類ごとに社債権者が社債権者集会を組織するものとし，法定事項および社債権者の利害に関する事項についての決議をする権限を認めている（715条，716条）。その招集手続などは株主総会に準じるが，各社債権者が有する当該種類の社債の金額の合計額に応じて議決権が認められる（723条1項）。社債権者集会の決議は裁判所の認可を受けなければ効力を生じない（734条）。

▷社債原簿
社債，社債権者，社債券（発行する場合）に関する事項を明らかにする帳簿。

▷振替社債
「社債，株式等の振替に関する法律」の適用を受ける社債。振替機関等に口座を開設した者の口座に記載・記録がなされることにより，発行や譲渡が行われる。

Exercise

○理解できましたか？

1）授権資本制度とはどのような規制をいうのか，自己株式の処分についてもそのような規制がかけられているといえるか，また，非公開会社でも授権資本制度が採られているといえるか，説明してください。

2）特に有利な払込金額で第三者割当てが行われた場合，既存株主はどのような影響を受けますか。

○考えてみましょう！

1）特に有利な払込金額で第三者割当てを行う場合，会社のどの機関が募集事項を決定しなければならないか。その決議がないまま発行等が行われようとしている場合，既存株主はどのような法的手段をとりうるか。当該決議がないまま発行等が行われてしまった場合，どのような法的手段をとりうるか。上記それぞれにつき，公開会社・非公開会社で異なるか，説明してください。

2）社債管理者の制度が必要なのはなぜか。社債権者集会の制度が必要なのはなぜか。社債権者集会の決議の瑕疵について，特別の訴えの制度があるか，説明してください。

○調べてみましょう！

1）新株発行が著しく不公正な方法で行われた場合に無効事由と解されるかという問題について，最高裁判決はどのように判示したかを述べ，論評してください。

2）東京高決平成17年3月23日（金判1214号6頁）の事件以前の段階で，いわゆる主要目的ルールとはどのような問題についてのどのような内容の判断基準をいうものだったか。この事件（原審決定・本決定）以降，主要目的ルールの内容は従来のままといえるか，変容してきているのか，または新しい判断基準にとって代わられたと捉えるべきなのか，説明してください。

勉学へのガイダンス

吉本健一『新株発行のメカニズムと法規制』中央経済社，2007年
　新株発行に関しても多くの論稿を公表してきた著者の論文集。規制の基礎理論から具体的な解釈論まで幅広く考察された諸論文を収録。

神田秀樹編『会社法コンメンタール　第5巻　株式(3)』商事法務，2013年

江頭憲治郎編『会社法コンメンタール　第6巻　新株予約権』商事法務，2009年

江頭憲治郎編『会社法コンメンタール　第16巻　社債（付：担保付社債信託法）』商事法務，2010年
　会社法の詳細な解説書。

第Ⅴ章 機 関

guidance

　本章で学ぶのは，株式会社の運営を担う，「機関」です。株式会社の機関は，多様な設計が可能です。本章では，まず，機関とは何か，会社法の制定以前はどのような機関構成で株式会社が運営されていたのか，会社法の制定によってどのような選択肢が可能となったのか，さらには平成26年の会社法改正によって創設された新たな機関設計について言及します。次に，すべての株式会社に共通する機関である，株主総会について説明し，その後，機関設計上のルールも配慮に入れながら，各々の機関について説明します。

　後述するように，現在の会社法は株式会社に多様な機関設計を認めていることから，同じ株式会社とはいっても，全く異なる機関構成をもつ株式会社が存在します。これらすべてをパズルのように理解するのは，なかなか困難であるため，いくつかの典型的な機関構成を頭に入れた上で学習を進めていくことが理解の早道ではないかと思われます。条文の構成は最もシンプルな機関構成の上に選択可能な機関のアラカルトが乗っかっていく形になっており，この点にも注意を払って，丁寧に条文と照らしながら学習を進めてください。

V 機関

 株式会社の機関と機関設計

1 機関とは

　法律上，会社は**法人**とされる（3条）。法人は，我々生身の人間（自然人）と同じように，法律行為をなすための法律上の資格（法人格）を与えたものであるから，それ自体は自然人と同じような意思の決定をするための頭脳や会社の業務をこなすための手足を持っているわけではない。そこで，法人の頭脳や手足に相当するものを制度として作る必要がある。すなわち，一定の自然人や会議体のする意思決定や一定の自然人のなす行為を会社の意思や行為とする場合，この一定の自然人や会議体が機関であり，機関がなした意思決定や行為が，その法人の意思決定や行為となる関係にある。

2 株式会社の機関にはどのようなものがあるか

　会社法の「第4章　機関」（295条以下）は，第1節として「株主総会及び種類株主総会」を，第2節（326条以下）として「株主総会以外の機関の設置」を規定している。種類株主総会は，**種類株式発行会社**でなければ存在しないので，株主総会がすべての株式会社に共通する必要な機関であることがわかる。株式会社にとって株主は間接的な所有者というべき存在であり，株主によって構成される株主総会は，観念的にはオーナー会議のような存在である。そのため，株式会社における役員の選任や組織の再編，解散などの基本的，あるいは重要な意思決定は，株主総会において決議する必要がある。

　株主総会以外の機関として，1人または2人以上の取締役の設置が求められる（326条1項）。株主総会と1人の取締役の設置，これが株式会社である以上，最低限求められる機関である。この場合の取締役は，その株式会社の業務を執行し（348条1項），その株式会社を代表する（349条1項）。その他に，株式会社は，定款の定めによって，取締役会（業務執行の決定，執行の監督，代表取締役の**選定・解職**などを行う〔362条〕），会計参与（取締役と共同しての計算書類，その附属明細書等の作成，会計参与報告の作成などを行う〔374条〕），監査役（取締役〔会計参与〕の職務執行の監査，監査報告の作成などを行う〔381条〕），監査役会（監査報告の作成，常勤監査役の選定・解職，監査役の職務執行に関する事項の決定などを行う〔390条2項〕），会計監査人（計算書類その附属明細書等の監査，会計監査報告の作成などを行う〔396条〕）監査等委員会（399条の2）または指名委員会等（指名委員会，

▷**法人**
法人は民法上「人」（民法3条以下）と同様に権利・義務の帰属主体であり，その一般規定は，民法33条以下に規定されている。会社は，社員（株式会社では「株主」）を構成員とする社団法人の一類型である。

▷**種類株式発行会社**
剰余金の配当その他の108条1項各号に掲げる事項について内容の異なる2以上の種類の株式を発行する株式会社（会社法2条13号）であり，種類株主総会とは，種類株式発行会社におけるある種類の株式の株主（種類株主）の総会（同条14号）である。種類株式発行会社であっても現に種類株式を発行していなければ種類株主総会は存在しないことに注意が必要である。

▷**選定・解職**
会社法では，選任・解任という用語と選定・解職という用語が使い分けられている。選任は，株主総会による役員の選任などの場合に使われ，選定は，株主総会によって選任された取締役で構成される取締役会で，代表取締役を選定する場合などに使われる。解任・解職もこれに対応して使用される。

監査委員会，報酬委員会でそれぞれ役員等の人事，監査，報酬の決定等を行う〔404条〕）を置くことができるとされている（326条2項）。

このように多様な選択肢が認められているように見える反面，一定の株式会社には取締役会の設置義務を課す（327条1項）など，機関設計についての制約についても規定されている。

3 機関設計の自由化

株式会社がどのような機関を備えることが適切なのかという問題は，それぞれの株式会社の姿によって異なる。例えば，その会社が実態として個人企業とあまり変わらないような場合に，複雑な機関の構成を要求してもあまり実益がない。しかし，規模が大きくなっていったり，証券取引所への上場を考えるようになったりと，先の段階になってくると，それに相応しい機関の構成が求められるようになる。そこで，会社法は，最低限の機関構成から，複雑な機関構成まで，多様な選択肢を用意し，それぞれの会社の成長段階に合わせて機関を設計できるようにしている。

機関構成は，会社自身が自らの実態に合わせて適切に選択・設計できるというのが会社法の基本的な発想であるが，公開会社（2条5号）であるかどうか，大会社（2条6号）であるかどうか，さらには，取締役会設置会社（2条7号）であるかどうかなどにより，最低限備えていなければならない機関構成は異なってくる。一般的に，規模が大きくなればそれに相応しい，より複雑な機関構成をとらなければならないというのはわかりやすいが，それ以外にも沿革的な理由（株式会社と有限会社の一体化）や，機関相互の役割分担などの関係から，一定の機関の設置により，機関設計に制約が生じる場合がある（326条-328条など）。

4 機関のアウトライン

以下「Ⅴ　機関」では，まず会社法において多様な機関設計が可能となるまでの旧商法，旧商法特例法，旧有限会社法上の機関構成を整理し，代表的な機関設計を理解してもらい（⇨Ⅴ-2），平成26年会社法改正で創設された機関設計を含めて，現在可能な機関設計の選択肢を示す（⇨Ⅴ-3）。その上で，すべての株式会社に共通する機関である株主総会（⇨Ⅴ-4 - Ⅴ-9）について説明する。種類株式発行会社においては株主総会とならんで種類株主総会が存在する（⇨Ⅴ-10）。その後，会社法の条文の構成に沿って，各々の機関について説明していく（⇨Ⅴ-11 - Ⅴ-23）。また，役員等の損害賠償責任（⇨Ⅴ-24 - Ⅴ-26），株主代表訴訟・違法行為差止請求（⇨Ⅴ-27，Ⅴ-28）は，すべての株式会社に共通する内容となっている。

▷1　その他，臨時に選任される機関として「検査役」がある。検査役は①現物出資等の調査（33条，207条，284条）（⇨Ⅱ-3「株式会社の設立過程」30頁，Ⅳ-4「募集株式の発行等の手続(2)」92頁），②総会の招集手続・決議方法の調査（306条―特に「総会検査役」と呼ばれる。⇨Ⅴ-8「株主総会の議事運営」124頁），③少数株主の請求による会社・子会社の業務執行，財産状況の調査（358条）（⇨Ⅴ-27「株主の監督是正権(1)」164頁）の場合に，裁判所によって選任される。

規制緩和なのに内部統制？

　従来の商法第2編を中心にした会社法は会社を規制する法として考えられていました。それに対して，会社法を中心とする会社法制は社会一般の規制緩和という潮流の中にあります。この規制緩和の方法として会社法は，従来の規制の削除，規制要件の緩和，選択肢の拡大，定款自治の拡大，等の方法を採用しています。

　しかし，このような規制緩和の会社法においても，内部統制システムの構築といった規制が拡大しています。一体，どういうことなのでしょうか。

　このことを理解するには，広い意味でのガバナンス論の変遷を見ておく必要があります。そこでは従来の商法時代のガバナンス論とは異なることを理解しなければなりません。さて，ガバナンス論は簡単にいえば社会からの企業のあり方に関する議論ということであると考えます。そこで，例えば，私的な所有物としての企業論に対して，企業を社会全体のものといった戦前の「企業自体の思想」もガバナンス論であると思います。また，戦後の企業の民主化──「労働者の経営参加」といった議論もガバナンス論であります。その系譜でいえば，その後の「企業の社会的責任」論，「企業は誰のものか・株主価値の最大化」といったコーポレート・ガバナンス論，「コンプライアンス」論などがあります。

　ところが，経済の再建を図るために企業再編成の多様化・起業の活性化・国際的な競争力の確保を求める社会環境の変化が，ガバナンス論に大きな転換をもたらすこととなります。それは規制緩和を求める社会的要求となっていきました。

　その反面で，従来の強行法規などの規制によって守られていた利益は

次のような社会的な要因で保護されるのではないかとも考えられてきました。それは，①間接金融から直接金融への変化が，市場の論理による規制（株価はコンプライアンスや社会的責任投資を重視している企業のほうが高値であり，企業不祥事は株価を下げるといったことから，市場において資金を調達したい企業は，コンプライアンスを重視し，社会的責任を重視する）に従う。②会社法制の中でも，法というより証券取引所の規制（上場規則による企業情報開示など）や，業界団体の自主規制といったソフトな法による規制が整備されてきている。③株式持ち合いの解消，外国人株主の増大，個人株主の増大，機関投資家の議決権行使マニュアルの整備など，議決権を積極的に行使する株主が増えていることによって，会社の内部的な監督機構が働くようになった。④労働市場の流動化の結果，従業員に違法な行為（贈賄・談合・利益供与等）を行わせるような企業からは，優秀な労働力が流出してしまう。優秀な労働力の流出を防ぎたい企業では，そのような企業不祥事が減少する。⑤企業の社会的責任論やコンプライアンス論などが社会において認知されてきて，そのような社会的文化によって，企業の行動が規律されてきている。

　そこで内部統制システムといっても，規制緩和の会社法では，経営者は自己の企業実態に最適な内部統制システムを構築しなければならない，そのために創意工夫が要求されるということになります。企業の「質保証」実現のためには，ガバナンスや内部統制システムや，その実践方法について，企業自らが，および社会からの評価によって，継続的にチェックしていかなければならないものへと転換しています。
　　　　　　　　　　　　　　　　　　　　　　　　　　　（永井和之）

V　機関

2　機関設計の自由化と代表的な機関設計

1　機関設計自由化の沿革

　この項目では，機関設計の自由化がどのような沿革で認められるにいたったのか，そして，代表的な機関設計として，どのような株式会社をイメージしたらよいのかという点に言及する。以下の②〜⑥までが，代表的な機関設計であるといってよい。

2　旧商法に規定されていた基本的な機関構成

　歴史的にみればいくつかの変遷があるが，会社法が制定される直前まで，商法が株式会社に最低限要求していた機関構成は，株主総会，取締役会（プラス代表取締役），監査役，というものであった。三権分立の影響を受け，それぞれを国会，内閣，裁判所に喩える説明もなされていた。株主で構成される株主総会は，株式会社の最高機関であり，会社の基本的事項，重要事項について意思決定をする機関である。取締役会は，株主総会で選任される取締役3人以上で構成される業務執行に関する決定機関であり，ここでの取締役は V-1 で述べた取締役とは異なり，当然には業務の執行権限や会社代表権はなく，取締役会の構成員にすぎない。

　業務の執行や会社代表は，取締役会において取締役の中から代表取締役を選定し，その代表取締役が担う。そして取締役会は代表取締役の業務の執行を監督するという立場にあり，監査役は，これら取締役・代表取締役の職務の執行や，経営の成果を示す会計が適切であるかどうかを監査する（それぞれ業務監査・会計監査という）役割を担う，というものである。会社法において取締役会設置会社（2条7号）に要求される最低限の機関構成は，基本的にこの形を受け継いでいる。

3　旧商法特例法に規定されていた大会社の機関構成

　ところが，すべての株式会社がこのような最低限の機関構成でよかったかといえば，そうではなかった。昭和49年に制定された株式会社の監査等に関する商法の特例に関する法律（商法特例法）という法律は，昭和40年代に続いた大型倒産を背景に，**大会社**の会計監査を会計のプロにチェックさせることを義務づける制度を導入した。これが会計監査人の制度である。

▷**大会社**
会社法2条6号は，最終事業年度に係る貸借対照表に資本金として計上した額が5億円以上であるか，貸借対照表の負債の部に計上した額の合計額が200億円以上であること，のいずれかに該当する株式会社を「大会社」としている。当時とは若干定義の仕方が違うが，資本金5億円以上または負債総額200億円以上という発想は同じである。

その後，この法律は平成初頭の証券不祥事などを背景に，大会社に3人以上の監査役の選任を要求し，監査役全員で監査役会を構成することを義務づけるようになった。また，その中に**社外監査役**の存在を求めることによって，制度の実効性を確保しようともした。そのため，大会社においては，株主総会，取締役会（プラス代表取締役），監査役，監査役会，会計監査人という機関構成が，要求されていたわけである。

▷社外監査役
⇨ V-3 「機関設計の諸原則と選択肢」114頁。

④ 旧商法特例法に規定されていた委員会等設置会社の機関構成

上記の商法特例法は，平成14年に委員会等設置会社というタイプの機関構成を持つ株式会社を新たに設け，それまでの大会社の機関構成との選択制を採用した。企業不祥事と長引く不況による経済の低迷を背景に，適切なモニタリングの確保と経営効率の向上との調和を図るため，アメリカ型の機関構成を採用し，既存の制度との間で競争が行われるように考えられたものである。ここでは，株主総会，取締役会，3つの委員会（プラス執行役），会計監査人という機関構成がとられている。取締役会，委員会には，**社外取締役**の存在が義務づけられ，これらによる監督と，業務執行との間の分離が図られている。現在の会社法における指名委員会等設置会社（名称が変更されている）は，基本的にこれを受け継ぐものである。

▷社外取締役
⇨ V-3 「機関設計の諸原則と選択肢」114頁。

⑤ 有限会社と株式会社の一体化

株式会社についての基本的な機関構成の沿革は以上であるが，会社法は，株式会社の中に**有限会社**という会社形態を一体化した。有限会社は，株式会社と同様に出資者の有限責任というメリットを活かしながら，組織の簡易化と閉鎖性の維持という要請を取り込んだ会社形態であり，株主総会に相当する社員総会という機関のほかには，業務執行権限と会社代表権限を有する取締役の設置が義務づけられていたにすぎず，監査役についての規定は置かれてはいたものの，その設置は任意であった。

▷有限会社
特徴は本文の通りであるが，閉鎖性の維持ということについて補足すると，持分について，他の社員に譲渡することは自由であるが，社員以外の者に譲渡する場合には，社員総会の承認が必要とされていた（旧有限会社法19条1項2項）。有限会社制度そのものは会社法の施行に伴って廃止されるが，それまでの有限会社は会社法上株式会社とされるものの，特例有限会社として有限会社の文字を用いた商号が使われるほか，旧有限会社と同様の規制に服する（会社法の施行に伴う関係法律の整備等に関する法律2条以下）。

⑥ 平成26年会社法改正における監査等委員会設置会社

指名委員会等設置会社は，三つの委員会を強制的に設置しなければならず，各委員会の委員の過半数を社外取締役とし，各委員会には大きな権限が委ねられる。とりわけ指名委員会には人事案件の決定権限があり，社長の後任は社長が決めるという考えを持つ会社では，これに対する抵抗感が大きいといわれる。そこで平成26年会社法改正では，新たに監査等委員会を設置する，監査等委員会設置会社という機関設計を創設した。監査等委員会設置会社では，監査等委員会，取締役会，代表取締役，会計監査人（監査役［会］の不設置）がワンパッケージとなっている。

V 機関

 機関設計の諸原則と選択肢

1 機関設計の諸原則

機関設計のための諸原則は、会社法の326条から328条に規定されているが、共通するのは、どのような機関構成をとっても、株主総会が必置の機関となることと、最低でも1人の取締役を置かなければならないこと（326条1項）。その他に、定款の定めによって、取締役会、会計参与、監査役、監査役会、会計監査人、監査等委員会または指名委員会等を置くことができるのが原則である（同条2項）。注意すべきなのは、指名委員会等設置会社の場合を除き、取締役会が設けられる場合には、代表取締役が選定されること（362条3項）、監査役会は、すべての監査役で組織されるので（390条1項）、監査役会が設置される場合は、同時に監査役も置かれていること、監査等委員会を置く場合には、当該株式会社は**監査等委員会設置会社**となり（2条11の2）、指名委員会等を置く場合には、当該株式会社は、**指名委員会等設置会社**となること（2条12号）である。

上述の原則に対して、沿革的理由や機関相互の役割分担などから、いくつかの制約が設けられている（327条、328条）。その内容は次の通りである。

①**公開会社**、**監査役会設置会社**、監査等委員会設置会社、指名委員会等設置会社は取締役会を置かなければならない（327条1項）。

②**取締役会設置会社**（監査等委員会設置会社、指名委員会等設置会社を除く）は、監査役を置かなければならない。ただし、公開会社でない**会計参与設置会社**については、この限りでない（同条2項）。

③**会計監査人設置会社**（監査等委員会設置会社、指名委員会等設置会社を除く）は、監査役を置かなければならない（同条3項）。

④監査等委員会、指名委員会等設置会社は、監査役を置いてはならない（同条4項）。

⑤監査等委員会設置会社、指名委員会等設置会社は、会計監査人を置かなければならない（同条5項）。

⑥大会社（公開会社でないもの、監査等委員会設置会社、および指名委員会等設置会社を除く。）は、監査役会および会計監査人を置かなければならない（328条1項）。

⑦公開会社でない大会社は、会計監査人を置かなければならない（同条2項）。

▷**監査等委員会設置会社**
⇨ V-23「監査等委員会設置会社」154頁
▷**指名委員会等設置会社**
⇨ V-20「指名委員会等設置会社(1)」148頁、V-21「指名委員会等設置会社(2)」150頁、V-22「指名委員会等設置会社(3)」152頁
V-2 ❹で述べた委員会等設置会社は、平成26年会社法改正において「指名委員会等設置会社」（2条12号）とその名称を改めた。実質的な内容の変更はない。監査等委員会設置会社と識別しやすいようにするための名称変更である。
▷**公開会社**
⇨ V-4「株主総会の権限」116頁
▷**監査役会設置会社**
監査役会を置く株式会社または会社法の規定により監査役会を置かなければならない株式会社をいう（2条10号）。
▷**取締役会設置会社**
取締役会を置く株式会社または会社法の規定により取締役会を置かなければならない株式会社をいう（2条7号）。
▷**会計参与設置会社**
会計参与を置く株式会社をいう（2条8号）。「置かなければならない」という表現はなく、任意設置のみであることが示されている。
▷**会計監査人設置会社**

このようにみていくと，これら機関設計の諸原則のうち，(1)公開会社か非公開会社か，(2)大会社かそうでないか（これに対応する用語として「中小会社」という用語が便利であろう）という分類の組み合わせにより大きく四つの類型が考えられ，その中で可能な選択肢を整理することが最も適切であると考えられる。

❷ 機関設計の選択肢と社外取締役・社外監査役

　上に述べた機関設計の諸原則から，公開会社かつ大会社における機関設計の選択肢は，取締役会，会計監査人を置くことが強制されるほか，(1)監査役会，(2)監査等委員会，(3)指名委員会等，のいずれかを置かなければならないことがわかるだろう。つまり，上場会社では(1)～(3)のいずれかの機関設計が採られることが予定されている。注意をしてほしいのは，(1)～(3)の機関設計では，(1)において最低2人の**社外監査役**が（335条3項⇨V-18 ❹），(2)(3)では最低2人の**社外取締役**が必要とされているということである（331条6項⇨V-23，400条3項⇨V-20 ❸）。

　監査役会設置会社において，監査役の半数以上は社外監査役でなければならないとしている趣旨は，業務執行を行う取締役の影響を受けず，客観的な意見を表明できる者が監査役の中に必要であるとの趣旨である。

　また，指名委員会等設置会社においては，取締役会は主として監督機関としての役割を担い，その実効的監督を可能にするために，社外取締役が過半数を占める各委員会が置かれ，その委員会が強い権限を持つという仕組みが採られている。

　さらに，監査等委員会設置会社においては，監査等委員会が，指名委員会等設置会社における監査委員会の役割に加え，指名委員会・報酬委員会の役割の一部を担うため，やはり委員会は社外取締役が過半数を占める仕組みが採られなければならない。

　なお，事業年度の末日において監査役会設置会社（公開会社であり，かつ，大会社であるものに限る）であって金融商品取引法の規定によりその発行する株式について有価証券報告書を内閣総理大臣に提出しなければならないものが社外取締役を置いていない場合には，事業年度の末日において社外取締役を置いていない場合には，取締役は，当該事業年度に関する定時株主総会において，社外取締役を置くことが相当でない理由を説明しなければならない（327条の2）。これは監査役会設置会社においても，社外取締役を置くことが一般的には有用であるとの会社法の立場を示すものである。

会計監査人を置く株式会社または会社法の規定により会計監査人を置かなければならない株式会社をいう（2条11号）。

▷**社外監査役**
詳細については定義規定（2条16号）を確認してほしい。監査役であって，その就任の前10年間，会社，子会社の取締役，会計参与，執行役，使用人であったことがないこと，親会社等の取締役，監査役，執行役，支配人その他の使用人でないこと，兄弟会社の業務執行取締役等でないこと，取締役等の配偶者，2親等以内の親族でないこと，などが求められる。

▷**社外取締役**
詳細については定義規定（2条15号）を確認してほしい。取締役であって，会社，子会社の業務執行取締役等でなく，かつ，その就任の前10年間，会社，子会社の業務執行取締役等であったことがないこと，親会社等の取締役もしくは執行役もしくは支配人その他の使用人でないこと，兄弟会社の業務執行取締役等でないこと，取締役等の配偶者，2親等内の親族でないこと，などが求められる。

Ⅴ 機 関

 株主総会の権限

1 株主総会と種類株主総会

　株主総会は，会社の基本的事項について会社の意思を決定する機関である。このことはどのような機関設計がなされている株式会社でも共通している。しかし，取締役会設置会社（2条7号）では，経営に関する事項の決定は，専門の機関である取締役会に委譲され，株主総会の権限は制約される。また，会社法第4章第1節は，「株主総会及び種類株主総会」を規定する。種類株式発行会社（2条13号）では，株主総会の決議事項であっても総会の決議それだけでは足りず，種類株主総会（2条14号）の決議を必要とする場合があるが，株主総会と種類株主総会は明確に使い分けられ，株主総会という場合には種類株主総会は含まれない。

2 取締役会を設置しない株式会社における株主総会の権限

　株主総会の権限は，**取締役会設置会社**（2条7号）であるかどうかで大きく異なる。取締役会を設置しない株式会社における株主総会は，会社法に規定する事項および株式会社の組織，運営，管理その他株式会社に関する一切の事項について決議をすることができる（295条1項）。**公開会社**（2条5号）は取締役会設置義務があるため（327条1項1号），必然的に取締役会設置会社となり，公開会社でない株式会社（非公開会社）であっても定款の定めによって取締役会を設置することもできるため（326条2項），295条1項が適用される株式会社は，非公開会社であって取締役会を設置しない株式会社に限られる。すなわち，定款ですべての株式につき譲渡制限を定めた会社であって，かつ取締役会が設置されていない会社ということになる。これは会社法制定前の有限会社の姿と同じであり，ここでの株主総会の権限は，旧有限会社の社員総会の権限に相当するものである。旧有限会社の社員総会は，最高の機関であり，かつ万能の機関であるといわれており，会社法における取締役会を設置しない株式会社における株主総会の権限は，これを引き継いでいるため，最高かつ万能の機関である。ここでは，株式会社といっても会社の知らないところで株主の交替が起こることは想定されておらず，経営に対しても株主による直接の監督が予定されている。

▷取締役会設置会社
会社法2条7号は，取締役会設置会社を，取締役会を置く株式会社またはこの法律の規定により取締役会を置かなければならない株式会社をいう，と定義する。そして，取締役会を置かねばならない株式会社は，公開会社，監査役会設置会社，監査等委員会設置会社，指名委員会等設置会社である（327条1項）。

▷公開会社
会社法2条5号に規定される公開会社の定義，すなわち，「その発行する全部又は一部の株式の内容として譲渡による当該株式の取得について株式会社の承認を要する旨の定款の定めを設けていない株式会社」の規定は大変に紛らわしい。条文の表現はわかりにくいが，すべての株式について定款による株式の譲渡制限が設けられている株式会社（「全部株式譲渡制限会社」——ただしこれの定義規定はない。一般に「非公開会社」と表現される）以外の会社を意味し，一部株式譲渡制限会社も公開会社である。このような定義がなされた経緯は別として，一部株式譲渡制限会社は公開会社であり，全部株式譲渡制限会社のみが，非公開会社であると記号化しておこう。

3 取締役会設置会社における株主総会の権限

　取締役会を設置しない株式会社の株主総会が最高かつ万能の機関であるのに対し，取締役会設置会社における株主総会の権限は，最高の機関ではあるが，万能の機関ではない。取締役会設置会社の株主総会の権限が会社法・定款に規定される事項に限られるのは，旧商法における基本的な機関設計として取締役会が設置されて以来引き継がれている。

　取締役会設置会社においては，株主総会は，会社法に規定する事項および定款で定めた事項に限り，決議をすることができる（295条2項）。株主総会の権限が制約されるのは，もともと株式会社に取締役会という機関を設けることにより，経営については経営の専門家である取締役に委ね，取締役会に経営に関する決定権限を委譲することで，迅速な決定を可能にし，もって経営の効率を高めることにある。そうはいっても，株主は観念的なオーナーであるから，会社の存続や基本的・重要事項の決定権限は株主総会に残されている。

　取締役会設置会社における株主総会の法定決議事項は，それぞれ個別の箇所に規定されているが，概ね次のように整理することができる。すなわち，①役員，会計監査人の選任および解任（329条，339条），②会社の基礎的な変更（定款変更〔466条〕。ただし，株式分割の場合の特則等），資本金の減少（447条），解散（471条3号），会社の継続（473条），事業譲渡（467条），合併，会社分割，株式交換，株式移転等（783条，795条，804条），③取締役等の権限の濫用の危険のある事項（取締役等の報酬の決定〔361条，379条，387条。ただし409〕，事後設立〔467条1項5号〕），④その他株主の重要な利益に関する事項として，計算書類の承認（438条2項，ただし439条），剰余金の配当（454条1項，ただし459条），株式の併合（180条2項），株主との合意による自己株式の取得（156条），全部取得条項付種類株式の取得（171条），譲渡制限株式の相続人等に対する売渡請求（175条），募集株式の発行等・新株予約権の発行事項の決定（非公開会社の場合のみ。199条2項，200条1項，202条3項4号，238条2項，239条1項，241条3項4号），募集株式・新株予約権の第三者に対する有利発行の場合の募集事項の決定（公開会社の場合。199条2項，3項，201条1項，238条2項，3項，240条1項）等がある。

　定款による決議事項の拡大については，性質上株主総会の権限事項とすることになじまない事項以外は，定款によって株主総会の決議事項となしうると解される。

　なお，会社法の規定により株主総会の決議を必要とする事項について，取締役，執行役，取締役会その他の株主総会以外の機関が決定することができることを内容とする定款の定めは，その効力を有しない（295条3項）。すなわち，株主総会の法定権限につき定款による会社内部の株主総会以外の機関への委譲は無効である。

V 機関

株主総会の招集

1 招集の時期と招集権者

株主総会は，**定時株主総会**として，毎事業年度の終了後一定の時期に招集しなければならない（296条1項）ほか，必要がある場合にはいつでも招集することができる（臨時株主総会―同条2項）。

取締役会を設置しない株式会社では，株主による招集を除き，取締役が招集する（296条3項）。取締役会設置会社においては，取締役会の決定に基づき（298条4項。なお，同416条4項4号），代表取締役（指名委員会等設置会社では代表執行役）が招集する。これが原則である。

これに対して，総株主の議決権の100分の3（定款による引き下げ可）以上の議決権を6カ月（定款による短縮可）前から引き続き有する株主は，取締役（取締役会設置会社にあっては代表取締役，指名委員会等設置会社にあっては代表執行役）に対し，株主総会の目的である事項および招集の理由を示して，株主総会の招集を請求することができる（297条1項）。この請求は当該株主が議決権を行使することができる事項に限られ，当該目的事項について議決権を行使することができない株主が有する議決権の数は，総株主の議決権の数に算入されない（同条1項，3項）。また，非公開会社では6カ月の継続保有要件は必要とされない（同条2項）。この請求の後，遅滞なく招集の手続が行われない場合，または請求があった日から8週間（定款による短縮可）以内の日を株主総会の日とする株主総会の招集の通知が発せられない場合には，請求した株主は裁判所の許可を得て株主総会を招集することができる（297条4項）。また，一定の場合には，裁判所が取締役（代表取締役）に対して株主総会の招集を命ずることがある（307条，359条）。

2 招集の手続

取締役は，株主総会を招集する場合には，①株主総会の日時および場所，②株主総会の目的である事項があるときは当該事項，③書面投票制度を採用する場合はその旨（株主数1,000人以上の場合は強制。298条2項），④電子投票制度を採用する場合はその旨，⑤その他法務省令で定める事項を定めなければならない（298条1項）。

株主総会を招集するには，取締役（代表取締役）は，株主総会の日の2週間

▷**定時株主総会**
定時株主総会は株主名簿の基準日に関わる規制（124条）との関係から，決算期後3カ月以内に開催することが必要となる。
▷1 株主総会，取締役会などは，「招集」の字を用いる。国会の「召集」（憲法52条他）と異なるので注意が必要である。

▷2 株主による招集の場合は当該株主，取締役会設置会社の場合は取締役会が定めなければならない（298条4項）。
▷3 一定の場合には①の決定理由，③④についての詳細（株主総会参考書類記載事項，特定の行使期限，賛否記載のない場合の扱い，参考書類の提供についてWEB開示を利用する場合，③④の重複投票の扱い等），代理行使に関する事項，不統一行使に関する会社への通知方法，一定の（重要な）目的事項については，議案の概要等の決定が求められる（会社法施行規則63条）。

前までに，株主に対してその通知（必要に応じて添付書類を付けて）を発しなければならない。非公開会社ではこの期間は1週間前であり，取締役会非設置会社であれば定款でさらに短縮することができるが，書面投票，電子投票によりうる旨を定めたときは考慮期間を確保する必要があるため，原則通り2週間前の通知発出が必要となる（299条1項）。書面投票，電子投票によりうる旨を定めた場合や取締役会設置会社では，この通知は書面でしなければならないが（同条2項），株主の承諾を得た場合には電磁的方法による通知の発出も可能である（同条3項）。また，この書面による通知および電磁的方法による通知には，総会の目的である事項を記載または記録しなければならない（同条4項）。すなわち，取締役会非設置会社においては，書面投票，電子投票によりうる旨を定めていなければ，招集通知は，書面，電磁的方法によることを要せず，原則として会日の1週間前までに，日時，場所が何らかの方法で通知されていればよいということになる。

　なお，招集権者による招集がなくとも，株主全員が開催に同意し，出席すれば，株主総会は適法に成立する。これを全員出席総会と呼んでいる（最判昭和60年12月20日民集39巻8号1869頁）。また，書面投票，電子投票によりうる旨を定めた場合を除き，株主総会は，株主の全員の同意があるときは，招集の手続を経ることなく開催することができる（300条）。ここでは招集手続の省略について全員の同意が必要とされるが，全員の出席が要求されているわけではない。株主総会の招集手続が法定されているのは株主の利益保護のためであり，個々の総会において株主がこの利益を放棄することを妨げない趣旨である。

❸ 株主提案権

　株主は，取締役に対し，一定の事項（当該株主が議決権を行使することができる事項に限る）を株主総会の目的とすることを請求することができる（303条1項）。また，株主は，株主総会において，株主総会の目的である事項（当該株主が議決権を行使することができる事項に限る）につき議案を提出することができる（304条1項本文）。前者は議題の提案，すなわち「議題提案権」であり，後者は議案の提案，すなわち，「議案提案権」である。両者を併せて「株主提案権」と呼んでいる。株主が自ら総会を招集すれば，議題も議案も株主が決定し，総会に諮ることができるが，この株主提案権は，取締役（会）の決定に基づいて招集される株主総会に，少数株主の提案権を認めるものである。議案提案権は，総会の目的事項（議題）について議案を提案することを認めるものであるが，議題について修正提案をすることはこの規定がなくとも認められるため，会社法が議案提案権を規定する実質的意味は，会社法305条の規定によって，当該株主が提出しようとする議案の要領を株主に通知することの請求ができる点にある。

▷4　書面投票・電子投票制度を採用する場合には，参考書類等の添付（301条，302条。なお，305条）が，定時株主総会においては，計算書類等の提供（437条）が，それぞれ必要となる。

Ⅴ 機　関

 株主の議決権行使

▶単元未満株式
単元株式数を定款で定めている場合には，1単元の株式につき1個の議決権を有する（308条1項ただし書）。株主管理コストの節減を目的とした単元株式制度（188条）の趣旨による。単元未満株式を有する単元未満株主は，その有する単元未満株式について株主総会および種類株主総会において議決権を行使することができない（189条1項）。⇨ Ⅲ-12「単元株制度」78頁。

▶自己株式
株式会社は，自己株式については，議決権を有しない（308条2項）。株式会社による自己株式の取得は一定の場合に許容されているが（155条），自己株式に議決権を認めると会社支配の歪曲化が生じるおそれがあることによる。

▶相互保有株式
株式会社がその総株主の議決権の4分の1以上を有することその他の事由を通じて株式会社がその経営を実質的に支配することが可能な関係にある株主は，当該株式会社の株式を有していてもその議決権を行使することができない（308条1項かっこ書）。いわゆる株式の相互保有規制であるが，相互保有株式も間接的な自己株式の保有としての性質をもっており，会社支配の

1株1議決権の原則とその例外

株主は，株主総会において，原則として，その有する株式1株につき1個の議決権を有する（308条1項）。これを1株1議決権の原則という。株主は出資に応じたリスクを負担しており，そのリスクの割合に応じて発言権が与えられるべきであるという発想による。これは，資本多数決の原則とも呼ばれる。1株1議決権の原則の例外として，①単元株式制度を採用している場合の**単元未満株式**，②**自己株式**，③**相互保有株式**，については，それぞれ議決権を行使することができない。また，会社法308条以外に規定されている例外として，④**議決権制限株式**などがある。

2 議決権の代理行使

株主は，代理人によってその議決権を行使することができる（310条1項本文）。議決権の代理行使は総会に出席できない株主に議決権行使を保障する意味においても重要である。代理行使する場合においては，当該株主または代理人は，代理権を証明する書面を株式会社に提出しなければならない（同条1項ただし書）。株式会社は株主総会に出席することができる代理人の数を制限できる（同条5項）。また，長期にわたって株主でない者に議決権行使の機会を与えることは望ましくないため，代理権の授与は株主総会ごとにしなければならない（同条2項）。

3 書面による議決権の行使（書面投票制度）

取締役（会）は，株主総会に出席しない株主が書面によって議決権を行使することができることとすることができる（298条1項3号）。株主が総会に出席することなく，議決権を行使することを可能にする制度である。原則は会社が株主の便宜を図るため任意に採用することのできる制度となっている。もっとも，株主の数が1,000人以上である場合には，高い割合での出席が望めないため，書面投票の採用が強制される（298条2項。なお，同条2項かっこ書，同条3項参照。上場会社が総株主に対して委任状勧誘をした場合には採用は強制されない。同条2項ただし書，会社法施行規則64条）。書面による議決権行使ができる旨を定めた場合には，取締役（代表取締役，代表執行役）は，招集通知に際して，株主総会

参考書類（会社法施行規則65条，73条-94条），議決権行使書面（会社法施行規則66条）を交付しなければならない（301条1項）。電磁的方法によって招集通知を発出することに承諾した株主に対しては，株主総会参考書類，議決権行使書についても電磁的方法により提供することができるが，株主の請求があったときには，これらの書類を当該株主に交付しなければならない（301条2項）。書面による議決権行使は，議決権行使書面に必要な事項を記載し，議決権行使書面を株式会社に提出して行う（311条1項。提出時期については，会社法施行規則69条）。この議決権の数は，出席した株主の議決権の数に算入され（311条2項），提出された議決権行使書面は，総会の日から3カ月間本店に備え置かれ，株主の閲覧・謄写に供される（311条3項，4項）。

④ 電磁的方法による議決権の行使（電子投票制度）

取締役（会）は，株主総会に出席しない株主が電磁的方法（2条34号，会社法施行規則222条）によって議決権を行使することができることとすることができる（298条1項4号）。書面投票制度の発想をベースに電磁的方法による議決権行使を認める制度である。書面投票制度と同様に，招集通知の発出に際して，株主総会参考書類の交付（電磁的方法による提供の扱いについても書面投票の場合と同様。302条2項），議決権行使書に記載すべき事項の提供（302条3項，4項）が義務づけられている。電磁的方法による議決権の行使は，株式会社の承諾を得て，議決権行使書面に記載すべき事項を，電磁的方法により当該株式会社に提供して行う（312条1項。なお同条2項参照）。議決権の出席株主への算入，電磁的記録の本店備置，閲覧・謄写等，書面投票制度の場合と同様である（312条3項-5項）。

⑤ 議決権の不統一行使

株主は，その有する議決権を統一しないで行使することができる（313条1項）。例えば，10個の議決権を有する株主が賛成6，反対4というように投票することができることを意味する。例えば，名簿上の株主である機関投資家が，背後の実質株主の指図によって議決権を行使するためには，議決権の不統一行使を認めなければ不都合である。そのため，会社法は，株式会社は当該株主が他人のために株式を有する者であるときは議決権の不統一行使を拒めないものとし，そうでないときは，議決権の不統一行使を拒むことができるとした（313条3項）。取締役会設置会社においては，議決権の不統一行使をしようとする株主は，株主総会の日の3日前までに，会社に対してその有する議決権を統一しないで行使する旨およびその理由を通知しなければならない（313条2項）。これは会社の事務処理の便宜のためである。取締役会を設置しない株式会社では株主総会の権限が強いこともあり，このような事前通知は必要ない。

歪曲化を生じるおそれがあるために議決権の行使が制限されている。A会社がB会社の議決権の4分の1を有している場合，B会社はA会社の株式を有していても議決権の行使ができない。A会社の有する議決権は，B会社がA会社の議決権の4分の1（その他経営の実質的支配—会社法施行規則67条）を有していない限り可能である。また，子会社（2条3号）が親会社（2条4号）の株式を適法に取得，保有する場合（135条2項，800条1項，2項），子会社が有する親会社株式についても，この相互保有規制によって議決権の行使ができないことになる。

▶議決権制限株式

定款の定めに基づき，株主総会において議決権を行使することができる事項について，一定の事項についてのみ議決権を有する株式（議決権制限株式）の発行が認められており（108条1項3号，2項3号），一切の決議事項について議決権がない株式（完全無議決権株式）の発行も可能である。これらの場合当該株主は一定の事項または一切の事項について議決権を行使できない（ただし，111条1項，2項，322条1項，776条1項，783条2項-4項，804条2項，3項）。公開会社である場合には議決権制限株式の発行数について制限が設けられている（115条）。

Ⅴ 機関

株主総会の決議

▷定足数要件
決議を成立させるための前提となる要件である。過半数の多数をもって決議がなされても，定足数を充足していなければその決議は不成立である。普通決議においては，役員の選任，解任等のケースを除き，定款で定足数そのものを排除することが可能であり，また実際に排除されている例が多い。もっとも，特別決議では定足数の排除は認められていない。

▷多数決要件
定足数要件を充足した上で，多数決で決定するための基準である。普通決議の場合は，出席株主の議決権の過半数，特別決議の場合は，出席株主の議決権の3分の2以上である。

 普通決議

株主総会の決議は，法令・定款に別段の定めがある場合を除き，議決権を行使することができる株主の議決権の過半数を有する株主が出席し（**定足数要件**），出席した当該株主の議決権の過半数（**多数決要件**）をもって行う（309条1項）。定足数要件は定款によって軽減・排除できるが，役員を選任または解任（ただし，累積投票で選任された取締役および監査役の解任は除く。これらは特別決議による）する株主総会の決議は定足数の排除はできず，議決権の3分の1未満と定めることはできない（なお，定足数，多数決とも決議要件の加重は可能である。341条）。

② 特別決議

会社の基礎的変更など重要な事項に関する株主総会の決議は，当該株主総会において議決権を行使することができる株主の議決権の過半数を有する株主が出席し，出席した当該株主の議決権の3分の2以上にあたる多数をもって行わなければならない（309条2項前段）。定足数要件は定款によって加重・軽減できるが，議決権の3分の1未満とすることはできない。また多数決要件は，定款で加重することはできるが，軽減することはできない。さらに，特別決議においては，当該決議の要件に加えて，一定の数以上の株主の賛成を要する旨，すなわち頭数要件を加えるなど，その他の要件を定款で定めることを妨げない（同条2項後段）。

特別決議事項として法定されているのは，①譲渡制限株式の譲渡不承認時における会社による買取事項の決定および指定買取人の指定，②特定の株主からの自己株式の合意取得，③全部取得条項付種類株式の取得に関する事項および相続人等に対する売渡請求に関する事項の決定，④株式併合，⑤募集株式の募集事項の決定，募集事項の決定の委任，募集株式の株主割当事項の決定および募集株式が譲渡制限株式である場合における募集株式の割当，⑥募集新株予約権の募集事項の決定，募集事項の決定の委任，募集新株予約権の株主割当発行事項の決定および募集新株予約権の目的が譲渡制限株式である場合または募集新株予約権が譲渡制限新株予約権である場合における募集新株予約権の割当，⑦累積投票により選任された取締役の解任，監査等委員である取締役の解任，監査役の解任，⑧役員等の責任の一部免除，⑨一定の場合を除く資本金額の減

少，⑩現物配当時に一定数未満の株式を有する株主に対して現物配当をしない旨の決定，⑪定款変更，事業譲渡等，解散，⑫合併，会社分割，株式交換および株式移転（309条2項各号）である。

3 特殊決議

これには二つの場合があり，いずれも特別決議よりも厳格なものであるが，要件はそれぞれ異なる。

①事後的にすべての株式について譲渡制限の定めを設ける定款変更等，株主の利害に重大な影響を及ぼす事項に関する株主総会の決議は，当該株主総会において議決権を行使することができる株主の半数以上（**頭数要件**。定款で加重可）であって，当該株主の議決権の3分の2（定款で加重可）以上にあたる多数をもって行わなければならない（309条3項）。特殊決議事項として法定されているのは三つの場合であるが，これらは，合併，株式交換，株式移転の対価が譲渡制限株式等となる場合といった，株主側からみて実質的に株式の譲渡制限の事後的な設定と同質となるものである。

②非公開会社は，剰余金の配当を受ける権利，残余財産の分配を受ける権利，株主総会における議決権に関する事項について株主ごとに異なる取扱いを行う旨を定款で定めることができるが（109条2項），これを事後的に定款変更によって定める場合には，株主総会において多数決としては最も厳格な決議要件に服する。すなわち，総株主の半数以上（頭数。定款で加重可）であって，総株主の議決権の4分の3（定款で加重可）以上にあたる多数をもって行わなければならない（309条4項）。

4 株主総会決議の省略

取締役または株主が株主総会の目的である事項について提案をした場合において，当該提案につき議決権を行使することができる株主の全員が書面または電磁的記録により同意の意思表示をしたときは，当該提案を可決する旨の株主総会の決議があったものとみなす（319条1項。なお，商業登記法46条3項）としている。

株主の数が限られている小規模閉鎖会社や，規模が大きくても完全子会社や合弁会社の場合などでは，総会の開催を待つまでもなく，総会の目的である事項について株主全員が同意している場合も少なくない。

この制度は，書面決議とも呼ばれる。書面による議決権行使（311条）や電磁的方法（312条）による議決権行使は，個別の株主の議決権行使が書面や電磁的方法によってなされ，現実の総会は開催されているのに対して，決議省略（書面決議）の制度は，総会そのものを開催しないで決議があったものとする制度であることに注意が必要である。

▶**頭数要件**
特殊決議の場合，決議要件のうち定足数は問題とされず，多数決要件のみが問題となるが，多数決も議決権数の要件のみならず，株主の頭数（人数）が問題となるのが特徴である。解散決議よりも譲渡制限の事後的な設定の方がはるかに厳格な要件に服するのは奇異にみえるかもしれないが，これは株主の投下資本回収に関連する重大な利害にかかわるためである。

V 機 関

8 株主総会の議事運営

▷1 取締役会設置会社においても，株主総会における総会提出資料調査者の選任もしくは少数株主の請求により招集された総会における会社業務財産状況調査者の選任（316条1項，2項）または定時総会の決議により会計監査人の出席を求めること（398条2項）については，招集通知に記載されていなくとも決議することができ（309条5項），また株主総会の延期または続行についての決議は総会の決定（298条）および総会の招集の通知（会社法299条）の規定の適用を受けず（317条），必要に応じて決議することができる。

▷議長の秩序維持権，議事整理権，退去命令権
これらは，株主総会議長の権限としても理解されるが，同時に株主総会議長の職責でもある。いずれもおよそ会議体の議長であれば当然に有するであろう権限を明文化しているものであるが，もともとは特に上場会社等において総会屋等によって議事が混乱させられた経験から置かれている規定である。

▷2 その他の正当な理由として，調査を必要とする場合（相当期間前に通知した場合や調査が著しく容易

① 株主総会における審議

株主総会では，報告事項の報告と決議事項の決議がなされる。取締役会設置会社においては，株主総会は原則として招集通知に記載された目的たる事項（議題）以外の事項については決議することができない（309条5項）。株主にとって総会への出席および総会での議決権行使は義務ではなく権利の行使であり，株主は通知された議題によって出席や議決権の行使を判断するため，通知されていない事項を決議することは不意打ちになるおそれがある。もっとも，取締役会を設置しない株式会社においては，書面投票・電子投票を採用していない限り，総会の目的たる事項の通知が義務づけられていない（299条2項，4項）ために，このような制限は及ばない。

② 議 長

株主総会の議長は，定款に定めがあれば定款の定めにより，定めがなければ当該株主総会において選任する。通常は定款に定めを設けることが多い。株主総会の議長は，当該株主総会の秩序を維持し，議事を整理し，その命令に従わない者その他当該株主総会の秩序を乱す者を退場させることができる（315条）。それぞれ，**議長の秩序維持権**，**議事整理権**，**退去命令権**と呼ばれる。

③ 取締役等の説明義務

取締役，会計参与，監査役および執行役は，株主総会において，株主から特定の事項について説明を求められた場合には，当該事項について必要な説明をしなければならない（314条。なお，398条2項参照）。この規定は，株主に質疑応答の機会を保障し，株主が議案の判断に必要な説明を得るためのものである。そのため，必要が認められる限りにおいて，説明義務の範囲は，報告事項にも及ぶ。反対に，当該事項が株主総会の目的である事項に関しないものである場合やその説明をすることにより株主の共同の利益を著しく害する場合その他正当な理由がある場合については説明を拒絶することもできる（314条ただし書）。

④ 株主総会に提出された資料等の調査

株主総会においては，その決議によって，取締役，会計参与，監査役，監査

役会および会計監査人が当該株主総会に提出し，または提供した資料を調査する者を選任することができ，少数株主の請求により，または少数株主によって招集された株主総会においては，その決議によって，株式会社の業務および財産の状況を調査する者を選任することができる（316条1項，2項）。

⑤ 延期または続行の決議

株主総会の延期または続行についての決議は総会目的事項の決定および総会の招集の通知の規定の適用を受けずに決議することができる（317条）。延期，続行の区別は，総会成立後に議事に入ったか否かの区別であり，議事に入らないで会日を後日に変更すれば延期であり，議事に入った後，時間の不足等で審議未了のまま一時中止して，残余の議事を後日に継続すると続行となる。

⑥ 議事録

株式会社は株主総会の議事について議事録を作成しなければならない（318条1項。会社法施行規則72条）。議事録は，株主総会の日から10年間，支店においては議事録の写しを5年間備え置き，株主，債権者，裁判所の許可を得た親会社社員の閲覧・謄写に供される（318条2項-5項）。

⑦ 総会検査役

会社の経営権をめぐって紛争が存在する場合には，総会の招集や議事運営，決議方法について事後に争いとなることが少なくない。そのため，株式会社または一定の議決権割合（総株主の議決権の100分の1）を（公開会社では6カ月前から引続き）有する少数株主は，株主総会に係る招集の手続および決議の方法を調査させるため，当該株主総会に先立ち，裁判所に対し，検査役の選任の申立てをすることができる（306条1項）。ここにおいて選任される検査役を総会検査役という。事後に当該総会の招集手続，決議方法についての瑕疵をめぐって紛争が生じた場合に（831条1項），総会検査役の調査結果は証拠資料として重要となる。この検査役の選任の申立てがあった場合には，裁判所は，これを不適法として却下する場合を除き，検査役を選任しなければならない（306条3項）。専門性が必要であることから，通常は弁護士が選任される。選任された総会検査役は，必要な調査を行い，当該調査の結果を裁判所に報告をしなければならない（306条5項）。総会検査役から報告を受けた裁判所は，必要があると認めるときは，取締役に対し，①一定の期間内に株主総会を招集すること，②総会検査役の調査の結果を株主に通知すること，の全部または一部を命じなければならない（307条1項—裁判所による措置）。

――――

である場合を除く），説明をすることにより株式会社その他の者（質問株主以外）の権利を侵害することとなる場合，実質的に同一の事項について繰り返して説明を求める場合等がある（会社法施行規則71条）。

▷3　裁判所が①の措置を命じた場合，取締役は，総会検査役の報告の内容を同号の株主総会において開示しなければならず（307条2項），この場合には，取締役（監査役設置会社にあっては，取締役および監査役）は，総会検査役の報告の内容を調査し，その結果を①の株主総会に報告しなければならない（307条3項）。裁判所が②の措置のみを命じた場合，会社側で再決議が必要と判断すれば改めて総会を招集することとなり，また検査役の調査結果の通知を受けて決議の瑕疵があると判断した株主は，決議取消しの訴え（831条）の提起等の手段によって総会決議の瑕疵を争うこととなる。

V 機関

 株主総会決議の瑕疵

1 総会決議の瑕疵と利害調整

　株主総会は，多数決によって株式会社の意思を決定する。そもそも多数決になじまない事項については，株主全員の同意が求められる（110条，111条1項など）。多数決で決定せざるを得ない場合でも，株主の利害にかかわる重要な意思決定に際しては，多数決原理と株主利害との調整手段として，金銭的な調整としての，**反対株主の株式買取請求権**が認められている（116条など）。そのため，多数決の結果として少数派も総会の意思決定に拘束される。ただ，それは手続や内容に違法がないことが前提である。総会決議に手続上，内容上の瑕疵がある場合，その決議は違法である。しかし，総会における瑕疵の存在から決議について一律に無効とすることは，多数の利害関係者がかかわることから必ずしも望ましいことではない。そのため会社法は総会決議の瑕疵について，決議不存在確認の訴え，決議無効確認の訴え，決議取消しの訴えという三つの訴訟類型を用意し，これに対処している（種類株主総会，**創立総会，種類創立総会における決議の瑕疵**についても同様である。830条1項参照）。

　決議不存在確認の訴え，決議無効確認の訴え（830条1項，2項）は，決議の不存在，決議の内容の法令違反という重大な瑕疵に関するものであり，かかる瑕疵は，これらの訴えによらなくとも一般原則によって誰でも何時でもどのような方法でも主張できるものであるが，これらの訴えについて勝訴の確定判決を得れば，**対世効**が認められ（838条），画一的に確認を求めることができる。これに対して，一定の決議取消事由に該当する瑕疵は，決議取消しの訴え（831条）によらなければ主張することができない。

　いずれの訴訟も，会社は被告であり（834条16号，17号），会社の本店の所在地を管轄する地方裁判所の管轄に専属する（835条1項）。また，原告株主の悪意の疎明があった場合の担保提供命令（836条），訴訟が数個同時に係属するときの弁論・裁判の併合（837条），悪意・重過失のある原告が敗訴した場合の損害賠償責任（846条）も共通している。請求を認容する確定判決には対世効（838条），遡及効（839条参照）が認められる（なお，937条1項1号ト参照）。

2 決議不存在確認の訴え・決議無効確認の訴え

　外形的，物理的に決議と認められるものが存在しないのにもかかわらず，議

▷**反対株主の株式買取請求権**
株主総会において株主の利害にかかわる重要な意思決定がなされる際，その決定に反対の株主が，株式会社に対し，自己の有する株式を公正な価格で買い取ることを請求することができる権利である（116条）。

▷**創立総会，種類創立総会における決議の瑕疵**
創立総会（65条以下）は，株式会社成立以前に株主となることが予定されている者を構成員とする総会であり，観念的なオーナー会議としての性質は株主総会と変わらない。いわばプレ株主総会ともいえよう。同様に種類創立総会（84条以下）もプレ種類株主総会としての性質をもつ。観念的な性質はそれぞれ株主総会・種類株主総会と変わらないため，その決議の瑕疵についての扱いも株主総会決議の瑕疵についての扱いと同様とされている（830条，831条）。

▷**対世効**
総会決議の瑕疵を争う訴えに係る請求を認容する確定判決は，第三者に対してもその効力を有する（838条）。決議の不存在や無効は一般原則によって誰でも何時でもどのような方法でも主張できるが，それは第三者に対して画一的な効力を生じるものではない。

事録が作成されている場合，決議は不存在であるといえる。また外形的に何らかの決議はあっても，それを法的に決議と評価できない場合，すなわち，招集通知漏れが著しく，招集がなかったのと同視できる場合（最判昭和33年10月3日民集12巻14号3053頁），取締役会の決議を経ることなく代表取締役以外の取締役が招集した場合（最判昭和45年8月20日判時607号79頁）なども決議は不存在であるといえる（このような法的な評価としての不存在の場合，決議取消し原因との区別が難しい場合もある）。決議内容が法令に違反する場合には，その決議は無効である。株主平等原則（109条1項）に違反する決議，取締役となることができない者（331条1項）を取締役として選任する決議などは，無効となる。決議不存在確認の訴え，決議無効確認の訴えとも，提訴権者に制限はなく，株主，役員等でない者でも訴えの提起はできるが，確認の利益が認められることが必要である。また，提訴期間についても制限はない。

3 決議取消しの訴え

次の三つの類型の瑕疵は，決議取消事由とされ，決議取消しの訴えによらなければ，瑕疵による取消しを主張することができない。すなわち①招集の手続・決議の方法の法令・定款違反（招集通知漏れ，説明義務違反等）または著しい不公正（事実上出席することのできない日時，場所などでの開催等）（831条1項1号），②決議内容の定款違反（定款所定の員数を超える取締役の選任等）（同項2号），③特別利害関係人の議決権行使による著しく不当な決議（責任を追及されている取締役の議決権行使による責任〔一部〕免除決議の成立等）（同項3号）である。

提訴権者は，株主，取締役，清算人（監査役設置会社にあっては，株主，取締役，監査役，清算人。指名委員会等設置会社にあっては，株主，取締役，執行役，清算人）であるが（831条1項前段。828条2項1号かっこ書参照），当該決議の取消しにより取締役，監査役，清算人となる者や，取締役，監査役，清算人に欠員を生じた場合にこれらの権利義務を有する者にも提訴権限が認められている（831条1項後段，346条1項，479条4項）。提訴期間は，決議の日から3カ月である（831条1項前段）。

決議取消しの訴えの提起があった場合において，招集の手続または決議の方法が法令または定款に違反するときであっても，裁判所は，その違反する事実が重大でなく，かつ，決議に影響を及ぼさないものであると認めるときは，請求を棄却することができる（裁量棄却―831条2項）。形式的には取消事由に該当してもそれが軽微な手続的瑕疵にすぎない場合もあるからである。対象となりうるのは，既述の①の一部，招集の手続・決議の方法の法令・定款違反という一部の手続的瑕疵であり，決議に影響を及ぼさなくとも違反する事実が重大であればこの規定による棄却はできない。

V 機関

種類株主総会

① 種類株主総会の権限

　種類株式発行会社（2条13号）では，株主総会の決議事項であっても総会の決議それだけでは足りず，種類株主総会（2条14号）の決議を必要とする場合があり，種類株式発行会社であれば一定の場合に必要とされる場合を法定種類株主総会といい，株式の内容として種類株主総会が必要である旨の定めを置くことにより必要とされる場合を任意種類株主総会という。いずれの種類株主総会も，会社法に規定する事項および定款で定めた事項に限り，決議をすることができる（321条）。

② 法定種類株主総会

　種類株式発行会社が，株式の種類の追加，株式の内容の変更，発行可能株式総数または発行可能種類株式総数の増加についての定款変更をする場合（**取得条項についての定款変更**，**譲渡制限株式または全部取得条項付種類株式に関して定款で定めるべき事項についての定款の変更**を除く）において，ある種類の株式の種類株主に損害を及ぼすおそれがあるときは，当該行為は，当該種類の株式の種類株主を構成員とする種類株主総会の決議がなければ，その効力を生じない（322条1項1号）。株式の併合または株式の分割，株式無償割当て，株式会社譲渡制限株式の募集，当該株式会社の新株予約権を引き受ける者の募集，新株予約権無償割当て，合併，吸収分割，吸収分割による他の会社がその事業に関して有する権利義務の全部または一部の承継，新設分割，株式交換，株式交換による他の株式会社の発行済株式全部の取得，株式移転の各行為についても同様である（322条1項2号-13号）。いずれも当該種類株主総会において議決権を行使することができる種類株主が存しない場合は，種類株主総会の決議は不要となる（同条1項ただし書）。

　もっとも，種類株式発行会社は，ある種類の株式の内容として種類株主総会の決議を要しない旨を定款で定めることができ（322条2項），この場合は法定種類株主総会を要する旨の規定は適用されない（322条3項）。しかし，株式の種類の追加，株式の内容の変更，発行可能株式総数または発行可能種類株式総数の増加についての定款変更（単元株式数についてのものを除く）を行う場合には，種類株主総会の決議を要する（322条3項ただし書）。また，種類株主総会の

▷**取得条項についての定款変更**
取得条項についての定款変更は，当該種類株主全員の同意を得なければならない（111条1項）。

▷**譲渡制限株式または全部取得条項付種類株式に関して定款で定めるべき事項についての定款の変更**
譲渡制限株式についての定款の定めを設けるまたは全部取得条項付種類株式に関しての定款の定めを設ける場合には，当該種類の株式の種類株主，取得請求権付株式の取得対価である他の株式を当該種類の株式とする定めがある取得請求権付株式の種類株主，取得条項付株式の取得対価である他の株式を当該種類の株式とする定めがある取得条項付株式の種類株主（すなわち，当該種類の株式の種類株主プラス潜在的な当該種類の株式の種類株主）を構成員とする種類株主総会の決議が必要である（111条2項）。譲渡制限株式についての定款の定めを設ける場合の決議要件は，特殊決議要件（324条3項1号）であり，全部取得条項付種類株式についての定款の定めを設ける場合の決議要件は，特別決議要件（324条2項1号）である。

決議を要しない旨の規定を事後的に定款変更で設けようとする場合には，当該種類株主全員の同意を得なければならない（324条4項）。

③ 任意種類株主総会

　株式会社は，ある種類株式の内容として，株主総会（取締役会設置会社にあっては，株主総会または取締役会。清算人設置会社にあっては株主総会または清算人会）において決議すべき事項のうち，当該決議のほか，当該種類の株式の種類株主を構成員とする種類株主総会の決議があることを必要とする定めをした株式（いわゆる**拒否権付種類株式**）を発行することができる（108条1項8号）。このような定めがあるときは，当該種類株主総会において議決権を行使することができる種類株主が存しない場合を除いて，当該事項は，その定款の定め（これには，その種類株主総会の決議があることを必要とする事項および必要とする条件を定めるときはその条件を規定しておかなければならない—108条2項8号）に従い，株主総会などの決議のほか，当該種類の株式の種類株主を構成員とする種類株主総会の決議がなければ，その効力を生じない（323条）。

　また，指名委員会等設置会社でない非公開会社では，当該種類の株式の種類株主を構成員とする種類株主総会において取締役または監査役の選任について，内容の異なる種類株式を発行することができ（108条1項9号），この場合の取締役または監査役の選任は必然的に種類株主総会によることになる（347条1項，2項）。

④ 種類株主総会の招集・議事・決議

　種類株主総会については，権限（295条1項，2項），招集の時期（296条1項，2項—定時総会・臨時総会の招集），決議（309条）に関するもの以外は，株主総会の規定が準用される（325条）。種類株主総会の決議は，その種類の株式の総株主の議決権の過半数を有する株主が出席し，出席した当該株主の議決権の過半数をもって行うのが原則であるが（324条1項—普通決議），会社法322条1項に掲げられる種類株主総会のほか，株主の利害に重大な影響を及ぼすものについては，株主総会決議の場合と同様に，特別決議要件，すなわち，当該種類株主総会において議決権を行使することができる株主の議決権の過半数（3分の1以上の割合を定款で定めた場合にあってはその割合以上）を有する株主が出席し，出席した当該株主の議決権の3分の2（定款で加重可）以上にあたる多数による旨（324条2項）が設けられている。また，株主にとって譲渡制限に関する定款の定めを事後的に設けることに相当する場合については，特殊決議要件，すなわち，当該種類株主総会において議決権を行使することができる株主の半数以上（定款で加重可）であって，当該株主の議決権の3分の2（定款で加重可）以上にあたる多数による旨（324条3項）が設けられている。決議要件の設定の仕方や考え方は，基本的に株主総会の場合と同様である。

▷**拒否権付種類株式**
合併や会社分割などについて株主総会決議に加えて当該種類の株式を構成員とする種類株主総会決議があることを必要とすることにより（108条2項8号），当該種類株主に合併や会社分割などについての拒否権を与えることとなる。当該種類株主総会は，その拒否権発動の場所となる。

V 機関

11 役員・会計監査人の選任・解任

1 役員・会計監査人の選任

　会社法329条1項は，株式会社の取締役，会計参与，監査役を「役員」といい，役員と会計監査人を株主総会の決議によって選任することを定める。株式会社の運営にとってこれらの者の選任は重要な事項であり，株主の利害も大きいからである。選任された役員・会計監査人と株式会社との関係は，委任に関する規定に従うとされるので（330条），役員・会計監査人は，株式会社に対して，善良な管理者の注意義務（民法644条）を負うことになる。

　資格や任期については，それぞれの項目で解説するが，取締役会設置会社（2条7号）においては，取締役会を構成する必要から，取締役は3人以上でなければならない（331条5項）。また，監査等委員である取締役は監査等委員会設置会社もしくはその子会社の業務執行取締役もしくは支配人その他の使用人または当該子会社の会計参与もしくは執行役を兼ねることができず（331条3項），指名委員会等設置会社（2条12号）の取締役は当該指名委員会等設置会社の**支配人その他の使用人**を兼ねることができない（331条4項）。

2 役員・会計監査人の解任

　役員および会計監査人は，いつでも，株主総会の決議によって解任することができる（339条1項）。学説上，異なる見解もあるが，一般的にこの規定は，株主総会による役員および会計監査人の解任そのものには正当な理由の存在を求めず，たとえ不条理な解任がなされたとしても，解任そのものは適法であることを意味すると解されている。そして，正当な理由によらず解任された場合には，これを金銭的に調整するための規定が置かれている。すなわち解任された者は，その解任について正当な理由がある場合を除き，株式会社に対し，解任によって生じた損害の賠償を請求することができる（同条2項）とされている。

　解任についての正当な理由がどのようなものかについて，会社法には規定がなく，解釈問題となるが，職務遂行上の法令・定款違反行為や心身の故障による職務執行の支障，さらには，職務への著しい不適任などが例として挙げられる。取締役の解任については，経営判断の誤りを含める見解もあるが，これを解任の正当な理由とすると，経営判断の誤りが自己の損害賠償請求権の発生に関連することとなり，取締役の経営判断を過度に制約し，極度に経営上のリス

▷**支配人その他の使用人**
商人（この場合は会社）と雇用契約を締結し，労務を対価として報酬を得ている者を使用人と呼んでおり，そのうち，対外的な代理権を与えられている者を商業使用人（10条以下，なお商法20条以下参照），本店・支店における包括的な代理権を与えられている者を支配人（10条）という。

クをとらなくなるおそれもあることから，疑問視する見解も多い。

❸ 役員の選任および解任の株主総会決議

　役員の選任，解任の株主総会決議は，原則としては，普通決議で足りるが，定款で定足数要件の3分の1までの軽減（排除は不可）および加重，多数決要件の加重が認められており（341条），特別決議（309条2項），あるいはそれ以上の要件を課すこともも認められていることに注意が必要である。定款で，選任と解任とで異なる決議要件を設定することも可能である。

　①累積投票（342条）で選任された取締役，②監査等委員である取締役の解任，③監査役の解任については，株主総会の特別決議によることが規定されている（309条2項7号）。①は普通決議での解任を認めると累積投票の意義を損なうからであり，②③は監査等委員である取締役，監査役の地位を他の役員よりも強固なものとして監査の実効性を期待する意味がある。

　監査役は監査役の解任について，会計参与は会計参与の解任について，それぞれ株主総会で意見を述べることができる（345条1項，4項，なお，342条の2第1項参照）。また会計監査人の解任議案の提出については，地位の独立性に配慮した手続（344条1項-3項）が規定されている反面，一定の場合には，監査機関（監査役・監査役会・監査委員会）による解任が認められている（340条1項-5項）。

❹ 役員の解任の訴え

　役員の職務の執行に関し不正の行為または法令もしくは定款に違反する重大な事実があったにもかかわらず，当該役員を解任する旨の議案が株主総会において否決されたとき（拒否権付種類株式による拒否の場合を含む）は，少数株主は当該株主総会の日から30日以内に訴えをもって当該役員の解任を請求することができる（854条1項）。提訴できる株主は，総株主（当該解任決議について議決権を行使することのできない株主，解任請求される役員である株主を除く）の議決権または発行済株式（自己株式，当該役員の有する株式を除く）の100分の3（定款で引下げ可）を，6カ月前（定款で短縮可）から引き続き有する（非公開会社ではこの要件は不要―854条2項）株主である。

❺ 欠員を生じた場合・補選

　欠員や員数不足を生じた場合には，任期満了や辞任を理由とする場合には退任役員が新役員の就任まで役員としての権利義務を有するが，死亡の場合などこれで対処ができない場合には裁判所により一時役員の職務を行うべき者を選任するなどして対処する（346条1項，2項）。このような煩瑣な手続を避けるため，**役員の補選**の制度が認められている（329条3項，会社法施行規則96条）。

▷1　株主総会の決議要件を規定する会社法309条の規定からは，1項に規定する普通決議で足りるように読めるが，341条は，議決権を行使できる株主の議決権の過半数（3分の1以上の割合を定款で定めた場合にあっては，その割合以上）を有する株主が出席し，出席した当該株主の議決権の過半数（これを上回る割合を定款で定めた場合にあっては，その割合以上）をもって行わなければならない，とする。前半部分のかっこ書は定足数を排除することを許さず，最低で3分の1の定足数基準を要求するものであり，かつ定款でそれ以上の（すなわち，普通決議で要求される過半数以上の）定足数基準を設けることを認めている。後半部分のかっこ書は，多数決基準を加重することを認めている。

▷2　役員の解任の訴えは，当該株式会社と役員の双方を被告とし（855条），当該株式会社の本店の所在地を管轄する地方裁判所の管轄に専属する（856条）。

▷**役員の補選**
役員の欠員や員数不足が生じた場合の対処を事後的に行う場合，特に死亡などの場合には裁判所の関与が必要となるためこれを避けたいというニーズがある。そのため，会社法は補選の制度を認め，補欠の役員を選任することができる（329条2項）としている。役員に限定されるため，会計監査人の補選は認められない（会計監査人の欠員の場合，364条4項-7項）。

Ⅴ 機 関

 取締役

取締役の権限

取締役は，定款に別段の定めがある場合を除き，株式会社（指名委員会等設置会社を除く）の業務を執行し，株式会社を代表する機関であると規定されている（348条1項，349条1項）。しかし，これは取締役会を設置しない株式会社に限られる。取締役会設置会社では代表取締役の選定が義務づけられており（362条3項），業務を執行する取締役も別に定められている（363条1項）。公開会社では取締役会設置義務（327条1項1号）があるため，取締役が業務執行・会社代表権限を有するのは，非公開会社で，取締役会を設置しない株式会社の場合に限られる。すなわち，既述した旧有限会社型の株式会社における取締役の権限が原則として規定されているのである。取締役会設置会社では，取締役は取締役会の構成員にすぎず，当然には業務執行権を有するものではない。

資格・任期

取締役の選任に際しては，一定の事由（欠格事由と呼ばれる）に該当する者は取締役となることができないとされている。これに該当しないことが，取締役としての資格であるともいえる。取締役の欠格事由として規定されているのは，①法人，②成年被後見人，被保佐人または外国の法令上これらと同様に取り扱われている者，③「会社法」または「一般社団法人及び一般財団法人に関する法律」の規定に違反し，または「金融商品取引法」，民事再生法などの倒産法関連の規定に定める罪を犯し，刑に処せられ，その執行を終わり，またはその執行を受けることがなくなった日から2年を経過しない者，④③以外の法令の規定に違反し禁固以上の刑に処せられ，その執行を終わるまでの者またはその執行を受けなくなるまでの者（執行猶予中の者を除く）である（331条1項各号）。

公開会社では取締役が株主でなければならない旨を定款で定めることができない。公開会社では経営者を広く株主以外の者からも募るべきであるという象徴的な意味がある（331条2項）。任期は，原則として，選任後2年以内に終了する事業年度のうち最終のものに関する定時株主総会の終結の時まで（原則2年）であり（332条1項），定款または株主総会の決議によって，短縮が可能である。委員会設置会社を除く非公開会社では，上記の2年を10年まで伸長でき（同条2項），逆に監査等委員会設置会社では監査等委員を除き1年と，指名委

▶欠格事由
取締役の欠格事由を規定する331条1項各号は，監査役，執行役の欠格事由として準用されている（335条1項，402条4項）。そのため，これは同時に監査役，執行役の欠格事由でもある。

員会等設置会社では1年と短縮される（同条3項，4項，6項）。非公開会社の規定は，有限会社に役員の任期が定められていなかったことと，株式会社の取締役の任期の2年を調整した結果であり，監査等委員会設置会社（監査等委員である取締役を除く），指名委員会等設置会社の任期が短縮されているのは，これらの会社では株主総会から取締役会・委員会により多くの権限が委譲されうるものであったことによる。

③ 累積投票による選任・種類株主総会における選任

取締役も役員であるから選任には役員の選任に関する規定が適用されるが，取締役の選任に固有の特則として，**累積投票制度**がある（342条）。これは，2人以上の取締役を選任する場合に，株主に2名連記のみならず，2名分の投票権を認める制度であり，この制度を利用すれば，少数派も自派から取締役を選任することが可能になる。もっとも，多くの株式会社では累積投票は定款で排除されている。また，**取締役・監査役の選任に関する種類株式**の発行が認められており（108条1項9号），この場合の当該取締役の選任は，種類株主総会によることになる（347条1項）。

④ 報酬等

取締役が職務執行の対価として株式会社から受ける財産上の利益は，報酬，賞与などその名称にかかわらず，報酬等とされ，定款に定めるか株主総会によって定められる（361条）。取締役の報酬等も経営にかかるコストであると考えれば，取締役が適切なコストとして決定すればよいようにも思われるが，お手盛りの危険が存在するため，このような規定が置かれている。その意味で，取締役の報酬の問題は，取締役・会社間の利益相反が現れる一場面であるといえる。株主総会において決定する事項は，決定する事項は，①報酬等のうち額が確定しているものについては，その額，②報酬等のうち額が確定していないものについては，その具体的な算定方法，③報酬等のうち金銭でないものについては，その具体的な内容である。②は，業績連動型の報酬等が，③は，低賃料での社宅の提供等が例として挙げられる。ストック・オプション（⇒Ⅳ-7「新株予約権の発行」98頁）も報酬等として規制を受ける。また，**退職慰労金**や**弔慰金**などもそれが在職中の職務執行の対価であるときは，ここにいう報酬等となる。ただし，監査等委員会設置会社においては，監査等委員である取締役とそれ以外の取締役とを区別して定めなければならず（361条2項），指名委員会等設置会社においては，この規定にかかわらず，報酬委員会が個人別の報酬等の内容を決定する（404条3項）。退職慰労金については，特に，当該支給を決定する株主総会における説明をめぐって問題となることが多く，株主総会決議取消しの訴えが提起されることも少なくない（⇒Ⅴ-9 ③）。

▷**累積投票制度**
例えば，株主が60％の多数派と40％の少数派に分かれている状況で取締役3名を選任する場合，そのままの多数決によれば，3人の取締役はすべて多数派から選出されるが，取締役3名の選任を3名連記の方法でなく，3票分とする累積投票の方法によれば，少数派からも1名の取締役を選出することができる。その反面，この累積投票制度を利用すると，株主間の多数派・少数派の構造が取締役の構成にも反映されることになる。

▷**取締役・監査役の選任に関する種類株式**
指名委員会等設置会社でない非公開会社に限ってその発行が認められている（108条1項ただし書）。指名委員会等設置会社に認められないのは，指名委員会の権限と抵触するからである。公開会社に認められないのは自明ではないが，非公開会社での利用を念頭に置いたものであるからと考えられる。

▷**退職慰労金・弔慰金**
退職慰労金は，株式会社において，取締役や監査役等の役員の功労に報いるものとして，退職時に支給されることが多い。使用人（従業員）の退職金と区別するため，退職慰労金の用語が使用される。弔慰金は，取締役等が在任中に死亡した場合に退職慰労金に代わるものとして支給されるものであり，性質は同じである。

Ⅴ 機関

13 業務執行・会社代表

1 業務執行と会社代表

会社の業務執行とは，ある機関の行為が会社の行為と認められるということであり，会社内部からみた側面である。これに対して，会社代表は，ある機関が会社の名前で第三者とした行為の効果が会社に帰属するという，対外的な問題である。会社法は，「業務執行の決定」と「業務（の）執行」を区別する。業務執行は会社の法律行為・事実行為，内部的行為，対外的行為をすべて含むが，対外的な行為である場合には会社代表（代表機関が対外的な業務執行〔代表行為〕をなす権限を有する）の面を併せ持つことになる。なお，当該株式会社において，誰が代表権を有するのかは，その会社の登記を見ればわかるようになっている（911条3項13号，14号，15号，22号参照）。

2 取締役会を設置しない株式会社の場合

取締役会を設置しない株式会社は，機関設計上，非公開会社に限られ，任意設置もしない会社である（327条1項1号，326条2項，2条7号）。この場合，株式会社の業務を執行するのは，取締役である（348条1項）。取締役が2人以上ある場合には，取締役間で意思の統一を図ることが望ましいため，株式会社の業務は，定款に別段の定めがある場合を除き，取締役の過半数をもって決定する（同条2項）。

また，①支配人の選任および解任，②支店の設置，移転および廃止，③株主総会を招集する場合の決定事項，④**内部統制システムの整備**，⑤定款授権に基づく役員等の損害賠償責任の（一部）免除，についての決定は，各取締役に委任することができない（同条3項）。会社を代表するのも取締役である（349条1項）。取締役が2人以上ある場合には，取締役は各自，会社を代表する（同条2項）。

取締役会を設置しない株式会社は，定款，定款の定めに基づく取締役の互選または株主総会の決議によって，取締役の中から「代表取締役」を定めることができる（349条3項）。この場合には，その他の取締役は，代表権を持たない（同条1項ただし書，同条2項参照）。代表取締役は，株式会社の業務に関する一切の裁判上または裁判外の行為をする権限を有し，この権限に加えた制限は，善意の第三者に対抗することができない（同条4項，5項）。また，株式会社は，代表取締役その他の代表者がその職務を行うについて第三者に加えた損害を賠

▷**内部統制システム**
取締役の職務の執行が法令および定款に適合することを確保するための体制その他株式会社の業務ならびに当該様式およびその子会社から成る企業集団の業務の適正を確保するために必要なものとして法務省令で定める体制の整備が求められる。

▷1 代表取締役の権限には，本来，制限は加えられていないが，会社の内部で一定の取引について制限が加えられていることがある。このような場合には，善意の（そのような制限を知らない）第三者（取引の相手方）に対抗することができない（その制限を主張することができない）（349条5項）。このような問題を「代表権の内部的制限」という。

償する責任を負う（350条）。

③ 取締役会設置会社の場合

指名委員会等設置会社を除き（416条1項参照），取締役会設置会社の場合，取締役会は取締役の中から代表取締役を選定しなければならず（362条3項），代表取締役は必置の代表機関となり，会社法349条以下の代表取締役についての規定が適用される。取締役会設置会社の業務の執行は，この代表取締役と，取締役会の決議によって業務を執行する者として選定された取締役が担い（363条），その他の取締役は業務執行の権限を持たない。業務執行の決定は取締役会の権限であるが（362条2項1号），重要な業務執行の決定（同条4項）を除けば，取締役会は業務執行の決定を代表取締役等に委任することができる。

④ 指名委員会等設置会社の場合

指名委員会等設置会社の取締役は，原則として業務執行権限を持たず（415条），執行役が業務の執行権限を有する（418条2号）。もっとも，執行役は取締役を兼ねることができる（402条6項）。指名委員会等設置会社において代表権限を持つのは，代表執行役であり（420条3項，349条4項，5項），取締役会は，執行役の中から代表執行役を選定しなければならず，執行役が1人のときは，その者が代表執行役に選定されたものとされる（420条1項）。業務執行の決定権限は取締役会に留保されているが（416条1項1号），会社法416条1項各号および4項ただし書各号に掲げられている事項以外は（同条3項，4項ただし書），その決定を執行役に委任することができる（同条4項本文）。

⑤ 株式会社と取締役との間の訴えにおける会社代表の特則

株式会社と取締役（退任取締役を含む）の間の訴えについては，いくつかの特則がある。取締役会を設置しない会社においては，原則として取締役（または代表取締役）が代表権を持つが，株主総会が代表者を定めることもできる（353条）。委員会設置会社以外の取締役会設置会社で監査役を設置しない場合（327条2項ただし書），あるいは監査役の権限を定款で会計監査に限定している場合（389条1項，7項）には，取締役会が代表者を定めることができる（364条）。監査役設置会社では，監査役が会社を代表する（「できる」ではない。386条1項）。また，監査等委員会設置会社の場合には基本的に監査等委員会が選定する監査等委員が会社を代表し（399条の7第1項参照⇒V-23），指名委員会等設置会社の場合には，基本的に監査委員会が選定する監査委員が会社を代表する（408条参照⇒V-21）。いずれも馴れ合い訴訟のおそれに対処するものである。

V　機関

14　代表取締役・表見代表取締役

1　代表取締役の権限とその設置

　代表取締役は，株式会社の業務に関する一切の裁判上または裁判外の行為をする権限を有する機関である（349条4項）。この権限に加えた制限は，善意の第三者に対抗することができない（同条4項，5項）。また，株式会社は，代表取締役その他の代表者がその職務を行うについて第三者に加えた損害を賠償する責任を負う（350条）。

　代表取締役は取締役会を設置しない会社にあっては，定款，定款の定めに基づく取締役の互選または株主総会の決議によって取締役の中から定めることができる任意の機関である。これに対して，指名委員会等設置会社以外の取締役会設置会社では，取締役会は，取締役の中から代表取締役を選定しなければならず（362条3項）必要的機関となる。指名委員会等設置会社においては会社法362条の規定は適用されず（416条），会社代表は代表執行役によって行われる（420条）。すなわち，指名委員会等設置会社においては代表取締役を設置することはできない。

2　代表取締役の地位と取締役の地位との関係

　取締役会を設置しない会社において代表取締役を任意設置する場合でも，委員会設置会社以外の取締役会設置会社において代表取締役を選定しなければならない場合でも，共通するのは，代表取締役の地位は取締役の地位を基礎とすることである。すなわち，取締役でない者を代表取締役とすることはできない。取締役会設置会社において，代表取締役を解職した場合（362条2項3号），当該代表取締役は代表取締役としての地位は失うが，取締役としての地位は依然として維持することになる。これに対して，代表取締役が取締役として株主総会決議で解任された場合（339条1項），当該代表取締役は取締役としての地位を失うと同時に，その地位を基礎とする代表取締役としての地位も失うこととなる（なお，351条参照）。

3　表見代表取締役

　株式会社は，代表取締役以外の取締役に**社長，副社長**その他株式会社を代表する権限を有するものと認められる名称を付した場合には，当該取締役がした

▷社長・副社長
社長も副社長も会社法上の制度でも用語でもない。各々の会社が内部的な職制として，任意に設けている名称である。同じように，広く普及している専務取締役，常務取締役といった名称や，部長，課長といった名称も内部的な職制として設けられているものにすぎない。

136

行為について，善意の第三者に対してその責任を負う（354条）。当該取締役を表見代表取締役と呼んでいる。表見代表取締役の制度は，取引安全確保の要請から名称に対する信頼を保護するために設けられたものである。

適用にあたっては，①外観の存在（**株式会社を代表する権限を有するものと認められる名称**の存在），②外観への与因（**帰責性**——株式会社が名称を付したと見ることができること），③外観への信頼（第三者が，当該取締役が代表取締役でないことを知らなかったこと——**善意**），の三つが必要となる。①については，規定上例示されている社長，副社長のほか，どのような名称が株式会社を代表する権限を有するものと認められる名称となるのか，②については，どのような場合に，株式会社が名称を付したとみることができるのか，③については，知らなかったことについて無過失を要するのか，重過失の扱いはどうか，ということがそれぞれ問題となる。

なお，株式会社の代表権の所在は，事前に登記を確認すればわかる（911条3項13号，14号，15号，22号参照）。そのため，表見代表取締役制度において登記を確認しなかったことは第三者の過失とはならない。また商業登記の一般的効力（908条1項）との関係では，354条（および次項❹の421条）は，例外規定と位置づけられる。

❹ 表見代表執行役

指名委員会等設置会社の場合に，よく似た規定が存在する。指名委員会等設置会社は，代表執行役以外の執行役に社長，副社長その他委員会設置会社を代表する権限を有するものと認められる名称を付した場合には，当該執行役がした行為について，善意の第三者に対してその責任を負う（421条），とする。当該執行役を表見代表執行役と呼んでいる。この規定の趣旨や要件について問題となる点は表見代表取締役と同様であるが，表見代表執行役の規定は指名委員会等設置会社を名宛人とする規定であり，表見代表取締役の規定は株式会社を名宛人とする規定であることに注意が必要である。指名委員会等設置会社も株式会社であり，表見代表取締役の規定は指名委員会等設置会社にも適用される。指名委員会等設置会社には存在しないはずの代表取締役の名称を指名委員会等設置会社の取締役に付した場合には，表見代表取締役の規定である会社法354条が適用され，執行役に付した場合には，表見代表執行役の規定である会社法421条が適用されることになる。ある株式会社が指名委員会等設置会社であるかどうかは，会社の商号からはわからないからである（6条2項参照。なお，911条3項14号，22号ハ，908条1項参照）。

▷**株式会社を代表する権限を有するものと認められる名称**

社長，副社長は，例示列挙にすぎず，ここにいう名称にどのようなものが含まれるのかは解釈に委ねられている。「代表取締役職務代行者」（最判昭和44年11月27日民集23巻11号2301頁），「取締役会長」（東京地判昭和48年4月25日下民24巻1－4号216頁）らをここにいう名称とした先例がある。なお，旧商法262条は社長・副社長に加え，専務取締役，常務取締役も例示列挙していた。

▷**帰責性**

表見代表取締役の行為について株式会社に責任を負わせるためには，外観の存在に対して，株式会社に責めに帰すべき点がなければならず，取締役が勝手に代表権を有するものと認められる名称を使用している場合には，原則として会社は責任を負わない。しかし，名称の使用を会社が黙認していた場合（最判昭和42年4月28日民集21巻3号796頁）や代表取締役が知りながら放置していた場合（前掲・最判昭和44年11月27日）などは「名称を付した」ものと見られ，責任が生じることになる。

▷**第三者の善意**

善意には無過失を要しないが（最判昭和41年11月10日民集20巻9号1771頁），重過失は悪意と同一視される（最判昭和52年10月14日民集31巻6号825頁）。

V 機 関

 取締役の忠実義務・競業および利益相反取引の制限

1 善管注意義務と忠実義務

　取締役と株式会社との関係は，委任に関する規定に従う（330条）とされている。そのため取締役は，株式会社に対して，善良な管理者の注意義務（「善管注意義務」と略される）を負う（民法644条）。善管注意義務は，その地位や状況にある者に通常期待される水準の注意を求めるものである。

　この善管注意義務とは別に，取締役（指名委員会等設置会社では取締役および執行役）には，法令および定款ならびに株主総会の決議を遵守し，株式会社のため忠実にその職務を行わなければならない，とするいわゆる忠実義務が規定されている（355条，419条2項）。この忠実義務の意味について，判例（最大判昭和45年6月24日民集24巻6号625頁）は，「通常の委任関係に伴う善管義務とは別個の，高度な義務を規定したものとは解することができない」として，善管注意義務と同質の内容を注意的に規定したにすぎないとの立場（同質説）を採る。これに対して，この忠実義務に関する規定がアメリカ法を参考にした昭和25年商法改正で導入されたことから，アメリカ法における忠実義務の理解を取り入れ，これを善管注意義務とは別個の義務であると主張する見解（異質説）も少なくない。すなわち，忠実義務が意味している内容は，会社の利益と取締役の個人的利益が抵触する場合に，会社の利益を犠牲にして自己（または第三者）の利益を図ってはならないとする見解である。

　取締役が会社の利益を犠牲にして自己の利益を図った場合に，これが善管注意義務に違反しないとは考えられず，その意味では忠実義務に関して異なる理解をしてもそれを異なる効果に結びつけることは難しいが，忠実義務の意味についての異質説の理解は，競業および利益相反取引規制（そのほかにも，取締役の報酬規制など，会社・取締役〔執行役〕間の利益相反が問題となる場面は少なくない）の基礎として念頭に置くべきものであろう。

2 競業取引規制

　取締役が自己または第三者のために株式会社の事業の部類に属する取引しようとする場合，どのような弊害が考えられるか。取締役は当該株式会社の機密やノウハウに通じている。この地位を悪用しつつ，市場で競争関係に立つ取引をしようとするならば，有利な仕入先を奪い，顧客を横取りするなど，会社の

利益を犠牲にして自己（または第三者）の利益を図ることが可能になる。すなわち，競業取引（次の利益相反取引も同様）は，先の忠実義務についての異質説の理解が具体化する典型的な局面なのである。そのため，会社法は，このような取引をしようとするときは，取締役会を設置しない株式会社にあっては，株主総会において当該取引につき重要な事実を開示し，その承認を受けなければならないものとし（356条1項1号），取締役会設置会社においては，株主総会ではなく取締役会の承認を受け，当該取引後，遅滞なく，当該取引についての重要な事実を取締役会に報告しなければならないとした(41)（365条1項，2項，419条2項）。これらの規定に違反して競業取引をなした場合，取締役は会社に対して損害賠償責任を負い（423条1項），当該取引によって得た利益の額は損害賠償の額と推定される（同条2項）。また解任の正当な理由ともなる（339条2項）。

③ 利益相反取引規制

取締役が大きく値下りしてしまった自己の保有する投資用不動産を，会社の社宅にどうかと購入当時の価格で売りつけることができてしまえば，先の競業取引と同様に会社の利益を犠牲にして自己の利益を図ることが可能である。また，取締役が会社の製品を格安で大量に購入し，他に転売したり，あるいは取締役が会社から金銭の貸付を受けたりすることも，同様の危険がある。このように取締役が自己または第三者のために株式会社と取引する形を利益相反取引の中でも直接取引と呼んでいる。このような利益相反は，株式会社と直接取引をする形以外にも考えられる。すなわち，取締役が銀行から融資を受ける際に，会社が当該銀行と保証契約を締結する場合，これは取締役と会社との直接取引ではないが，利益相反は明らかである。この類型を間接取引と呼んでいる。

直接取引，間接取引とも，競業取引の場合と同様の手続が要求される（356条1項2号，3号，365条1項，2項，419条2項）。これらの規定に違反して利益相反取引をなした場合には当該取締役は当然に損害賠償責任を負うが（423条1項），承認を得た場合であっても，会社に損害が生じた場合には取引に関与した取締役は責任を負う場合がある（同条3項。また，取締役が自己のためにした取引については，会社法428条に特則がある）。承認を得ないでなされた利益相反取引の効力については，当該取引は無効であるが，直接取引の場合，取締役の側から無効の主張はできず，間接取引の場合，会社が第三者に無効を主張するためには，第三者の悪意を主張・立証する必要がある(42)。

▷1　株主総会または取締役会の承認を得なければ取締役は競業行為をしてはならないという意味で，これを競業避止義務と表現することがある。競業避止義務は，取締役や執行役（会社法419条2項，356条）の他，支配人（商法23条，会社法12条），代理商（商法28条，会社法17条），営業譲渡人（商法16条），事業譲渡会社（会社法21条）などに課せられる義務を指して呼ぶことがあるが，それぞれの職務の内容等によって，その内容が異なることに注意する必要がある。

▷2　株主総会または取締役会の承認を得ないでなされた取引は原則として無効であるが，しかし，その無効を主張できる者は，善意・無重過失の相手方に限られるとする説であり，これを相対的無効説と呼んでいる。間接取引については，このような方法で相手方を保護する必要がある（最大判昭和43年12月25日民集22巻13号3511頁参照）。

Ⅴ　機　関

　取締役会

　取締役会の権限

　取締役会は，取締役会設置会社においてすべての取締役で組織され（362条1項），業務執行の決定，取締役の職務の執行の監督，代表取締役の選定・解職を行う機関である（同条2項各号）。取締役会設置会社においては，原則として取締役は業務執行・会社代表機関ではなく，取締役会の構成員となる。取締役会設置会社では，株主総会の権限が会社法および定款で定めた事項についての決議に限定され（295条2項），取締役会が経営事項一般にかかわる決定を行う。なお，取締役会という用語には，会社の機関としての意味合い（例えば取締役会の権限という場合）と，会議体としての意味合い（例えば取締役会の招集という場合）とが含まれる。

　指名委員会等設置会社以外の株式会社の取締役会は，取締役の中から代表取締役を選定しなければならず（362条3項），これにより代表取締役が必置の機関となる（349条以下の規定が適用される）。なお，監査等委員会設置会社，指名委員会等設置会社の取締役会の権限は別に定められている（399条の13，416条）。取締役会設置会社の業務は代表取締役および取締役会の決議によって業務を執行する者として選定された取締役が担い（363条1項），これらの取締役は3カ月に1回以上，自己の職務の執行の状況を取締役会に報告しなければならない（同条2項）。

　取締役会は，会社法362条4項に列挙されている事項その他の**重要な業務執行の決定**を取締役に委任することができない。これは取締役会による業務執行の決定権限や取締役の職務執行の監督が形骸化することを防止するための規定である。この規定に列挙されているのは，①重要な財産の処分および譲受け，②多額の借財，③支配人その他の重要な使用人の選任および解任，④支店その他の重要な組織の設置，変更および廃止，⑤募集社債に関する事項，⑥内部統制システムの整備（大会社である取締役会設置会社および指名委員会等設置会社では，決定が義務づけられる。同条5項，416条2項，同条1項1号ロ，ホ参照⇨Ⅴ-13，Ⅴ-22），⑦定款授権に基づく役員等の損害賠償責任の（一部）免除，であるが，あくまでも例示列挙であって，これらに限定されるものではない。また，①②に限っては以下❷の特別取締役による取締役会決議で決定できる。

▷重要な業務執行の決定

　取締役会が取締役に委任することのできない事項には，重要な財産の処分，多額の借財など，「重要」「多額」の表現がつくものが多いが，これらについての判断基準が問題となる。会社法362条4項1号（旧商法260条2項1号）に規定される重要な財産の処分に該当するか否かの判断基準について，判例（最判平成6年1月20日民集48巻1号1頁）は，「重要な財産の処分に該当するかどうかは，当該財産の価額，その会社の総資産に占める割合，当該財産の保有目的，処分行為の態様及び会社における従来の取扱い等の事情を総合的に考慮して判断すべきものと解するのが相当である」として，諸要素の総合判断によるべき旨を判示している。

▷取締役会の議長

　株主総会の議長については，会社法315条が秩序維持，議事整理，退去命令の権限を明文化しているが，取締役会の議長については，特に規定が設けられていない。取締役会の決議や，決議に基づく取締役会規程等によって取締役会議長についての権限等を定めることは可能と解されるが，そうでない限り，取締役会に議長が置かれる場合には，最低限

❷ 特別取締役による取締役会決議

上述の①②の決定については，一定の要件を満たせば，簡易な方法による決定が可能である。すなわち，指名委員会等設置会社以外の取締役会設置会社であって，取締役の数が6人以上であり，かつ取締役のうち1人以上が社外取締役である場合には，取締役会は，予め選定した3人以上の取締役（特別取締役―社外取締役でなくてもよい）のうち，議決に加わることができるものの過半数（取締役会決議で加重可）が出席し，その過半数（同様に加重可）をもって行うことができる旨を定めることができる（373条1項）。取締役の員数が多い株式会社で①②の決定を行う場合にその都度取締役会を招集することは会社にとって大きな負担となる場合もあり，これに対処するための制度である。この特別取締役による議決の定めがある場合には，特別取締役以外の取締役は，①②の決定をする取締役会に出席することを要しないが（同条2項），特別取締役の互選によって定められた者は，特別取締役による取締役会の決議後，遅滞なく，当該決議の内容を特別取締役以外の取締役に報告しなければならない（同条3項）。

❸ 取締役会の運営

運営に関する規定は簡素であり，**議長**や**決議の瑕疵**に関する規定はない。取締役会は，原則として各取締役が招集するが（366条1項本文），多くの会社では定款または取締役会で招集権者たる取締役を別に定めている（同項ただし書）。この場合，招集権者以外の取締役も招集の請求ができ，一定の場合には自ら招集することができる（同条2項，3項）。また一定の場合に株主による招集が認められる（367条。監査役設置会社では，監査役による招集―383条2項，3項，監査等委員会設置会社については399条の14，指名委員会等設置会社については417条1項，2項〔⇒V-22〕）。招集者は会日の1週間（定款で短縮可）前までに各取締役に（監査役設置会社では各監査役にも）対して通知を発しなければならない（368条1項）が，取締役（および監査役）全員の同意があるときは，招集手続を省略できる（同条2項）。

取締役会の決議は，議決に加わることができる取締役の過半数（定款で加重可）が出席し，その過半数（定款で加重可）をもって行う（369条1項）。株主総会の普通決議と同じ考え方であるが，議決権ではなく，頭数を基礎とする。特別の利害関係を有する取締役（競業取引や利益相反取引の承認の場合など）は，議決に加わることができない（同条2項）ため，取締役の数に算入されない。なお，一定の場合に，定款の定めに基づく**取締役会決議の省略**（書面または電磁的方法による持回り決議）が認められている（370条）。決議省略の制度によった場合を含め，議事録の作成が必要となる（369条3項，会社法施行規則101条）。

▶の司会者としての権限に限定されるものと解される。なお，取締役会議事録の作成にかかる会社法施行規則101条3項8号には，「取締役会に議長が存するときは，議長の氏名」を議事録記載事項としており，ここからは取締役会において必ずしも議長を置かねばならないと考えられていないことが窺える。

▶**取締役会決議の瑕疵**
取締役会決議の瑕疵については，株主総会の場合と異なり，瑕疵を争うための特別な制度が設けられていない。そのため，取締役会決議に手続的，内容的瑕疵が存する場合には，一般原則に従って決議は無効となり，その瑕疵は，いつでも，誰でも，どのような方法によっても主張が可能である。通常の確認の訴えによって確認を求めることも可能であるが，会社法の規定に基づく株主総会決議の無効確認の訴えの場合のような対世効は認められてない。もっとも，画一的処理の要請が求められる場合には，対世効を認めるべきとする見解も存在する。

▶**取締役会決議の省略**
取締役が取締役会の決議の目的である事項について提案した場合において，当該提案について議決に加わることのできる取締役の全員が書面または電磁的記録により同意の意思表示をしたとき（監査役設置会社にあっては，監査役が当該提案について異議を述べたときを除く）は，当該提案を可決する旨の取締役会の決議があったものとみなす旨を定款で定めることができる（370条）。

Ⅴ 機関

17 会計参与

① 会計参与制度の意義

　会計参与は、旧商法には存在せず、会社法の制定に伴って創設された全く新しい機関である。会計参与制度は、公認会計士または税理士の資格を有する者が会社の機関として取締役等と共同して計算書類等を作成する制度であり、株式会社の計算書類等の適正さを確保しようとするものである。従来から中小の株式会社では、顧問としての契約関係にある税理士が、会社の税務会計の手助けをはじめ、計算書類等の作成や会社運営の法務について助言をしていたという実態があり、会社法の制定に伴って、これを機関とすることを制度的に認めたものである。特に会計監査人が設置されていない中小の株式会社では、会計参与を設置すること（会計参与設置会社〔2条8号〕となる）により、計算書類の虚偽記載や改ざんを防止するとともに、取締役（あるいは執行役）の計算書類作成等の労力が軽減され、経営に専念することも可能となる。

　会計参与は公開会社・非公開会社、取締役会の設置や株式会社の規模にかかわらず、どのような株式会社であっても任意に設置可能な機関である（326条2項）。また、会計参与は機関設計の諸原則（326条-328条）において、設置義務が課せられることのない機関である。唯一、監査等委員会設置会社と指名委員会等設置会社を除く取締役会設置会社に課せられる監査役設置義務が、公開会社でない会計参与設置会社については課せられない（327条2項ただし書）という形で機関設計に影響を与えるにすぎない。もっとも、実際のニーズのほとんどは中小会社に限定されるであろうし、会計参与制度の普及は、たとえば、会計参与設置会社に対しては、銀行が融資に際してプラスの評価を与えるなど、金融・投資に関する動向にかかってくるといえよう。

▷1　したがって、公開会社・大会社という重装備の機関設計が求められる場合でも、会計監査役の任意設置は可能であり、会計参与の設置の有無によって、機関設計のバリエーションは倍に膨らむ計算になる。

② 会計参与の資格・任期

　会計参与は、公認会計士（**監査法人**を含む）または税理士（**税理士法人**を含む）でなければならず（333条1項）、監査法人または税理士法人である場合には、その社員の中から会計参与の職務を行うべき者を選定し、これを株式会社に通知しなければならない（同条2項）。取締役等との兼任が禁止されるほか、一定の欠格事由が設けられている（同条3項）。任期については、原則として、取締役の任期と同様の規制（原則2年、定款で10年まで伸長可能）に服する（334条1項、

▷**監査法人・税理士法人**
監査法人は、5人以上の公認会計士が社員となり設立される法人（公認会計士法34条の4、34条の7）であり、税理士法人は、税理士が共同して設立する法人である（税理士法48条の21）。

332条。委員会設置会社の場合には原則1年となる。なお，334条2項）。

③ 会計参与の選任・解任

会計参与も**役員**であり，その選任・解任は株主総会の決議による（329条1項，339条1項，341条）。もっとも，会計参与の身分保障の観点から，会計参与は株主総会において会計参与の選任もしくは解任または辞任について意見を述べることができ，会計参与を辞任した者は，辞任後最初に招集される株主総会に出席して辞任した旨およびその理由を述べることができる（345条1項，2項）。

④ 会計参与の職務

会計参与は，取締役（委員会設置会社では執行役。374条6項）と共同して，計算書類（435条2項）およびその附属明細書，臨時計算書類（441条1項）ならびに連結計算書類（444条1項）を作成する（374条1項，6項）。「共同して」作成するとは，取締役・執行役と会計参与の共同の意思に基づいて計算書類を作成するということであり，両者の意見が一致しなければ，当該株式会社における計算書類を作成することはできない。意見が一致しない場合，会計参与は辞任することもできるが，辞任せずに株主総会において意見の陳述をすることもできる（377条）。共同作成がなされた場合，会計参与は会計参与報告を作成しなければならない（374条1項後段，会社法施行規則102条）。計算書類の共同作成をその職務とするため，会計参与は取締役・執行役とともに株主総会における説明義務を負う（314条）。

職務を適正に行うために，会計参与には会計帳簿・資料の閲覧・謄写権（374条2項），業務・財産状況調査権，子会社調査権（374条3項）が与えられていることに加え，取締役会への出席義務，およびその場合において必要があると認めるときには意見陳述義務が課せられている（376条1項）。

会計参与は，会社とは別に，一定期間，計算書類等を会計参与が定めた場所に備え置かなければならず（378条1項，会社法施行規則103条），会計参与設置会社の株主・債権者の請求に応じて計算書類等の閲覧，謄本・抄本の交付等をしなければならない（378条2項。なお，同条3項参照）。備え置く場所は，株主・債権者に知らせる必要から登記事項とされている（911条3項16号）。株主・債権者は，会計参与設置会社の営業時間内にはいつでも閲覧等の請求ができるが，会計参与が請求に応じることが困難な場合は除かれる（378条2項，会社法施行規則104条）。また，謄本・抄本の交付には請求者が費用を支払わなければならない（378条2項ただし書）。

▷役員
会社法329条1項は，取締役，会計参与，監査役を，株式会社の「役員」と定義し，原則として，選任，解任，責任等について同様の規律に服せしめている。会計参与も株式会社との関係では，委任に関する規定に従うことから（330条），会社に対して善管注意義務（民法644条）を負うほか，任務懈怠があった場合には，会社に対して損害賠償責任を負い（423条），代表訴訟の対象にもなる（847条）。また，対第三者責任を負う場合もある（429条）。もっとも，地位の特殊性が考慮され，責任の一部免除については，社外取締役等と同様の扱いがなされている（425条-427条参照）。

▷2 会計参与の報酬等は定款にその額を定めていないときは株主総会の決議によって定めるが（379条1項），地位の特殊性を考慮した規定も設けられている（同条2項，3項）。委員会設置会社の場合は報酬委員会が決定権限を有する（404条3項）。

V 機関

18 監査役・監査役会

▶会計監査・業務監査

取締役の職務の執行のうち，計算書類の作成など会計に関する業務についての監査を会計監査，業務執行（決定・執行の双方を含む）についての監査を業務監査という。会計監査も業務監査の一種であるが，監査役の監査範囲を対照する場合に上記のような区分けをする。いずれの場合も，監査役は主としてそれらの職務が適法に執行されているか否かを監査する。

▶監査役設置会社

定義規定である会社法2条9号は，監査役設置会社を，監査役を置く株式会社（その監査役の監査の範囲を会計に関するものに限定する旨の定款の定めがあるものを除く）またはこの法律の規定により監査役を置かなければならない株式会社をいう，と規定する。本文にあるとおり，監査役の権限を会計監査に限定した場合には監査役設置会社とはならないため，各規定の読み方に注意する必要がある。例えば，会社法357条1項のかっこ書「監査役設置会社にあっては，監査役」とある部分は適用されないので，この場合には，原則に戻って，株主に報告しなければならないことになる。また，会社法426条に規定されている，定款授権に基

① 監査役の設置と監査の範囲

監査役は，会社法においては必置の機関とはされていない（326条2項）。取締役会設置会社（監査等委員会設置会社・指名委員会等設置会社を除く）は，監査役を設置しなければならないが（327条2項），公開会社でない会計参与設置会社については監査役を設置しなくともよい（327条2項ただし書）。また，監査等委員会設置会社と指名委員会等設置会社を除く会計監査人設置会社では監査役を置かなければならず（327条3項），逆に監査等委員会設置会社と指名委員会等設置会社では監査役を置いてはならない（327条4項）。

監査役は取締役（会計参与設置会社では取締役および会計参与）の職務の執行を監査する機関であり（381条1項），監査の範囲は，**会計監査・業務監査**の双方に及ぶのが原則である。しかし，公開会社でない株式会社（監査役会設置会社および会計監査人設置会社を除く）は，監査役の監査の範囲を会計に関するものに限定する旨を定款で定めることができる（389条1項）。監査役の監査の範囲を会計監査に限定した場合には，**監査役設置会社**とはならないことに注意が必要である。この場合，監査役の業務監査権限を前提とした会社法381条から386条までの規定は，適用されない（389条7項）。この場合には業務監査に相当するものが必要となるため，監査役が設置されていない場合と同様，株主による直接の監督に服することになる（357条1項，360条1項，367条，371条2項）。

② 監査役の資格・任期・選解任の特則・報酬等

いずれも地位の独立性を確保・配慮するための規定が設けられている。資格については，取締役の欠格事由等の規定が準用される（335条，331条1項，2項）ほか，取締役等との**兼任禁止規定**が置かれている（335条2項）。監査役の任期は，選任後4年以内に終了する事業年度のうち最終のものに関する定時株主総会の終結の時まで（原則4年）とされ（336条1項。非公開会社における任期の伸長は取締役の場合と同様に可能である。同条2項），原則として短縮は認められない（336条3項）。監査役も役員（329条1項）であるため，選任・解任について同様の規制に服するが，選任に関する議案の提出には監査役（複数の場合には過半数，監査役会設置会社では監査役会）の同意を得なければならず（343条1項，3項），監査役の解任については，341条の特則は適用されず（343条4項），株主

総会の特別決議を必要とする（309条2項7号）。報酬等についても地位の独立性を確保するための規定が設けられている（387条2項，3項）。

❸ 監査役の権限・義務

監査役は，複数の者が選任されていても原則として各々がその権限を行使することのできる独任制の機関であり，主たる職務は，取締役（会計参与）の職務執行の監査と監査報告の作成である（381条1項，436条1項参照）。業務監査を実効性あるものとするため，監査役には，業務・財産状況調査権（381条2項），子会社調査権（同条3項），違法行為差止請求権（385条）が与えられていることに加え，取締役（会）への報告義務（382条），取締役会への出席義務・意見陳述義務（383条1項，2項）が課せられている。また取締役・会社間の訴訟などでは，馴れ合い訴訟を防止する意味合いから監査役が会社を代表する（386条）。さらに，役員等の会社に対する責任の一部免除議案（前提となる定款変更議案を含む）の総会提出，定款授権に基づく責任の一部免除の取締役会決議や，株主代表訴訟において会社が被告側に補助参加する申出をなす場合には，（各）監査役の同意が必要であるし（425条3項1号，426条2項，427条3項，849条2項1号），会社の組織に関する行為の無効の訴えなど各種訴訟の提起権限（828条2項，831条1項），特別清算開始の申立て権限（511条1項）など，必要に応じた多くの権限を有する。

❹ 監査役会

監査役会は，定款の定めによって置くことのできる機関ではあるが（326条），大会社（非公開会社と委員会設置会社を除く）では，設置が強制される（328条1項）。監査役会はすべての監査役で組織する機関であり（390条1項），監査役の設置を前提とする。そのため，監査等委員会設置会社，指名委員会等設置会社には監査役会を設置できない（327条4項参照）。また，監査役会設置会社（2条10号）では監査役の権限を会計監査に限定することはできず（389条1項），取締役会設置が義務づけられる（327条1項2号）。監査役会設置会社では，3人以上の監査役が要求され，そのうち半数以上は社外監査役でなければならない（335条3項）。

監査役会は，①監査報告の作成，②常勤監査役の選定および解職，③監査の方針等の決定をその権限とするが，③の決定は監査役の権限の行使を妨げることはできない（390条2項）。監査役の独任制を確保するためである。運営については，各々の監査役が招集権限を有し（391条），決議は監査役の過半数をもって行い（393条1項），決議省略の制度などは認められていない点など，取締役会の運営と異なる点も少なくない。

づく取締役（会）による役員等の責任免除の制度は，監査役設置会社または委員会設置会社に限られているため（同条1項），会計監査に限定された監査役を置いてもこの規定は適用されないことになる。

▷**監査役の兼任禁止規定**
監査役は，株式会社もしくはその子会社の取締役もしくは支配人その他の使用人または当該子会社の会計参与もしくは執行役を兼ねることができない（335条2項）。監査する者とされる者が同一の地位を有することを避けるためであるが，子会社調査権（381条3項）などの権限も配慮して子会社の取締役まで拡張されている。

◁1　株式会社が取締役に対して訴えを提起する場合と，取締役が株式会社に対して訴えを提起する場合とがある。株式会社と取締役との間の訴えといっても，誰かが株式会社を代表することになるため，同僚である（あるいは同僚であった）取締役との間ではどうしても馴れ合いのおそれがあり，代表権をどの機関に与えるかが問題となるのである。会社法では業務監査権限を持った監査機関が存在する場合には，これに対して代表権を与え，そのような監査機関が存在しない場合には，原則として取締役（または代表取締役）が代表権を持ち，馴れ合いを自治的に抑止しようとする場合に対応して，株主総会，取締役会で代表者を定めるとする例外を認めている。

Ⅴ 機関

19 会計監査人

① 会計監査人の意義と設置

　会計監査人の制度は，もともとは規模の大きい株式会社に対して会計を会計のプロにチェックさせることを義務づけようとするものである。このような視点は会社法においても維持されており，大会社には公開会社であるか否かを問わず会計監査人の設置が強制される（328条1項，2項）。また監査等委員会設置会社，指名委員会等設置会社には会計監査人を置くことが強制されている（327条5項）。また監査等委員会設置会社，指名委員会等設置会社以外の会計監査人設置会社（2条11号）は，監査役を置かなければならない（327条3項）。なお，会社法において会計監査人は役員に準じて扱われている。

② 会計監査人の資格・任期

　会計監査人は，公認会計士または監査法人でなければならず（337条1項），監査法人である場合には，その社員の中から会計監査人の職務を行うべき者を選定し，これを株式会社に通知しなければならない（同条2項）。また，一定の欠格事由が設けられている（同条3項）。会計監査人の任期は，選任後1年以内に終了する事業年度のうち最終のものに関する定時株主総会の終結の時まで（原則1年）とされる（338条1項）が，当該定時株主総会において別段の決議がされなかったときは，当該定時株主総会において再任されたものとみなされる（同条2項。なお，同条3項参照）。

③ 会計監査人の選任・解任および報酬

　会計監査人の選任・解任は役員に準じて株主総会の決議によってなされるが（329条1項，339条1項），一定の事由がある場合には監査役全員（監査等委員・監査委員会の委員全員）の同意により会計監査人を解任することを認めている（340条1項，2項，4項，5項，6項）。また取締役が会計監査人の人事（選任議案の提出，解任，再任拒絶を総会の目的とすること）に関する議案の内容は，監査役（複数の場合はその過半数）が決定する（344条1項，2項。監査役会設置会社の場合には，議案の決定権限は監査役会に与えられる。同条3項〔指名委員会等設置会社の場合⇒Ⅴ-21，監査等委員会設置会社の場合⇒Ⅴ-23〕）。取締役は会計監査人（一時会計監査人の職務を行うべき者を含む）の報酬等を定める場合には，監査役（監査役

▷1　会計監査人は，会社法上「株主総会以外の機関」の1つとして位置づけられており，ここからは株式会社の「機関」であると見ることができる。しかし，「機関」という概念を，既述のように（⇒Ⅴ-1「株式会社の機関と機関設計」108頁），機関の行為を会社の行為と見る関係として捉えると（伝統的な考え方である），会計監査人を株式会社の「機関」と考えてよいかどうかは実は難しい。というのは，会計監査人に期待される役割は，会計についての専門職業人としての監査であり，これは，会社としての行為（内部監査）ではなく，外部の独立した担い手による監査（外部監査）であるからである（会計参与にも類似のことがいえるが，会計参与の職務は，計算書類等の共同作成であり，これは会社の業務執行行為の一つとして理解することができる。そのため，機関として位置づけることは会計監査人ほど困難ではない）。したがって，整合的に捉えるならば，会社法における「機関」というものの考え方をこれまでよりも緩やかに解する必要がある。もっとも，会社法において会計監査人は役員に準じた扱いを受けることとなり，株式会社との関係

146

が2人以上ある場合には過半数，監査役会設置会社では監査役会，監査等委員会設置会社では監査等委員会，指名委員会等設置会社では監査委員会）の同意を得なければならない（399条）。

4 会計監査人の職務

会計監査人の主たる職務は，株式会社の計算書類およびその附属明細書，臨時計算書類ならびに連結計算書類を監査し，会計監査報告を作成することである（396条1項）。会計監査人に求められるのは専門家としての監査である。

監査の実効性を確保するため，会計監査人は，いつでも，会計帳簿等の閲覧・謄写，取締役・会計参与等に対する会計に関する報告の請求をすることができ（396条2項），その職務を行うため必要があるときは，会計監査人設置会社の子会社に対して会計に関する報告を求め，または会計監査人設置会社もしくはその子会社の業務および財産の状況の調査をすることができる（396条3項。子会社調査権，業務・財産状況調査権）。会計監査人がその職務を行うに際して取締役（指名委員会等設置会社では執行役または取締役）の職務の執行に関し不正の行為または法令もしくは定款に違反する重大な事実があることを発見したときは，遅滞なく，これを監査役（監査役会設置会社では監査役会，監査等委員会設置会社では監査等委員会，指名委員会等設置会社では監査委員会）に報告しなければならず（397条1項，3項，4項），また監査役（監査等委員会設置会社では監査等委員会が選定した監査等委員，指名委員会等設置会社では監査委員会が選定した監査委員会の委員）はその職務を行うため必要があるときは，会計監査人に対し，その監査に関する報告を求めることができる（397条2項，4項）など，監査機関の職務執行における調整が図られている。

計算書類等が法令または定款に適合するかどうかについて会計監査人が監査役等（監査役会設置会社では監査役会または監査役，監査等委員会設置会社では監査等委員会または監査等委員，指名委員会等設置会社では監査委員会またはその委員）と意見を異にするときは，会計監査人（監査法人である場合には職務を行うべき社員）は，定時株主総会に出席して意見を述べることができる（398条1項，3項，4項）。また，定時株主総会において会計監査人の出席を求める決議があったときは，会計監査人は，定時株主総会に出席して意見を述べなければならない（398条2項）。

なお，会計監査人設置会社については，取締役会の承認を受けた計算書類（貸借対照表，損益計算書，株主資本等変動計算書，個別注記表—435条2項，会社計算規則91条1項）が法令および定款に従い株式会社の財産および損益の状況を正しく表示しているものとして一定の要件（同規則163条）に該当する場合には，定時株主総会の承認は必要とされない（439条）。

では，委任に関する規定に従うことから（330条），会社に対して善管注意義務（民法644条）を負い，任務懈怠があった場合には，会社に対して損害賠償責任を負い（会社法423条），代表訴訟の対象にもなる（847条）。また，対第三者責任を負う場合もある（429条）。ただし，地位の特殊性も考慮されており，対会社責任の一部免除については，社外取締役等と同様の扱いがなされている（425条-427条参照）。

▷2 会社法340条は，この解任事由として，①職務上の義務に違反し，または職務を怠ったとき，②会計監査人としてふさわしくない非行があったとき，③心身の故障のため，職務の執行に支障があり，またはこれに堪えないとき，の三つを挙げ，これらの場合に監査役等による解任を認めている。もともと会計監査人の制度は旧商法特例法上の大会社に義務づけられていたものであり，これらの会社では，解任のための株主総会を招集することが容易ではないと考えられていたことによる（会社法においても大会社に会計監査人の設置が強制されていること自体に変わりはない。328条）。

Ⅴ 機 関

指名委員会等設置会社(1)：構造・委員の選定・執行役の選任等

① 指名委員会等設置会社の特徴

　指名委員会等設置会社の最大の特徴は、「執行と監督の分離」にある。指名委員会等設置会社以外の取締役会設置会社では、取締役会が業務執行の決定を担うのに対して、指名委員会等設置会社では、取締役会が選任した執行役に対して業務執行の決定について大幅な権限の委譲ができ（416条4項）、同時に業務執行権限も執行役にあり（418条）、個々の取締役は業務執行から離れる（415条）。取締役会は監督機関に特化されている。経営者（執行役）からは、監督権限を形骸化させるおそれのある、人事、報酬の（事実上の）決定権限が奪われ、これらについての決定は、強力な権限を有する委員会に委ねられる（404条）。そして、各々の委員会は社外取締役を過半数とする構成をとる（400条3項）。他の機関構成と比較すると、同じ取締役、取締役会といっても、ここでは期待される役割が異なることに注意を要しよう。

② 指名委員会等設置会社の構造

　指名委員会等設置会社とは、指名委員会、監査委員会および報酬委員会を置く株式会社と定義される（2条12号）。これらの委員会は、三つで一つのセットであって、このうち1または2の委員会を設けても委員会設置会社とはならないし、また任意に設けられた委員会は法的な権限を有するものではない。指名委員会等設置会社は構造上、取締役会を置かねばならず（327条1項3号）、また監査役を置いてはならない（327条4項）。もともとは大会社であることを前提とした構造であったため、会計監査人を置くことも義務づけられている（327条5項）。なお、会社法においては、指名委員会等設置会社には公開会社であることも大会社であることも要求されていない。

　指名委員会等設置会社には1人または2人以上の執行役を置かねばならず（402条1項）、指名委員会等設置会社の業務は執行役が行い（418条1項2号、なお415条、331条3項参照）、代表権は代表執行役にある（420条3項、349条4項、5項）。したがって代表取締役も存在しない。

　すなわち、指名委員会等設置会社は、3委員会、取締役会、（代表）執行役、会計監査人（および代表取締役、監査役〔会〕の不設置）がワンパッケージとなっており、任意設置の選択肢は会計参与だけである。

▷1　指名委員会等設置会社は、平成14年商法改正において取り入れられた新しい機関構成である。その背景については既に述べたところであるが（⇨ Ⅴ-2 「機関設計の自由化と代表的な機関設計」112頁）、現在の公開大会社は、会計参与の任意設置を除けば、監査役会設置会社（取締役会・監査役会・会計監査人）の機関構成か、指名委員会等設置会社のいずれかの機関構成を選択することになっている。会社法においては、公開・非公開、規模の大小を問わず、指名委員会等設置会社を選択できるようになっているが、もともとは大会社であることを前提に設計されたものである。

▷2　執行役は指名委員会等設置会社において必ず置かねばならない法律上の業務執行機関である（402条1項、418条）。これに対して、指名委員会等設置会社以外の会社で、執行役員と称する内部的職制が設けられている場合がある。これは執行役とは異なるものであって、法律上の制度ではなく、会社法上の位置づけは、会社の使用人（10条以下参照）である。

▷3　執行役が複数存す

3 委員の選定・解職

　指名委員会等設置会社の各委員会は，委員3人以上で組織する（400条1項）。各委員会の委員は，取締役の中から，取締役会の決議によって選定され（400条2項），取締役としての資格が前提となっている。各委員会の委員の過半数は，社外取締役でなければならない（400条3項）。というのは，指名委員会等設置会社は，執行と監督を分離した制度であり，人事・報酬・監督を利害関係の少ない社外取締役を中心とした委員会の客観的な判断に委ねようとしているからである。

　もっとも，注意すべきなのは，各委員会の委員の兼任は禁止されていないことである。すなわち，社外取締役2名を含む3名の取締役が各委員会の委員を兼任することも可能である。執行役が取締役を兼ねることができるため，社外取締役2名と執行役を兼任する取締役の3名で済むようにも見えるかもしれないが，委員会のうち監査委員会の委員（監査委員）は，執行役等との兼任が禁止されているため（400条4項），この場合には最低もう1人執行役を兼任していない別の取締役が必要となる。監査委員に兼任禁止規定が設けられるのは，監査役の兼任禁止規定と同じ理由である。

　各委員会の委員は，いつでも，取締役会の決議によって解職することができるが（401条1項），解職されても取締役としての地位は残る。逆に各委員会の委員が株主総会の決議で取締役を解任された場合には，同時に委員としての地位も喪失することになる。

　欠員を生じた場合には，役員の場合と同様の措置が採られるが（401条2項-4項），補選の制度は認められていない。取締役会は株主総会よりも迅速に開催が可能だからである。

4 執行役の選任・解任

　執行役の選任・解任は取締役会の決議によって行われ（402条2項，403条1項），この選解任を執行役に委任することはできない（416条4項ただし書9号）。

　役員と同様に，執行役と会社との間の関係は，委任に関する規定に従うとされることから（402条3項），執行役は会社に対して，善管注意義務を負う。資格ならびに株主資格を求める定款の定めおよび解任の場合の損害賠償請求，欠員の場合の措置など，取締役と同様の規定が置かれ，あるいは準用されている（402条4項，5項，403条2項，3項）。

　執行役の任期は，指名委員会等設置会社における取締役の任期（332条3項）と同様に原則1年とされ，定款による短縮が認められる（402条7項）。

　なお，執行役は取締役を兼ねることができる（402条6項）。執行と監督の分離は，その意味において完全に徹底されているわけではない。

る場合であっても，執行役を構成員とする会議体（執行役会）のようなものは，法律上は組織されない。また，執行役には取締役，他の執行役の職務執行を監視・監督する義務は課されていない。これを担うのは，監査委員会（404条2項1号）と取締役会（416条1項2号）である。

▷4　執行役と取締役の兼任は認められているが（402条6項），委員の選定の際，各委員会の委員の過半数は社外取締役であることが求められ（400条3項），執行役を兼任している取締役は，監査委員となることはできない（400条4項）という制約がある。また，指名委員会等設置会社の取締役は業務執行をすることができない（415条）が，執行役と兼任している取締役は，執行役としての資格で業務の執行をすることになる（418条）。

V 機関

21 指名委員会等設置会社(2)：委員会の権限・運営

1 指名委員会

　指名委員会は，株主総会に提出する取締役（会計参与設置会社にあっては取締役および会計参与）の選任および解任に関する議案の内容を決定する（404条1項）。本来，指名委員会等設置会社においても，株主総会に提出する議案の内容の決定は取締役会の権限であり，また同時にこれは執行役に決定を委任することのできない事項である（416条4項ただし書5号）。しかし，取締役（会計参与）の選任・解任に限っては，その決定は指名委員会の権限である（同号かっこ書は，これを執行役に委任することができるという意味ではなく，そもそもこれが指名委員会等設置会社の取締役会の権限ではないことを示している）。したがって，指名委員会での議案の内容は決定であって，取締役会においても，この決定を変更，修正することは認められない。

2 監査委員会

　監査委員会は，①執行役等（執行役および取締役。会計参与設置会社では会計参与もこれに加わる）の職務の執行の監査および監査報告の作成，②株主総会に提出する会計監査人の選任および解任ならびに会計監査人を再任しないことに関する議案の内容の決定，を行う（404条2項）。そのため，監査委員は，委員会設置会社もしくはその子会社の執行役もしくは**業務執行取締役**または指名委員会等設置会社の子会社の会計参与（会計参与が法人であるときは，その職務を行うべき社員）もしくは支配人その他の使用人との兼任が禁止される（400条4項）。また，監査委員会の監査においては，監査役の場合と異なり，監査委員は取締役でもあるため，適法性の監査のみならず，その妥当性の監査にも及ぶ。このような職務の性質上，監査委員会には監査役に類似した権限が与えられている。すなわち，監査委員会が選任する監査委員は，いつでも執行役等およびその支配人その他の使用人に対し，職務の執行に関する報告を求め，または指名委員会等設置会社の業務および財産の状況を調査することができる（業務・財産状況調査権。405条1項）。また，職務を執行するため必要があるときは，指名委員会等設置会社の子会社に対して事業の報告を求め，またはその子会社の業務および財産の状況の調査をすることができる（子会社調査権。405条2項）。さらに，報告義務，違法行為差止請求権，指名委員会等設置会社・執行役間または指名

▷1　株主総会に提出する会計監査人の選任および解任ならびに会計監査人を再任しないことに関する議案の内容の決定も，416条4項ただし書5号かっこ書において，指名委員会等設置会社における取締役の権限から除かれていると読むことになる。

▷**業務執行取締役**
業務執行取締役とは，取締役の中から，社外取締役（2条15号）を除いた取締役である。代表取締役および取締役会の決議によって業務を執行するものとして選定された取締役（363条1項1号，2号）に加え，業務を執行したその他の取締役が含まれる（2条15号かっこ書）。

委員会等設置会社・取締役間の訴訟代表権も有する（406条-408条）。

③ 報酬委員会

報酬委員会は，執行役，取締役（会計参与）の個人別の報酬等の内容を決定する（404条3項前段）。これは決定であり，これに対する変更，修正は許されない。執行役が指名委員会等設置会社の支配人その他の使用人を兼ねているときは（なお，指名委員会等設置会社の取締役は，支配人その他の使用人を兼ねることができない〔331条3項〕。「執行と監督の分離」を反映したものである），当該支配人その他の使用人の報酬等の内容についても，同様とされる（404条3項後段）。使用人分の報酬が対象外とされると，使用人としての報酬を上積みすることによって報酬委員会の決定が意味をなさなくなるおそれがあるからである。報酬委員会の決定に関する方針は，事前に定められていなければならず（409条1項），決定はこの方針に従わなければならない（同条2項）。報酬等の決定は，個人別になされなければならず，これは，確定額，不確定額，金銭でないもののいずれであっても同様である（同条3項）。

④ 委員会の運営

委員会は各委員会の委員が招集し（410条），招集に際しては委員会の日の1週間（取締役会決議で短縮可）前までに当該委員会の各委員に対して通知を発しなければならないが，当該委員会の委員全員の同意があるときは，招集の手続を経ることなく開催することができる（411条1項，2項）。また，執行役等（執行役，取締役，会計参与―404条2項1号かっこ書）は，委員会の要求があったときは，当該委員会に出席し，当該委員会が求めた事項について説明をしなければならない（411条3項）。委員会の決議は，取締役会の決議と同様に，頭数主義が採られ，議決に加わることができるその委員の過半数（取締役会決議で加重可）が出席し，その過半数（取締役会決議で加重可）をもって行う（412条1項）。特別の利害関係を有する委員が議決に加わることができない（同条2項）ことなど，取締役会決議の場合と同様である。また，議事録の作成が必要となること（同条3項），議事録に異議をとどめないものは，その決議に賛成したものと推定されること（同条5項）も取締役会の場合と同様である。取締役会の運営との違いは，招集通知期間の短縮や決議要件の加重が，定款の定めによるのではなく，取締役会決議によるところにある（411条1項および412条と368条1項および369条1項を対照）。また，取締役会の場合と異なり，招集権者を定めることもできない（410条参照）。

▷2 指名委員会等設置会社と取締役，または指名委員会等設置会社と執行役の間の訴えについて指名委員会等設置会社を代表するのは，監査委員会が選定する監査委員である（408条1項2号）。これは，指名委員会等設置会社以外の会社において，業務監査権限のある監査役が存在する場合には，当該監査役が会社を代表するという規定（386条）に対応している。これに対して指名委員会等設置会社と監査委員の間の訴えも当然考えられ，監査委員は取締役でもあることから，調整が必要となる。この場合に会社法は，取締役会が定める者が指名委員会等設置会社を代表し，株主総会が当該訴えについて指名委員会等設置会社を代表する者を定めた場合にあっては，その者が指名委員会等設置会社を代表するとしている（408条1項1号）。

▷3 指名委員会等設置会社においても，取締役会の招集権者を定めることはできるが（366条1項），委員会がその委員の中から選定する者は取締役会を招集することができる（417条1項）。

V 機関

22 指名委員会等設置会社(3)：取締役会と執行役・代表執行役

1 指名委員会等設置会社の取締役会

指名委員会等設置会社は，執行と監督の分離を意図した制度であり，取締役会の役割は，委員会を含めた監督機関に特化されている。そのため，指名委員会等設置会社の取締役会には，取締役会設置会社の取締役会の権限を規定する会社法362条は適用されず，別途会社法416条が用意されている。

指名委員会等設置会社の取締役会が行わなければならない主たる職務は，既述した（⇨V-20），執行役の選定・解職，各委員会の委員の選定・解職，および以下のにおける代表執行役の選定・解職のほか，①経営の基本方針，執行役の職務の分掌・指揮命令の関係その他の執行役相互の関係に関する事項，執行役による取締役会招集請求を受ける取締役，内部統制システムの整備（監査委員会の職務の執行のために必要な事項，執行役の職務の執行が法令・定款に適合することを確保するための体制その他会社の業務ならびに当該会社およびその子会社から成る企業集団の業務の適正を確保するため必要な事項）の各々を決定すること，および②執行役等（執行役，取締役，会計参与）の職務の執行の監督，である（416条1項）。これらの事項の決定および職務執行の監督は，指名委員会等設置会社の構造上，取締役会が決定し，担っていかなければならない職務であり，その職務の執行を取締役に委ねることはできない（416条2項，3項）。

また，指名委員会等設置会社では，取締役会の決議によって業務執行の決定を執行役に委任することができる（416条4項本文）。業務執行の決定に関する権限を大幅に委譲できる構造となっており，たとえば，指名委員会等設置会社以外の取締役会設置会社において，取締役会の専決事項とされている重要な財産の処分，多額の借財等の重要な業務執行の決定（362条4項）や，募集株式の発行等（199条-201条），募集社債に関する事項（676条。なお362条4項5号参照）などに関する決定も指名委員会等設置会社では執行役に委任することが可能である。そのため，特別取締役による取締役会決議の制度は，指名委員会等設置会社には適用されない（373条1項かっこ書）。このように大幅な権限委譲が可能な構造ではあるが，会社法416条1項1号所定の事項に加えて，その性質上，執行役に委任することのできない事項が定められている（416条4項ただし書各号）。

指名委員会等設置会社の取締役会の運営については，原則として会社法366

▷1 会社法416条4項ただし書各号による，執行役に対して決定を委任できない事項は，譲渡制限株式（譲渡制限新株予約権）の譲渡等を承認するか否かの決定等（1号，3号），定款授権に基づく自己株式取得に関する事項の決定（2号），株主総会に関する事項（招集事項の決定，提出議案の決定〔取締役，会計参与および会計監査人の選任および解任ならびに会計監査人を再任しないことに関するものを除く。これらはそれぞれ指名委員会，監査委員会の権限である〕―4号，5号），取締役・執行役と会社間の利益相反に関する事項の決定（取締役，執行役の競業・利益相反取引の承認―6号，定款授権に基づく役員等の会社に対する損害賠償責任の一部免除―12号），取締役会を招集する取締役の決定（7号），指名委員会等設置会社と監査役員との間の訴えにおける会社代表者の決定（10号），計算書類等の承認（13号），中間配当の決定（14号），組織再編行為の内容の決定（事業譲渡等，合併，吸収分割，新設分割，株式交換，株式移転〔当該指名委員会等設置会社の株主総会の承認を要しないもの（簡易組織再編行為）の内容の決定は除かれている〕―15号-20号）である。

条以下の規定が適用されるが，特則が設けられている。すなわち，指名委員会等設置会社においては，招集権者の定めである場合であっても，委員会がその委員の中から決定する者は，取締役会が招集することができる（417条1項）。これは，委員会が機能していても取締役会が招集されない場合があるからである。また，委員会がその委員の中から選定する者は，遅滞なく，当該委員会の職務の執行の状況を取締役会に報告しなければならない（同条3項）。さらに，取締役会設置会社において，代表取締役等が取締役会に対して3カ月に1回報告義務を負うのと同様に，執行役も取締役会に対して同様の報告義務を負い（同条4項），また執行役は取締役会の要求があったときは，取締役会に出席し，取締役会が求めた事項について説明する義務を負う（同条5項）。逆に，執行役において取締役会の招集を請求することができ，請求に応じて招集がされない場合には，自ら取締役会を招集することもできる（同条2項）。

❷ 執行役・代表執行役

　執行役は，取締役会決議によって委任を受けた業務執行の決定および業務執行をその職務とする（418条）。既述のとおり，指名委員会等設置会社においては，取締役会から執行役に対する広範な業務執行の決定に関する権限の委譲が可能となっている。執行役は業務執行の決定・業務執行を担うため，会社に対する忠実義務，競業および利益相反取引の制限，取締役会への事後報告など，取締役に課せられた義務や行為の制限に服する（419条2項）。執行役は3カ月に1回以上，自己の職務の執行の状況を取締役会に報告しなければならないほか（417条4項），取締役会の要求があったときは，取締役会に出席し，取締役会が求めた事項について説明をしなければならない（同条5項）。また，取締役の報告義務（357条）に相当するものとして，監査委員会に対する報告義務を負う（419条1項，3項）。

　指名委員会等設置会社を代表するのは代表執行役である（420条3項，349条4項）。取締役会は執行役の中から代表執行役を選定しなければならないが，執行役が1人のときは，その者が代表執行役に選定されたものとされる（420条1項）。また，代表執行役は，いつでも，取締役の決議によって解職することができる（420条2項）。代表執行役は，指名委員会等設置会社の業務に関する一切の裁判上，裁判外の行為をする権限を有し，この権限に加えた制限は，善意の第三者に対抗することができない（420条3項，349条4項，5項）。なお，表見代表取締役の規定（354条。この規定は指名委員会等設置会社にも適用される）に合わせて，表見代表執行役の規定（421条）が設けられている。

V 機関

23 監査等委員会設置会社

1 監査等委員会設置会社の特徴

　平成26年会社法改正において，社外取締役の機能を活用するための方策として，新たに認められた機関設計である。社外取締役には，経営全般の評価に基づき，取締役会における経営者の選定・解職の決定に関して議決権を行使すること等を通じて経営者を監督する機能（経営評価機能）と，株式会社と経営者（あるいは経営者以外の利害関係者）との間の利益相反を監督する機能（利益相反の監督機能）が期待されている。

　監査等委員会設置会社は，監査等委員会，取締役会，代表取締役，会計監査人（監査役［会］の不設置）がワンパッケージとなっている機関構成であって，監査役会設置会社と指名委員会等設置会社との中間形態と位置付けることのできるものである。

　監査等委員会設置会社において，指名委員会，報酬委員会を任意に設けることは禁止されているわけではないが，そのように任意に設けられた委員会に対して，指名委員会等設置会社の規定が適用されるわけではなく，それらの委員会でなされた決定は法的効力をもつものではない。

2 監査等委員会設置会社の特徴と構造

　監査等委員会設置会社では，指名委員会等設置会社のような執行役は存在せず，代表取締役，業務担当取締役（363条1項1号2号）が会社の業務を執行する。しかし，業務執行の決定権限をこれらの取締役に委任することが認められているので，指名委員会等設置会社のメリットでもある取締役会の負担軽減と業務執行の迅速な意思決定を行うことが可能となる。すなわち，監査等委員会設置会社の取締役会は，原則として重要な業務執行の決定を取締役に委任できないが（399条の13第4項），①取締役の過半数が社外取締役である場合，または，②取締役会決議により重要な業務執行の決定の全部もしくは一部を取締役に委任することができる旨を定款で定めた場合に，取締役会決議により重要な業務執行の決定を取締役に委任できる（同条第5項・6項）。そして，①②の事項については，会社の登記を見れば確認することができるようになっている（911条3項22号ロ，ハ）。

　監査等委員会設置会社において取締役に決定を委任することができる業務執

▷1 三つの委員会の設置や，相応の社外取締役の人数を確保しなければならないといった，指名委員会等設置会社を選択する上での負担感が和らげられる一方で，監査等委員会設置会社は，業務執行取締役に重要な業務執行の決定を委ねられるために，指名委員会等設置会社と同じレベルで，迅速な経営を行うメリットを享受することができる。

行の範囲は，指名委員会等設置会社において執行役に決定を委任することができる範囲と実質的に同一である（399条の13第5項但書各号参照）。条文上は監査等委員会設置会社において項目が少なくなっているように見えるが，監査等設置会社において存在しない指名委員会や執行役に関するものが抜けているからである。

③ 監査等委員会の構成と監査等委員の独立性の確保

監査等委員会は，取締役である監査等委員3人以上で構成され，その過半数は社外取締役でなければならない（331条6項，339条の2第2項）。

監査等委員会設置会社においては，監査等委員の独立性を確保するため，監査役に対する規律に類似する仕組みがとられている。すなわち，株主総会における取締役の選任は，監査等委員である取締役とそれ以外の取締役とを区別してしなければならないとされている（329条2項）。また，監査等委員ではない取締役の任期は1年であるが，監査等委員である取締役の任期は2年で定款や株主総会の決議をもってしても，その任期を短縮することはできない（332条3項・4項）ことになっている。加えて，報酬等についても監査等委員である取締役とそれ以外の取締役とを区別して定めることが要求され，監査等委員である取締役は，その報酬等について意見を述べることができる（361条2項・5項）。

④ 監査等委員会の役割

監査等委員会の役割は，指名委員会等設置会社における監査委員会の役割に加え，指名委員会，報酬委員会の役割の一部が加えられたものとなっている。

監査等委員会の職務とされるのは，まず，指名委員会等設置会社の監査委員会と同様に，①取締役の職務執行の監査および監査報告の作成，②株主総会に提出する会計監査人の選任・解任・不再任に関する議案の内容の決定（399条の2第3項1号2号）である。そして，これらの実効性を確保するため，監査等委員会ないしは監査等委員（あるいは監査等委員会が選定する監査等委員）には，監査役あるいは監査委員と同様の権限，すなわち，調査権，報告義務，差止請求権，さらには訴訟代表権などの権限が与えられている（399条の3～399条の7）。これに加え，③監査等委員以外の取締役の選任等と報酬等につき意見を決定する職務を有し，株主総会において，これらの意見を述べることができる（選任等につき342条の2第4項，報酬等につき361条6項）。この③の職務と権限が，「監査等」の「等」の部分にあたるのであり，③の選任等に関わる部分が指名委員会の役割の一部を，報酬等に関わる部分が報酬委員会の役割の一部を，担うものとして設計されている。

▷2 監査等委員の地位の独立性の確保という観点から，監査等委員である取締役の解任については，監査役の解任と同様の規律が適用され，株主総会の特別決議を要する（309条2項7号括弧書）。また，監査等委員である取締役には，監査等委員である取締役の選任についての選任・解任・辞任について，意見陳述権が認められている（392条の2第1項）。

コラム

国際化と会社法改正

　日本の会社法改正の歴史を振り返ると，「国際化」ということが一つの改正の背景となっています。

　この国際化ということにも，①諸外国の会社法を理解して，日本の会社法を考えるという抽象的な意味，②日本企業の国際的競争力を強化するために，法務戦略として考えるという意味（1980年代のジャパンマネーの隆盛→バブル崩壊→1990年代後半における，(i)米国にあって日本にない制度は何か，(ii)米国にない日本の規制の撤廃という時代における，独禁法9条の改正による純粋持ち株会社の解禁から，株式交換・株式移転・会社分割などの改正，そして会社法制定に至る法改正に顕著），③日本企業に対する国際的な信用を確保するためにという意味（世界市場における資金調達や，外国資本の日本に対する投資を促進などという，平成26年会社法改正における企業統治のあり方に関する改正に顕著），というように多様な意味があります。

　平成26年の企業統治あり方に関する会社法改正では，社外監査役の要件見直しや監査等委員会設置会社の新設が行われています。この背景として指摘されたのは，日本の証券市場は，海外投資家が占める割合が高いに

もかかわらず，海外の投資家からみた日本のコーポレートガバナンス・システムは世界標準とは異なる点があるということでした。具体的には，一方では日本の独自の監査役制度であり，他方では，社外取締役の設置が義務化されていないという点です。

　そこで，会社法においては，社外取締役を導入するか，導入しない場合には，社外取締役を置くことが相当ではない理由を説明しなければならないとされました（327条の2）。また，会社法上の社外取締役の要件も厳格化されています。そして，この社外取締役制度については，上場規則やコーポレート・ガバナンス・コードなどのソフト・ローでは，より国際標準ともいうべき内容が導入されています。

　このように，平成26年の会社法改正では，その視点に国際標準を考慮するという視点があったと言えるでしょう。そして，その上で更に，外国会社の代表者が日本に住所を有するものに限るという制約（933条1項1号参照）を撤廃するということも今後の改正として検討されています。

（永井和之）

V 機関

 役員等の損害賠償責任(1)：役員等の株式会社に対する責任

1 任務懈怠責任

　株式会社の取締役，会計参与，監査役，執行役または会計監査人（役員等[41]）は，その任務を怠ったときは，株式会社に対し，これによって生じた損害を賠償する責任を負う（423条1項）。役員等と株式会社の間の関係は，委任に関する規定に従うとされており（330条，402条3項），役員等は株式会社に対して善管注意義務（民法644条）を負うため，会社法の規定が存在しなくても債務不履行の規定（民法415条）に基づく損害賠償請求が考えられる。しかし，民法による規律のみでは必ずしも十分とはいえず，加えて役員等の責任を明確化するため，会社法はいくつか個別の責任規定を設けているほか[42]，役員等の会社に対する責任規定を設けているわけである。

　任務懈怠とは，一般に善管注意義務に違反することを意味するが，取締役や執行役の責任を例にとれば，会社法などの個別具体的な法令に違反する行為をした場合，経営判断の誤りなど善管注意義務・忠実義務違反が問題となる場合，他の取締役や執行役の職務の執行を十分に監視・監督することなく，法令違反行為や重大な経営判断の誤りなどを見過ごしてしまった場合などの類型がある[43]。もっとも，この会社に対する責任は，過失責任とされており（428条1項参照），具体的な法令に違反することの認識を持つことが期待できない場合など，役員等が無過失であった場合には責任を問われない。また経営判断事項については，取締役等に相当の裁量の余地を認め，当時の状況に照らして，経営判断の前提となった事実の認識（情報収集・調査・分析）に不注意な誤りがなく，その事実に基づく意思決定の過程・内容において通常の企業経営者として著しく不合理なところがなければ，善管注意義務違反がないとするのが裁判例の傾向であり，結果が悪かったことが直ちに責任に結びつくわけではない。

　役員等が株式会社に生じた損害を賠償する責任を負う場合において，他の役員等も当該損害を賠償する責任を負うときは，これらの者は連帯債務者とされる（430条）。また，この責任を会社が追及する場合には，会社の訴訟代表権について特則（353条，364条，386条，408条）があるほか，この責任は株主代表訴訟（847条以下）によって追及される場合が多い。この責任は総株主の同意がなければ免除することができないが（424条，ただし850条4項），後述（⇨ V-25 ）するように，責任の一部免除が制度化されている。なお，この責任の消滅時効期

▷1　会社法上，役員は取締役，会計参与，監査役を指し（329条1項かっこ書，371条4項，394条3項），役員等の用語は，取締役，会計参与，監査役，執行役，会計監査人を指し（423条1項かっこ書），役員が指名委員会等設置会社以外の会社を前提とした概念であるのに対して，役員等は指名委員会等設置会社を含めた規定に用いられている。

▷2　主要なものとして，「計算等」の章に規定されている，財源規制に違反する剰余金の配当等に関する責任（462条）と「株式」の章に規定されている株主の権利行使に関する利益供与に関する責任（120条4項）が設けられている。その他，52条，213条，213条の3なども参照。

▷3　なお，監視・監督義務との関係では，取締役会設置会社において，責任の発生原因たる行為が取締役会決議に基づいて行われた場合に，取締役会決議に参加した取締役であって，取締役会議事録に異議をとどめないものは，その決議に賛成したものと推定されるため（369条5項），当該取締役会決議に対する賛否が各々取締役の責任の存否について問題となる場合がある。

間は10年と解されている。

2 競業取引に関する責任

この役員等の株式会社に対する任務懈怠責任の規定には，いくつかの特則がある。まず，取締役・執行役が競業取引規制（356条1項，419条2項）に違反して競業取引をしたときは，当該取引によって取締役，執行役または第三者が得た利益の額は会社に生じた損害の額と推定される（423条2項）。競業取引によって生じた損害の立証は容易ではないためである。この競業取引の問題は事後的に損害賠償責任を追及することのみでは妥当な解決が図れないこともあり（東京地判昭和56年3月26日判時1015号27頁参照），また近時では従業員の引き抜きの問題が競業取引の問題として争われることもある（東京高判平成元年10月26日金商835号23頁）。

3 利益相反取引に関する責任

次に，取締役・執行役が利益相反取引をしたことにより株式会社に損害が生じたときは，①利益相反する取締役・執行役，②株式会社が当該取引をすることを決定した取締役または執行役，③当該取引に関する取締役会の承認の決議に賛成した取締役（指名委員会等設置会社においては会社・取締役間取引または会社・取締役の利益が相反する取引である場合に限る）は，任務を怠ったものと推定される（423条3項。なお監査等委員会設置会社について例外が認められている。同条4項）。③の取締役については，行為者としての責任を問われるわけではなく，承認決議に賛成したことが任務懈怠と推定されることになり，この推定を覆すためには，相当の注意を尽くして決議に賛成したことを③の取締役の側で主張・立証しなければならないことになる。

利益相反取引は競業取引と同様の規制に服するが（356条，365条，419条2項），この任務懈怠の推定は承認を得た取引にも及ぶ。利益相反取引が会社に損害を生じることの危険性が高いことに配慮したためである。

4 自己取引に関する責任

さらに，利益相反取引のうち，直接取引（会社・取締役間，会社・執行役間）であって，自己のためにした取引（自己取引）の場合には，当該取引をした取締役または執行役の株式会社に対する責任は，任務を怠ったことが当該取締役または執行役の責に帰することができない事由によるものであることをもって免れることができない（428条1項）。責めに帰することができない事由とは，当該取締役・執行役の無過失を意味すると解されており，そのため，自己取引をなした取締役・執行役はこれによって会社に損害が生じた場合には，無過失の主張ができない（無過失責任）と解されている。

▷4 なお，旧商法264条3項に存在していた「介入権」（取締役・執行役が競業取引規制に違反して自己のために取引した場合，会社側が当該取引を会社のためにしたものと一方的にみなし，取引を引き渡すことを請求できる権利）の制度は，実効性に疑問があるとして会社法においては廃止されている。

V 機関

 役員等の損害賠償責任(2)：役員等の株式会社に対する責任の一部免除

1 責任の一部免除

　役員等の株式会社に対する任務懈怠責任（423条）は，総株主の同意がなければ免除することができない（424条）。これは会社に対する責任を全部免除することを可能にする規定ではあるが，株式が広く分散している株式会社にとっては事実上不可能である。免除要件が厳格にすぎるとの指摘に加え，最近では，高額な損害賠償責任が株主代表訴訟によって追及されるケースも多く，経営の萎縮を招いているとの指摘もなされ，これを受けて平成13年12月の商法改正で導入されたのが責任の一部免除の制度である。

　会社法においては，一部免除の方法ごとに条文が整理されており，一定の要件の下で，役員等の株式会社に対する責任の一部免除を，株主総会決議（425条）によって，または，定款授権に基づく取締役会の決議（取締役会が設置されていない株式会社の場合には取締役の過半数の同意）（426条）によって認め，社外取締役等については，株式会社との間での事前の責任限定契約（427条）に基づいて責任額を限定することを認めている。なお，自己取引による取締役・執行役の責任は，これらの免除の対象とはならない（428条2項）。

　責任の一部免除の制度は，役員等が一定額（後述の最低責任限度額）までは責任を負うことを前提としている。そのため免除後に財産上の利益を与える場合には株主総会の承認を要するとするなど，潜脱を防止する規制が設けられている（425条4項，5項，426条6項，427条5項）。

2 株主総会決議による責任の一部免除

　役員等の株式会社に対する任務懈怠責任は，当該役員等が職務を行うにつき善意でかつ重大な過失がないときは，賠償の責任を負う額から**最低責任限度額**を控除して得た額を限度として，株主総会の決議によって免除することができる（425条1項）。この株主総会の決議は，特別決議によることが必要である（309条2項8号）。

　責任免除を決議する株主総会においては，責任発生原因事実，賠償責任額，免除可能額の限度，その算定根拠，が開示されなければならない（425条2項）。また，取締役（監査等委員，監査委員であるものを除く）・執行役の責任免除に関する議案を総会に提出するには，監査役設置会社においては監査役全員，監査

▷1　株式会社に最終完全親会社等がある場合の責任の免除，一部免除については，⇒ V-28「株主の監督是正権(2)」166頁

▷2　この制度が設けられる契機となったのは，大阪地判平成12年9月20日判時1721号3頁（大和銀行事件判決）である。

▷3　もっとも，この責任の一部免除の制度が役員等の損害賠償責任保険と組み合わされることにより，責任制度の任務懈怠を抑止する側面での機能が阻害されるのではないかという懸念が少なからず指摘されている。

▷**最低責任限度額**

最低責任限度額とは，当該役員等がその在職中に株式会社から職務執行の対価として受け，または受けるべき財産上の利益の1年あたりの額に相当する額（算定方法については，会社法施行規則113条参照）に役員等の区分に応じた数（代表取締役・代表執行役は「6」，代表取締役以外の取締役で社外取締役でない取締役・代表執行役でない執行役は「4」，社外取締役・会計参与，監査役，会計監査人は「2」）を乗じて得た額と，当該役員等が当該株式会社の新株予約権を引き受けた場合（特に有利な条件または金額の場

等委員会設置会社にあっては監査等委員全員，指名委員会等設置会社にあっては，監査委員全員の同意が必要である（425条3項）。

❸ 定款授権に基づく取締役会決議等による責任の一部免除

　監査役設置会社（取締役が2人以上いる場合に限る），または指名委員会等設置会社では，役員等の株式会社に対する責任について，当該役員等が職務を行うにつき善意でかつ重大な過失がない場合において，責任の原因となった事実の内容，当該役員等の職務の執行の状況その他の事情を勘案して特に必要があると認めるときは，❷の方法で免除できる額を限度として，取締役（当該責任を負う取締役を除く）の過半数の同意（取締役会設置会社では取締役会決議）によって免除することができる旨を定款で定めることができる（426条1項）。監査役設置会社でも監査等委員会設置会社でも指名委員会等設置会社でもない（すなわち，監査役も監査等委員も監査委員も存在しない）場合には，定款の授権があっても適切な免除の行使が期待できないため，この方法による責任免除はできず，❷または❹の方法によらなければならない。

　定款の定めを設ける議案の総会提出，定款の定めに基づく取締役（監査等委員，監査委員を除く）・執行役の責任免除に関する議案の取締役会への提出（取締役会を設置していない株式会社では取締役の同意を得る場合）には，監査役（監査等委員会設置会社では監査等委員，指名委員会等設置会社では監査委員）全員の同意が必要である（426条2項，425条3項）。原則として総株主の議決権の100分の3以上の議決権を有する株主が一定期間内に免除に異議を述べた場合には，この方法による免除はできない（426条3項-5項）。

❹ 責任限定契約

　株式会社は，**非業務執行取締役等**との間で，社外取締役等の株式会社に対する責任について，当該社外取締役等が職務を行うにつき善意でかつ重大な過失がないときは，定款で定めた額の範囲内で予め会社が定めた額と最低責任限度額とのいずれか高い額を限度とする旨の契約を締結することができる旨を定款で定めることができる（427条1項）。社外取締役（監査委員であるものを除く）との間で責任限定契約を締結することができる定款の定めを設ける議案を株主総会に提出する場合には，監査役（監査委員）全員の同意が必要である（427条3項，425条3項）。責任限定契約を締結した株式会社が社外取締役等の任務懈怠により損害を受けたことを知ったときは，その後最初に招集される株主総会において，責任原因事実，賠償責任額，免除可能額の限度，その算定根拠，当該契約の内容および当該契約を締結した理由，損害のうち当該社外取締役等が賠償する責任を負わないとされた額を開示しなければならない（427条4項）。

合）における当該新株予約権に関する財産上の利益に相当する額（算定方法については，会社法施行規則114条参照）との合計額である（425条1項）。6，4，2の乗数はもともと立法過程における政治的妥協から生まれたものであるが，会社法においても，それなりの合理性を持つものとして引き継がれている。

▶**責任限定契約の相手方としての非業務執行取締役等**
株式会社との間で責任限定契約を締結することができるのは，業務執行取締役等（2条15号イかっこ書）以外の取締役，会計参与，監査役，会計監査人（これらを「非業務執行取締役等」と呼んでいる。427条1項かっこ書）のみである。

Ⅴ 機関

26 役員等の損害賠償責任(3)：役員等の第三者に対する損害賠償責任

1 対第三者責任の根拠

役員等がその職務を行うについて悪意または重大な過失があったときは，当該役員等は，これによって第三者に生じた損害を賠償する責任を負う（429条1項）。役員等が第三者に生じた損害を賠償する責任を負う場合において，他の役員等も当該損害を賠償する責任を負うときは，これらの者は連帯債務者とされる（430条）。

本来，役員等は会社との関係では任務を負っているが，第三者（取引の相手方等）とは直接の法律関係に立つことはなく，契約上の責任が問題とならない以上は，不法行為責任（民法709条）が問題とされるほかは，第三者に対して責任を負うことはないはずである。しかし，取引社会において株式会社の占める地位が大きいこと，特に中小零細な株式会社が破綻した場合には，第三者保護の要請が大きいことなどを背景として，役員等の任務懈怠につき悪意・重過失がある場合には，対第三者責任が認められている。この規定の法的性質をめぐっては理論的な対立が激しいが，上述の背景を前提として，現在の通説，および判例（最大判昭和44年11月26日民集23巻11号2150頁）は第三者保護のための，**特別法定責任**を規定したものであると解している。株式会社が破綻した場合に，損害を被った第三者がこれによって取締役等の責任を追及するケースは非常に多く，中小零細な株式会社をめぐっては，法人格否認の法理（⇨ Ⅰ-2「法人格の果たす役割」6頁）の代替的な機能を果たしているともいわれている。

2 要件・適用範囲

役員等の対第三者責任の要件は，任務懈怠につき，悪意または重過失があり，当該任務懈怠と第三者の損害との間に因果関係があることが必要である。

第三者が被る損害のうち，取締役の悪意・重過失による任務懈怠によって会社が損害を被り，その結果第三者に損害が生じる場合を「間接損害」，会社に損害がなく，直接第三者が損害を被る場合を「直接損害」と呼んでいる。前者の典型は，放漫な経営によって会社が倒産し，会社債権者が損害を被る場合であり，後者の典型は，会社が倒産に瀕した時期に取締役が返済見込みのない金銭の借入れをし，結果として第三者が被る損害である。学説は，どの損害について賠償請求を認めるかについて争いがあるが，前掲・最大判はこれら間接損

▷1 会社法429条1項の責任は，旧商法266条ノ3第1項に規定されていたが，この責任の法的性質の問題は，旧規定の解釈をめぐる入口での争点であったといえる。特別法定責任説と最も顕著な対照を見せていたのは不法行為責任の特則とみる見解であり，この説によれば，取締役は悪意・重過失がない限り第三者に対して（不法行為としての）責任を負わないとされ，その趣旨は大量，迅速に職務を遂行しなければならないという重責を担う取締役について，責任を軽減すべきとするところにあり，さらにその背後には，大規模企業のみが株式会社制度を利用すべきであるという考えがあったものと思われる。

▷**特別法定責任**

契約上の責任，すなわち債務不履行責任（民法415条）でもなく，不法行為責任（民法709条）でもない，一定の目的のために法が特に定めた責任という意味合いである。この視点からは，役員等の株式会社に対する損害賠償責任は，法的性質としては，契約上の債務不履行責任の一種ということになる。

害・直接損害のいずれについても賠償請求を認める旨を判示している。

　もっとも，株主が被る間接損害について，対第三者責任の規定による救済を認めると，理論的には難しい問題が生じる。例えば，取締役等の放漫経営等によって会社が大きな損害を被ることにより，株主の有する株式の価値が半減してしまったような場合に，この株主の被る損害を対第三者責任によって追及できるとする。その場合，会社も損害を被っているわけであるから，会社自身あるいは株主代表訴訟によって役員等は会社に対する責任も追及される可能性がある。役員等が株主に対第三者責任を果たした場合に，会社に対する責任も残るとすれば，二重の責任を負担することになるし，責任が対第三者責任を果たした分だけ減少するとすれば，責任免除規定と矛盾することになる。そのため，第三者の文言は確かに当事者たる株式会社と役員等以外の者を指すものではあるが，現在の多数説は，間接損害について株主は第三者に含まれず，株主の間接損害は役員等の対会社責任（423条）を代表訴訟（847条）によって追及し，会社の損害を回復することによって株主の損害の回復も図るべきであるとしており，下級審裁判例（東京高判平成17年1月18日金判1209号10頁）も概ねこのような見解にしたがっている。

3 責任を負う役員等

　会社法429条1項（旧商法266条ノ3）をめぐる解釈は，主として中小零細な株式会社における取締役の対第三者責任について形成されてきたが，旧商法は株式会社について，最低3名の取締役を求めていた（旧商法255条。現在の会社法においては，取締役会設置会社について331条4項）。そのため株式会社形態を採用するための人数合わせのために，実際には任務を遂行しなくてよいという合意の下に取締役に就任するケース（名目的取締役などと呼ばれる）や，選任決議がなく登記簿上取締役となることに承諾するケースも少なくなく，これらの者が株式会社の倒産に際して取締役としての第三者責任を追及されるケースも見られる。前者のケースでは原則として429条1項の責任を負うと考えざるを得ないが，個別の事情を考慮して責任を否定した裁判例も少なくない。また，後者のケースでは，不実の登記の効力を規定する908条2項（旧商法14条，現行商法9条2項も参照）を類推適用して責任を認める場合も少なくない（最判昭和47年6月15日民集26巻5号984頁）。

4 虚偽記載等に基づく責任

　一定の書類への虚偽記載，虚偽の公告，虚偽の登記などをした役員等は，これらの行為に基づいて対第三者責任を負う（429条2項）。過失責任ではあるが，行為の重大性に鑑み，職務を行うについて注意を怠らなかったこと（無過失）について，役員等が立証責任を負う（同条2項ただし書）。

▷2　後者のケースに類似するが，取締役辞任後，辞任登記が未了であったために，取締役としての外観が残り，対第三者責任が追及されるケースもある。このようなケースについては，辞任した者が辞任したにもかかわらずなお積極的に取締役として対外的または内部的行為をあえてした場合や，辞任登記を申請しないで不実の登記を残存させることにつき明示的に承諾を与えていたなど特段の事情が存在する場合を除いては，対第三者責任を負わないとするのが判例の立場である（最判昭和62年4月16日判時1248号127頁）。

Ⅴ 機関

株主の監督是正権(1)：株主代表訴訟

① 株主代表訴訟の意義と対象

　役員等が株式会社に対して損害賠償責任を負う場合には，その責任の追及は本来会社自身が行うべきものである。しかし，会社にとって役員等は，いわば身内であり，本来追及されるべき責任が追及されない危険もある。そのため，株主が会社に代わって会社のために役員等の会社に対する責任を追及する訴えを提起する途が確保されている。これが株主代表訴訟であり，会社法は，これを「責任追及の訴え」として規定している（847条以下）。

　株主代表訴訟は損害の塡補を目的とした事後の救済手段であるが，間接的には役員等の違法行為を抑止する効果を期待することもできる。株主が会社のために訴訟を提起するものであって，勝訴（一部勝訴）した場合でも株主が直接利益を得るものではないが，訴訟費用を除く必要な費用を支出，弁護士報酬について，その範囲内で相当と認められる額の支払を，株式会社に対して請求することができる（敗訴の場合は請求できない。852条1項参照）。

　役員等の会社に対する責任に加え，発起人，設立時取締役，設立時監査役，清算人の責任のほか，株式会社が株主の権利行使に関して利益供与をした場合に利益供与を受けた者に対する利益の返還を求める訴え，出資の履行を仮装した募集株式の引受人に対して支払・給付を求める訴え，不公正な払込金額で株式・新株予約権を引き受けた者に対する支払・給付を求める訴えも，株主代表訴訟の対象である（847条1項）。

② 株主代表訴訟の手続

　6カ月前（定款で短縮可）から引き続き株式を有する株主▷1（非公開会社ではこの継続保有要件は必要ない。847条2項）は，株式会社に対して書面その他の方法（会社法施行規則217条）により，役員等の責任を追及する訴えの提起を請求することができ（847条1項），この請求の日から60日以内（この期間の経過によって株式会社に回復することのできない損害が生じるおそれがある場合には直ちに訴えを提起できる─同条5項）に，株式会社が責任追及の訴えを提起しないときは，請求をした株主は株式会社のため，自ら訴えを提起することができる（847条3項）▷3。

　目的の価額の算定については，財産上の請求でない請求に係る訴えとみなされる（847条の4第1項）。株主からの提訴請求を受けた株式会社が訴えを提起し

▷1　単元未満株主も株主であることから，原則として株主代表訴訟の提起が可能であるが，単元未満株主の権利を制限する定款の定めによって権利を行使することができない単元未満株主は，代表訴訟を提起することができない（847条1項かっこ書）。

▷2　この継続保有要件は，当該株主代表訴訟の係属中，維持されていなければならないと解されており，株主が自ら株式を譲渡して株主でなくなった場合には，原告適格を喪失する。しかし，株式会社の株式交換，株式移転，合併などにより当該株式会社の株主でなくなることもあり，この場合に一定の手当がなされている（851条）。また，株式交換，株式移転，合併などにより当該株式会社の株主でなくなった場合であっても，一定の場合には代表訴訟の提起が認められている（847条の2）。

▷3　責任追及の訴えは，株式会社の本店の所在地を管轄する地方裁判所の管轄に専属する（848条）。

ない場合には，会社は株主または役員等提訴請求対象者（なお，会社法施行規則2条3項19号参照）の請求により，遅滞なく訴えを提起しなかった理由を書面その他の方法（同規則217条）により通知しなければならない（847条4項）。株主の提訴請求に対し，会社が充実した調査をすることが紛争の適切な解決に資するとの理由から考えられた制度である。

3 濫用の防止

代表訴訟にも制度の濫用のおそれは存在し，そのため，訴えが当該株主もしくは第三者の不正な利益を図りまたは当該株式会社に損害を加えることを目的とする場合は，会社に対する提訴請求ができないとされている（847条1項ただし書）。提訴請求は株主が自ら訴えを提起する前提であるため，この場合には代表訴訟を提起することができない。

また，株主が代表訴訟を提起したときは，裁判所は被告（役員等）の申立てにより，当該株主に対し，相当の担保を立てることを命じることができる（847条の4第2項）。

前者は株式会社が代表訴訟の濫用に振り回されることを防止するための制度であり，後者は，被告たる役員等の利益保護のための制度である。被告がこの担保提供の申立てをするには，訴えの提起が悪意によるものであることを疎明しなければならない（847条の4第3項）。

4 訴訟参加

株主または株式会社は，原則として，共同訴訟人として，または当事者の一方を補助するため，責任追及等の訴えに係る訴訟に参加することができる（849条1項。なお同条ただし書参照）。

株式会社が被告役員等の側に補助参加するためには，監査役全員（監査等委員会設置会社である場合には監査等委員全員，指名委員会等設置会社である場合には，監査委員全員）の同意が必要である（同条3項）。これは，前述のとおり，責任を追及される役員等は他の役員等はいわば身内であるため，被告役員等の側に補助参加することについて慎重な手続を求めるものである。また，株主，会社双方のため，参加の機会を逃さないための制度が設けられている（同条4項以下参照）。

▷4 これまでの下級審裁判例では，悪意にあたる場合は二つに分けられ，①「原因の重要部分に主張自体失当の点があり，主張を大幅に補充，変更しない限り，請求の認容される可能性のない場合，請求原因の立証の見込みが低い場合，被告の抗弁が成立して請求が棄却される蓋然性が高い場合，代表訴訟提起が手続上，明白に違法である場合に，原告がこれらの事情を認識しつつあえて訴えを提起した場合」（不当訴訟要件），②「原告が代表訴訟を手段として不法不当な利益を得る目的を有する場合」（不法不当目的要件）の，これらに該当する場合を悪意としている（事件の名前をとって，「蛇の目基準」などとも呼ばれる。東京地決平成6・7・22判時1504号121頁参照）。もっとも，①の場合に，過失による不当訴訟も悪意になりうるか否かについては学説上争いがあり，その後の下級審裁判例も分かれている。

V 機 関

株主の監督是正権(2)：多重代表訴訟等

1 多重代表訴訟

▷1 **最終完全親会社等**
当該株式会社の完全親会社等であって，その完全親会社等がないものをいう（847条の3第1項かっこ書）。つまり，親子会社関係の頂点に立つ完全親株式会社が想定されている。

▷2 ただし，①特定責任追及の訴えが当該株主もしくは第三者の不正な利益を図りまたは当該株式会社もしくは当該最終完全親会社等に損害を加えることを目的とする場合，②当該特定責任の原因となった事実によって当該最終完全親会社等に損害が生じていない場合，には，特定責任追及の訴えの提起請求ができない（847条の3第1項ただし書）。すなわち，これらの場合には，多重代表訴訟を提起することはできない。①は代表訴訟の場合と同じであり（847条1項ただし書），②は親会社が子会社から利益を得た場合や，子会社間において利益が移転した場合等のように，子会社に損害が生じた場合であっても，親会社に損害が生じていないときは，親会社株主は，子会社の取締役の責任追及について利害関係を有していないため，親会社株主による多重代表訴訟を認めない趣旨である。

近年，持株会社を中心とするグループ経営が急速に広まった中で，その業務や経営の中心が子会社にあり，持株会社による子会社の経営の監督があまり効いていないのではないかという問題が意識されるようになった。特に，完全子会社などでは，実質的に株主がいるのは持株会社のほうだけであるため，実際に業務上の問題が起きている子会社の経営に対し，株主からのチェックが働かないことになる。また，持株会社以外の一般の親子会社においても，日本においては子会社に対する親会社の監督があまり効いておらず，子会社の不祥事や経営不振が企業グループ全体に大きな悪影響を及ぼす場合が少なくないといわれる。このようなことから，平成26年会社法改正において，株式会社たる親会社の株主が，株式会社たる子会社や孫会社等の取締役等に対する請求権を代位行使できるという，多重代表訴訟の制度が導入された。すなわち，6カ月（定款で短縮可）前から引き続き株式会社の最終完全親会社等の総株主（完全無議決権株主を除く）の議決権の100分の1（定款で軽減可）以上の議決権を有する株主または当該最終完全親会社等の発行済株式（自己株式を除く）の100分の1（定款で軽減可）以上の数の株式を有する株主は，当該株式会社に対し，書面その他の法務省令で定める方法により，特定責任に係る責任追及等の訴え（特定責任追及の訴え）の提起を請求することができ（847条の3第1項），株式会社がこの請求の日から60日以内に特定責任追及の訴えを提起しないときは，当該請求をした最終完全親会社等の株主は，株式会社のために，特定責任追及の訴えを提起することができる（同条7項）。

子会社に他の少数株主が存在する場合には，多重代表訴訟は認められない。また，株主代表訴訟提起権が単独株主権であるのに対し，多重代表訴訟提起権は，議決権または発行済株式の100分の1という基準で認められる少数株主権である。

多重代表訴訟で追及し得るのは，「特定責任」に限られる。特定責任とは，当該株式会社の発起人等の責任の原因となった事実が生じた日において，当該株式会社（子会社等）の最終完全親会社が有する当該株式会社の株式の帳簿価額（当該最終完全親会社が間接的に有するものを含む完全子法人が有する当該株式会社の株式の帳簿価額を含む）が当該最終完全親会社の総資産額の5分の1を超える

場合における当該発起人等の責任をいい（847条の3第4項），これは，重要な子会社の取締役等の責任に限り，多重代表訴訟の対象とする趣旨である。

なお，多重代表訴訟が認められることとなる関係で，親会社に最終完全親会社がある場合には，多重代表訴訟の対象とすることができる当該株式会社の取締役等の責任は，当該最終完全親会社の総株主の同意がなければ，免除することができず（847条の3第10項），一部免除についても同趣旨の規律が設けられている（425条，426条参照）。

▷3 ⇨ V-25 「役員等の損害賠償責任(2)」160頁

❷ 違法行為差止請求権

代表訴訟による事後的な損害賠償では救済されない場合がありうることも想定される。そこで，6カ月前（定款で短縮可）から引き続き株式を有する株主（非公開会社ではこの継続保有要件は必要ない）は，取締役・執行役が株式会社の目的の範囲外の行為その他法令もしくは定款に違反する行為をし，またはこれらの行為をするおそれがある場合において，当該行為によって当該株式会社に回復することができない損害（監査役設置会社でも監査等委員会設置会社でも，さらには指名委員会等設置会社でもない場合には株主による直接の監督を拡張する必要があるため「著しい損害」で可能）を及ぼすおそれがあるときには，取締役・執行役に対して行為の差止を請求する権利が認められている（360条，422条）。迅速性を要するため，代表訴訟の際の提訴請求のような事前の手続は必要ないが，差止という強力な手段であるため，回復することができない損害に限定されている。

❸ 業務執行に関する検査役による調査

株式会社の業務の執行に関し，不正の行為または法令もしくは定款に違反する重大な事実があることを疑うに足りる事由があるときは，総株主（完全無議決権株主を除く）の議決権の100分の3（定款で引下げ可）以上の議決権を有する株主，または発行済株式（自己株式を除く）の100分の3（定款で引下げ可）以上の数の株式を有する株主は，当該株式会社の業務および財産の状況を調査させるため，裁判所に対し，検査役の選任の申立てをすることができ，申立てがあった場合には裁判所は，これを不適法として却下する場合を除き，検査役を選任しなければならない（358条1項，2項）。この検査役は，当該会社の（必要があるときは子会社についても―同条4項）業務および財産状況の調査を行い，その結果を裁判所に報告する（5項）。裁判所は必要があると認めるときは，①一定の期間内に株主総会を招集すること，②調査の結果を株主に通知すること，の全部または一部を命じなければならない（359条1項）。

▷4 ⇨ V-1 「株式会社の機関と機関設計」108頁

○ Exercise

○理解できましたか？
　1）株式会社の機関にはどのようなものがありますか。また，それぞれどのような役割を担っていますか。
　2）役員等は株式会社に対してどのような義務を負い，どのような場合にどのような責任を負いますか。
○考えてみましょう！
　1）公開会社では，どのような機関設計が可能ですか。
　2）公開会社と公開会社でない株式会社では，株主総会の招集，運営にどのような違いがありますか。
○調べてみましょう！
　1）現在，みなさんが知っている有名な株式会社（たとえば，ソニーやトヨタなど）ではどのような機関設計が採られていますか。
　2）話題となった株主代表訴訟にはどのようなものがありますか。また，どのような問題が争点となり，裁判所はどのような判断をしましたか。

○ 勉学へのガイダンス

○初学者のための入門，概説書
　柴田和史『図でわかる会社法』日本経済新聞社（日経文庫ビジュアル），2014年
　　本書よりも前に目を通すべき入門書である。見開き1項目で，右側は図解，左側が解説となっている。視覚から入る点で斬新な入門書である。
　中東正文・白井正和・北川徹・福島洋尚『ストゥディア会社法』有斐閣，2015年
　　本書での学習と併行して，活用してほしい概説書である。コラムや図表を豊富に用いているほか，ポイントを絞って，なぜそのような制度となっているのかを丁寧に叙述する点が大きな特徴である。
○進んだ勉学を志す人に
　弥永真生『リーガルマインド会社法　第14版』有斐閣，2015年
　　単著者による，工夫に富んだ，定評ある教科書である。会社法を見る視点の提供や，豊富な図解・脚注があり，これ一冊であらゆる資格試験に対応できる。
　落合誠一編『会社法 Visual Materials』有斐閣，2011年
　　資料，図表，統計など，多くの素材と問題，解説が付されており，会社法のイメージがわかない，という人に是非手にとってほしい教材である。
　黒沼悦郎編著『Law Practice 商法［第2版］』商事法務，2014年
　　会社法を中心に商法全体を網羅する演習書である。事例問題に触れてみたいという場合に活用してほしい。
　江頭憲治郎『株式会社法［第6版］』有斐閣，2015年
　　各界から支持されている権威ある体系書である。いずれは一度読み切ってみてほしい。

第VI章 計 算

guidance

　家庭の収入・支出・預貯金を知らずに，住宅ローンを組んだり，エアコンを買ったりはできないはずです。同じく会社の場合にも，儲け・コスト・剰余金（損失）といった財務状況について，適確な把握と処理をすることが必要とされます。

　2006年の会社法施行により，株式会社では最低資本金制度が廃止されました。そのため，会社財産が過小の場合，会社債権者は不安定な立場となるおそれがあります。このことから，会社法は，会社債権者・株主間の利益調整をはかり，分配手続に関する財源規制を設けています。また，財務状況等の適確な把握のため，企業会計原則のほか，計算書類等の記録・作成・開示に関するルールが作られています。

　以上のことをふまえ，本章では，「会社の計算」について解説します。内容として，財源規制の理由とその統一，企業会計原則の特徴，会計帳簿・計算書類等の意義，計算書類等の適正な作成，資本金の意味，剰余金の分配手続，財源規制違反における責任，計算書類の開示方法等をとりあげます。

VI 計算

1 財源規制の理由

1 有限責任制度と会社財産の維持

株式会社は、**有限責任制度**をとる会社形態である（104条）。会社に負債があっても、株主は会社債権者に対して直接、個人財産による責任を負うことはない。そうすると会社債権者にとっては、会社財産が債権回収の唯一の担保となるから、会社内にどれだけの財産が維持されているかが重要なポイントとなる。

会社債権者を保護するためには、会社財産を不当・過多に社外へ流出させ、その結果、資本が空洞化してしまうことは防がなければならない。そのため、**剰余金の配当**等、会社財産の払戻しとなる行為についてはこれを無条件に認めることはせず、分配可能額を定める財源規制を課し、また、業務執行者に期末欠損の塡補責任を課している。財源規制は、剰余金の配当等を目的とする株主と有限責任制度下における会社債権者間の利益調整機能を有している（利益調整規定）。

2 財源規制の統一化

従来、財源規制については、その対象となる行為の性格が異なるため、根拠規定・限度額は個別に定められていた。例えば、株主への配当については配当可能利益の限度額内（旧290条など）、資本金または準備金の減少に伴う払戻しについては最低資本金額または資本金の4分の1の限度内（旧375条など）、自己株式の有償取得については配当可能利益を基準にした限度内（旧210条3項など）と規定されていた。

現行法では、これらの行為を「剰余金の分配」として共通に捉え、そうすると各行為ごとに規制を区別する合理性がないことから、統一した財源規制を課している（461条）。また、分配可能額の算定方法についても、複雑化していた計算方法をわかりやすくするために控除方式から積み上げ方式に変更した（⇨ Ⅵ-7 「剰余金の分配手続」182頁参照）。もっとも、分配ができる財源の範囲は従来と変わらない（同条2項）。

3 財源規制の対象となる行為

財源規制の対象は、**自己株式の取得**、剰余金の配当、資本金・準備金減少による払戻しの行為である。特に自己株式については、従来とは異なり、原則と

▷**有限責任制度**
株主は間接・有限責任を負う。払込金は会社資本を形成し、これが会社債権者の責任財産となる。その意味では間接に責任を負うが、なお会社に負債が残っていたとしても、これ以上、会社債権者に対して直接かつ追加的な責任を負うことはない。

▷**剰余金の配当**
従来、利益配当といわれていた。この他、「剰余金の分配」という表現があるが、この場合には剰余金の配当・減資による払戻し・自己株式の有償取得が含まれる。「剰余金の分配」は、「剰余金の配当等」といわれることもある。

▷**自己株式の取得**
自己株式の「取得」は「買受け」を含む概念である。買受けは自己株式を会社の意思で有償取得する場合である。取得には買受けの他、例えば、A社がB社を吸収合併した際に、B社が有するA社株を保有する場合などがある。

して自己株式の有償取得全般に財源規制を課している。

具体的には，①譲渡承認請求に不承認で自己株式を買い取る場合，②子会社からまたは市場取引・公開買付けによる自己株式取得の場合，③自己株式取得の場合，④全部取得条項付種類株式を全部取得する場合，⑤相続人その他一般承継により株式を取得した者に対する売渡請求による自己株式買取りの場合，⑥株式会社が所在不明株式を競売に代えて売却するときに認められる自己株式の買取りの場合，⑦端数株の処理のために競売に代えて売却するときに認められる自己株式の買取りの場合，⑧剰余金の配当（剰余金の配当・中間配当・資本金・準備金の減少に伴う払戻し）の場合には，株主に交付する金銭等の総額は分配可能額を超えてはならないとしている（461条1項）。

4 財源規制の対象外とされる行為

次の行為は財源規制の対象外とされる。①事業全部の譲受け・合併・会社分割による取得（155条10号-12号），②事業譲渡等・吸収合併等における株主からの買取請求に応じた買受け（469条1項・785条1項など），③単元未満株主からの買取請求による買受けである（192条1項）。

これらの行為は，合併等の組織再編によって不可避的に有償取得する場合，または会社法の規定から義務的に自己株式を有償取得する場合だからである。①合併の場合，消滅会社が存続会社の株式を所有していれば，当然に自己株式を取得してしまう。また，②の場合，株主に重大な利害関係が生ずるおそれがあることから，③の場合，株主権が制限され不利益を被ることから，株主が会社脱退を希望する場合には，会社法はその所有する株式を会社に買い取らせることを認めている。

5 欠損塡補責任

財源規制に従った場合でも期末に欠損を生ずるならば，業務執行者は会社に対して，連帯してその超過額を支払う義務を負う（465条）。ただし，注意を怠らなかったことを証明できた場合には義務を負わない（同1項ただし書）。なお，この義務は総株主の同意により免責される（同2項）。

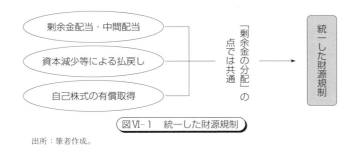

図Ⅵ-1　統一した財源規制

出所：筆者作成。

VI 計算

 企業会計とその原則

企業会計の目的

　企業会計は，ある時点における企業の財産状況（資産・負債など）およびある期間における儲けの状況（費用・損益。会社の成績でもある）について把握し，それを明らかにする方法である。株式会社には，株主・会社債権者・投資家・経営者等，多くの者が関係している。一般的にいえば，これらの者が意思決定をするために必要な財務情報等の企業情報を企業に開示させることが企業会計の目的である。

　企業会計の領域は，企業の財産・損益といった財務状況を株主・債権者・投資家等の外部情報利用者に対し報告（外部報告）する財務会計，および経営者が経営計画・管理統制するのに有用な情報を報告（内部報告）する管理会計からなる。

② 三つの企業会計制度

　企業会計は根拠法から，会社法上の会計制度（従来の商法会計），金融商品取引法上の会計制度，税法上の会計制度に分類される。これを「トライアングル体制」といい，三つの会計制度が相互に機能し合っていることを表している。例えば，会社法により確定された計算書類等をもとに，**金融商品取引法**上の財務諸表・税法上の課税申告書が作成される。

　会社法上の会計は，株主利益を確保しながら会社債権者を保護することを目的とする。そのため，株主への分配可能額を財源規制により決定し，財務状況等について開示規制を課している。株式会社では，会計書類として，商業帳簿の他，貸借対照表・損益計算書・株主資本等変動計算書・事業報告・附属明細書・連結計算書類等の作成が義務づけられており，商法・会社法・会社法施行規則等が詳細を定める（435条）。計算書類等は株主・株主総会へ提出される。

　金融商品取引法上の会計は，投資家の保護を目的とし，投資判断に必要な企業内容の開示を**上場会社等**に対して要求している。開示対象となる有価証券届出書や有価証券報告書には，貸借対照表・損益計算書・**キャッシュフロー計算書**・附属明細表等の財務諸表・連結財務諸表が含まれる（金融商品取引法5条，24条など）。これらの作成については，企業会計原則や財務諸表等規則が定める。提出先は管轄財務局・証券取引所（金融商品取引所）である。

　税法上の会計は，課税の公平性・確実性を目的とする。株主総会の承認を得

▶**金融商品取引法**
旧「証券取引法」が，2007年に「金融商品取引法」と改題され，施行されている。

▶**上場会社等**
公開会社や一定額以上の有価証券の発行・売出を募集する会社である。1億円以上の場合，有価証券届出書を作成し，内閣総理大臣に提出しなければならない。

▶**キャッシュフロー計算書**
ある期間（営業年度など）の現金・預金の動きとその残高を表す財務諸表であり，会社の実態をより正確に把握するため損益計算書および貸借対照表を補完する。損益計算書・貸借対照表・キャッシュフロー計算書を財務三表という。

▶**企業会計の処理**
企業会計の処理には財産法と損益法がある。財産法は，

表Ⅵ-1 企業会計原則の内容

一般原則：企業会計全般について	
真実性の原則	企業の財政・経営状態については，真実を報告する。
正規の簿記の原則	正確な会計帳簿を作成し，誘導法によって正確な財務諸表を作成しなければならない。
資本・利益区分の原則	資本取引と損益取引を区分し，資本剰余金と利益剰余金を混同してはならない。
明瞭性の原則	会計に関する内容を明瞭に関係者に対して示し，企業の状況に関する判断を誤らせないようにする。
継続性の原則	その処理の原則および手続を毎期継続して適用し，みだりにこれを変更してはならない。
保守主義の原則	企業の財政に不利な影響を及ぼす可能性がある場合，これに備えて適当に健全な会計処理をしなければならない。
単一性の原則	異なる形式の財務諸表を作成する必要がある場合，それらの内容は信頼しうる会計記録に基づいて作成されたものであって，政策の考慮のために事実の表示をゆがめてはならない。二重帳簿の禁止。
損益計算書原則：一定期間の費用と損益（企業の経営成績）について	
発生主義の原則	費用・収益は発生した期間に正確に割当て処理をしなければならない。ただし，未実現収益は計上してはならない。
総額主義の原則	費用・収益は総額を記載することを原則とし，費用項目と収益項目を直接に相殺し，全部または一部の記載を除去してはならない。
費用収益対応の原則	費用および収益を発生源泉別に大まかに分類し，各収益項目と費用項目とを損益計算書に対応表示しなければならない。
貸借対照表原則：ある時点における財務状況（資産・負債等）	
総額主義の原則	資産，負債および純資産は，総額によって記載することを原則とし，資産項目と負債または純資産項目とを相殺し，全部または一部の記載を除去してはならない。
原価主義の原則	時価によるのではなく，取得原価に基づいて費用計算を行う。
注　解	
重要性の原則	利害関係者の判断を誤らせない限りは，正確な会計帳簿に基づかない処理も認められる。

出所：筆者作成。

た計算書類，すなわち会社法上の会計によって確定した決算をもとに，税法上の調整を行って課税所得および法人税額を計算し，正確な税務申告書を作成する（法人税法74条　確定決算主義）。税務申告書については，法人税法・同施行令・同基本通達等が定めており，提出先は管轄税務署である。

❸ 企業会計原則

　企業会計原則は，企業会計の実務慣行として発達したものの中で一般に公正妥当として認められたところについて，企業会計審議会が要約をした会計処理基準である。法令ではないので法的拘束力はないが，**企業会計の処理**にあたり従わなければならない。企業会計原則に従うというのは，単に参考とするだけでは不十分であり，正当な目的がない限りこれに従わなければならないということである。会社法は，「一般に公正妥当と認められる**企業会計の慣行**に従うものとする」と定めているが，企業会計原則に従えば「企業会計の慣行」に従ったことになる（431条）。また，商法では，「一般に公正妥当と認められる会計の慣行に従うものとする」と規定している（商19条1項）。

　同原則は，**表Ⅵ-1**のとおり，一般原則・損益計算書原則・貸借対照表原則・注解からなる。

会社債権者保護の観点から，会社財産の把握を目的とする伝統的な考え方である。資産評価は現存価値によるから時価主義・時価以下主義をとり，利益は期首と期末における純資産額の増減で計算する。損益法は，投資者保護の観点から，会社の継続を前提とする。資産評価は取得原価主義をとり，利益は期間収益と期間費用の差額で算出する（期間損益）。

▷**企業会計の慣行**
金融商品取引法では，「一般に公正妥当と認められる企業会計の基準」（財務諸表等規則1条），法人税法では，「一般に公正妥当と認められる会計処理の基準」（法人税法22条4項）と規定している。

Ⅵ　計　算

3　会計帳簿の意義

▷商人
商人とは，自己の名で商行為を業とする者をいう（商4条1項）。商法4条が規定する商行為とは，絶対的商行為・営業的商行為をいう（商501条，502条，会5条）。

▷複式簿記
経済的事実を二面的に帳簿に記載する方法である。例えば，所有するパソコンを売った場合，所有財産額はその分減少するが，他方，現金が増加したという事実を記帳する。現金出納帳に代表される単式簿記では，財産の減少あるいは入金のいずれかの事実しか記載されない。

▷誘導法
様々な帳簿記録に基づいて貸借対照表を作成する方法をいう。実地棚卸から作成される財産目録に基づく棚卸法に対する概念である。

1 なぜ，商業帳簿をつくるのか

商人の営業上の財産および損益の状況を明らかにすることは，商人に合理的な経営を行わせることになるし，取引相手にとっては債権回収ができるかどうかの目安となる。また，投資を計画している者にはその判断材料を提供し，すでに出資をしている者に対してはその運用・利益に関する情報を提供することになる。そのために作成される基本的な帳簿を商業帳簿といい，会計帳簿と貸借対照表等からなる。

2 営業上の財産・損益状況を示す会計帳簿

会計帳簿とは商人の営業上の財産および取引等その他営業上の財産に影響を及ぼすべき事項を記載した帳簿をいう。会計帳簿は，書面の他，電磁的記録によって作成することもできる（433条1項2号）。営業上の財産に影響を及ぼすべき事項とは，契約などの法律行為を原因とする他，事故・災害なども含む。

多くの会社が採用する**複式簿記**では，日記帳・仕訳帳・総勘定元帳の他，現金出納帳・商品仕入帳・商品売上帳などの補助簿も含まれる。他方，伝票・受取証などは，会計帳簿を作成する材料なので会計の資料である。日記帳は商人の日々の取引を発生順に網羅的に記録し，仕訳帳は日記帳の記載に基づき取引を貸方と借方に分類して記帳し，元帳は仕訳帳によって仕分けされた取引を口座ごとに転記をするものである。

株式会社は，法務省令で定めるところにより，適時に正確な会計帳簿を作成しなければならない（432条1項）。記載・記録すべき事象が生じた場合，人為的な不正を回避するために，「適時に」記帳すべきことが明文化されている。作成後，株式会社では，会計帳簿の閉鎖から10年間，会計帳簿およびその事業に関する重要な資料を保存しなければならない（同2項）。

3 会計帳簿と計算書類

上述のように，商人が一般に作成する帳簿を広く商業帳簿という。商人は財産・取引状況を記録する日記帳・仕訳帳等の会計帳簿を作成し，これらをもとにした**誘導法**によって貸借対照表が作成される。商法上の商人の場合，商業帳簿として，会計帳簿および貸借対照表を適時・正確に作成しなければならない

（商19条2項）。株式会社の場合，適時・正確に会計帳簿を作成する他，計算書類・事業報告・附属明細書を作成しなければならない（432条1項，435条2項）。なお，**事業報告**が商業帳簿に含まれるかについては見解が分かれる。

④ 会計帳簿等の閲覧・謄写請求

　会計帳簿およびこれに関する資料の閲覧・謄写請求権は**少数株主権**とされており，総株主の議決権の100分の3以上の議決権を有する株主または発行済株式の100分の3以上の数の株式を有する株主は，株式会社の営業時間内であればいつでも当該権利を行使することができる（433条1項）。

　請求内容は，書面と電磁的記録で異なる。会計帳簿等が書面で作成されている場合には，その書面を閲覧・謄写請求することができ，会計帳簿等が電磁的記録によって作成されている場合には，記録された事項を法務省令で定める方法により表示したものを閲覧・謄写請求することができる（433条1項，施行規則226条）。電磁的記録による場合，閲覧方法は会社のコンピュータに接続しているモニターへの表示により，謄写方法はこれをプリント・アウトすることによる。

⑤ 閲覧・謄写請求が拒絶される場合

　次の場合には，会社は閲覧・謄写請求を拒むことができる（433条2項）。請求資格のある株主が，①その権利の確保または行使に関する調査以外の目的で請求を行った場合，②会社の業務の遂行を妨げ，株主の共同の利益を害する目的で行う場合，③会社の業務と実質的に競争関係にある事業を営むかこれに従事している場合，④会計帳簿等の閲覧・謄写によって知り得た事実を利益を得て第三者に通報するため請求した場合，⑤過去2年以内において，会計帳簿またはこれに関する資料の閲覧または謄写によって知り得た事実を利益を得て第三者に通報したことがある場合である。

　また，親会社社員は，その権利行使のため必要があるときは，請求資格のある株主同様，裁判所の許可を得て会計帳簿等に関する請求を行うことができるが，他方，裁判所により拒絶されることもある（433条3項，4項）。

▷**事業報告**
商業帳簿に含まれないとするのは，一般に，事業報告は，会社の経営の経過・営業の状況を示したものであり，会社の財産・損益の状況を示していないことが理由である。他方，会計に関する事項を含み，会計監査人の監査対象となることもあるから，商業帳簿に含まれるとする見解もある（⇨Ⅵ-4「計算書類等の意義」176頁も参照）。

▷**少数株主権**
行使要件（議決権数基準と株式数基準）による制限を課されている株主権をいう。制限を課す理由は，単独株主権とした場合，その行使による事務負担の影響が大きいこと，特殊株主などにより濫用され会社・株主等が損害を被るおそれがあること，従って，ある程度資本的貢献度が高い株主に与えるべきということである。

図Ⅵ-2　株式会社が作成すべき会計帳簿等

出所：筆者作成。

Ⅵ 計算

4 計算書類等の意義

1 会社であれば作成が義務化

　計算書類は，決算期ごとに書面または電磁的記録により作成すべき書類である。会社であれば作成が義務化されているが，その対象範囲は会社の種類により異なる。株式会社では，計算書類として，貸借対照表・損益計算書・株主資本等変動計算書・個別注記表，計算書類以外として，**事業報告**・附属明細書を作成しなければならない（435条2項，3項）。さらに，連結計算書類や臨時計算書類が作成されることもある（444条，441条）。取締役会設置会社では，計算書類等は定時株主総会への招集通知に際して提供しなければならない（一定の場合には，監査報告・会計監査報告も必要とされる。437条）。

▷**事業報告**
会社法施行前は，営業報告書と呼ばれ計算書類に含まれていた。また，同じく計算書類であった利益処分案・損失処理案は廃止された。会社法では，資本計数の変動決議およびこれを財源とする剰余金の分配決議を適宜に行えるので，これらの手続に吸収された（⇨Ⅵ-3「会計帳簿の意義」174頁も参照）。

2 財産状況を示す貸借対照表

　貸借対照表は，決算期において会社にどれだけの財産（資産・負債・資本・剰余金等）があるのかという状況を示している（会社計算規則104条-）。**貸借対照表のスタイル**としては，右側（貸方）を「負債の部」と「純資産の部」とし，左側（借方）を「資産の部」とするものが一般的に用いられる（T型）。貸方はどのように資金を調達しているのか，借方は資金がどのように運用されているのかを示している。資金の調達源泉とその運用結果であるから，貸方と借方の合計金額は一致するので，「バランス・シート（B/S: Balance Sheet）」とも呼ぶ。

▷**貸借対照表のスタイル**

借方 （資金運用結果）	貸方 （資金調達源泉）
資産の部	負債の部
	純資産の部
合計	合計

図Ⅵ-3　T型貸借対照表
出所：筆者作成。

3 儲けや損を示す損益計算書

　損益計算書は，ある期間（営業年度など）に，どれくらいの費用でどれくらいの収益または損失を生じたかを示している（計算規則118条-）。会社の経営成績を表しているともいえる。「収益－費用」により，当期純利益（または，当期純損失）が算出される。

　損益計算書は，従来と異なり，経常損益の部と特別損益の部に区分する必要はない。売上高・売上原価・販売費および一般管理費・営業外収益・営業外費用・特別損失に区分表示し，各項目はさらに細分化できる（計算規則119条）。

▷**株主資本等変動計算書**
会社法上，正確には，「株式会社の財産及び損益の状況を示すために必要かつ適当なもの」を計算書類として作成しなければならず，その具体的な内容は，会社法施行規則・会社計算規則で定められている。

4 資本計数の変動を示す株主資本等変動計算書

　株主資本等変動計算書は，会社法上，新たに導入された書類であり，純資産

の部の計数（資本金額・準備金額など）に関する取引が期中どのように変動したかを示している（計算規則127条）。剰余金の分配決議および純資産の部の計数変動決議をいつでも行えることから，その内容を正確に把握する目的で作成される。

❺ 注記事項をまとめた個別注記表

上記❷❸❹に関する注記事項をまとめて記載したものである（計算規則128条-）。従来，欄外に記載する方式であったが，注記事項や複数の計算書類に関する事項が増加したこと等を理由として，一覧表とされた。

❻ 活動状況を示す事業報告

事業報告は，ある期間における活動状況の概要について，数値ではなく文章で記載した報告書である（施行規則117条-）。会社の現況，営業経過・成果，企業結合，会社の課題等について記載されるが，会社の規模により記載しなければならない対象が異なる。会社法施行により，営業報告書から名称が事業報告となり計算書類から除外されたが，実質的な内容は変わらない。

❼ 内訳を示す附属明細書

附属明細書は，上記❷〜❻の記載内容を補充し，その主要な内訳を示しているが，計算書類には含まれない（計算規則145条-）。附属明細書は，❷〜❻までの書類とは異なり，定時株主総会へ提供する必要はない（437条）。

❽ 企業集団の財産・損益を示す連結計算書類

連結計算書類は，当該会社およびその**子会社**からなる企業集団の財産・損益の状況を示しており，会計監査人設置会社では任意とされるが，大会社では義務づけられている（444条1項，3項）。

▷子会社
会社法では，「会社がその総株主の議決権の過半数を有する株式会社その他の当該会社がその経営を支配している法人として法務省令で定めるもの」としている（2条3号，施行規則3条）。議決権割合のみを基準としていた旧商法とは異なり，実質支配の場合も含まれるため，「子会社」の範囲は拡大されている。

旧商法		会社法	内容
貸借対照表	----→	貸借対照表	ある時点（決算時等）での会社の財産状況を示す
損益計算書	----→	損益計算書	ある期間（営業期間）の費用・損益を示す
	---新設-→	株主資本等変動計算書	ある期間（営業期間）での資本計数の変動を示す
従来は脚注記載方式	---新設-→	個別注記表	注記事項をまとめたもの
営業報告書	----→	事業報告	ある期間（営業期間）での活動状況を示す
利益処分案 損失処理案	----→	廃止	資本計数の変動・剰余金の分配手続に移行
附属明細書	----→	附属明細書	貸借対照表等の内訳を示す

※ ▓ が計算書類

図Ⅵ-4 株式会社における計算書類等

出所：筆者作成。

Ⅵ 計　算

5 計算書類等の適正化

1 計算書類等の監査

　株式会社では計算書類等の適正化を担保するため，**監査役等による監査**を受けなければならない（436条）。まず，監査役設置会社（会計監査人設置会社を除く）では，取締役から提出された計算書類・事業報告・附属明細書について，監査役の監査を受けなければならない（同条1項）。また，会計監査人設置会社では，計算書類および附属明細書については監査役（監査等委員会設置会社では監査等委員会，指名委員会等設置会社では監査委員会）および会計監査人の監査，事業報告およびその附属明細書については監査役（監査等委員会設置会社では監査等委員会，指名委員会等設置会社では監査委員会）の監査を受けなければならない（同条2項）。

　監査後，監査役等は監査報告を作成しなければならない。監査報告とは監査の成果を記載または記録した書類をいい，監査役・監査役会・監査等委員会・監査委員会が作成する監査報告（381条1項，390条2項1号，399条の2第3項1号，404条2項1号），会計監査人が作成する会計監査報告に大別される（396条1項）。

　取締役会設置会社では，これらの書類または監査役等の監査を受けたものについて取締役会の承認を受けることを要する（436条3項）。

2 計算書類等の提供等・株主総会による承認

　取締役会設置会社では，取締役会の承認を受けた計算書類および事業報告を定時株主総会の招集通知に際して，**株主に提供**しなければならない（437条）。監査役設置会社または会計監査人設置会社では，これらの書類の他，監査報告または会計監査報告の提供を要する（同条かっこ書）。取締役会不設置の場合には，株主総会の招集通知に際して計算書類等を提供する必要はない。

　取締役は，計算書類および事業報告を定時株主総会に提出または提供しその承認を受けなければならない（438条1項，2項）。監査役設置会社（取締役会設置会社を除く）では，監査役の監査を受けた計算書類および事業報告，会計監査人設置会社（取締役会設置会社を除く）では，監査役等および会計監査人の監査を受けた計算書類および事業報告，取締役会設置会社では，取締役会の承認を受けた計算書類および事業報告，この他の株式会社では，計算書類と事業報告が対象となる。

▷監査役等による監査
従来，監査役等への提出後，一定期間を経過しなければ株主総会を開催できなかった。現行法では，監査役等への提出日および株主総会の開催日を自由に決定できる。この結果，監査が早期に終了した場合，一定期間の経過を徒らに待つことなく株主総会を開催できるし，開催時期が分散化されれば，株主の総会出席の機会が増えることになる。

▷株主に提供
計算書類等は電磁的記録（サーバーへの保存）により作成することもできる（435条3項）。計算書類等は書面または電磁的記録により作成することができるから，これらを含んだ概念が「提供」である（書面提出だけではないということ）。

なお，会計監査人設置会社が取締役会設置会社である場合，取締役会の承認を受けた計算書類について，会計監査人と監査役等の適法意見が附されれば，定時株主総会にする当該書類の内容報告で足りる（439条，計算規則135条）。

3 監査役の役割

監査役は，**業務監査権限と会計監査権限**を有する会社内部の機関である（381条1項）。ただし，公開会社でない監査役設置会社が，監査役会および会計監査人を設置していない場合には，定款により会計監査権限に限定することができるが，登記を要する（389条1項，911条3項17号）。なお，監査等委員会設置会社および指名委員会等設置会社は監査役を置くことはできない（327条4項）。

4 会計監査人の役割

会計監査人は，株式会社の計算書類・附属明細書・臨時計算書類・連結計算書類を監査し，会計監査報告を作成する会社外部の機関である（396条1項）。資格は，公認会計士または監査法人に限定される（337条1項）。監査役が原則として業務監査権限と会計監査権限を有するのに対して，会計監査人は会計監査権限のみを有する。監査等委員会設置会社，指名委員会等設置会社および大会社では会計監査人の設置が義務化されているが（327条5項，328条），その他の会社についても任意の設置が認められている。

5 会計参与の役割

会計参与は，取締役と共同して，計算書類・附属明細書・臨時計算書類・連結計算書類の作成，株主への報告，株主総会における意見陳述，取締役会への出席，計算書類等の備置きを行う会社内部の機関であるが，設置は任意である（374条-378条）。資格は公認会計士・監査法人・税理士・税理士法人に限定される（333条1項）。**監査役の資格**について会計・税務等の専門性は要求されていないことから，会計参与は，特に中小企業における計算書類の信頼性を確保する機能を有する。

▷業務監査権限と会計監査権限
業務監査とは取締役・執行役等の職務執行に対するチェックであり（会計参与設置会社では，会計参与の職務の執行も含む），会計監査は計算書類等のチェックをいう（⇨ Ⅴ-18「監査役・監査役会」144頁も参照）。

▷監査役の資格
監査役の欠格事由として，成年被後見人・刑執行中の者等が定められているが，会社法上，会計・税務等の職業的専門家であることは直接に規定されていない。従ってこれまでは，頼まれた知人が名目上，監査役になるケースもあった。

図Ⅵ-5 計算書類等の流れ（概略）

出所：筆者作成。

VI 計算

6 資本金と純資産の部

1 資本金は確保すべき「目標値」

有限責任制度をとる株式会社において、会社債権者保護を目的とした制度が**資本金制度**である。資本金とは、会社財産として**確保すべき計算上の一定の基準額**をいい、この額に相当する会社財産を社外に流出することは許されない。資本金は確保すべき目標値なので固定的であり、日々変動する現実の会社財産とは異なる。また、資本金は取引相手が会社の規模・安全性を確認するための手がかりとなるので、商業登記簿への記載を要する（911条3項5号）。

なお、現行法では、資本金の機能とは別に、剰余金を配当するには純資産額が300万円以上であることを要求している（458条）。

2 資本原則

会社財産を確保・維持し会社債権者を保護するために、①資本充実の原則、②資本維持の原則、③資本不変の原則といった資本原則が定められている。

①は、出資が履行され、資本額に相当する財産が現実に充実していることであり、発行株式全額払込（34条、63条）、現物出資等の差額填補責任（52条1項）、預合いの禁止（64条2項）等がある。②は、資本額に相当する財産が維持されるということである。準備金の計上（445条3項、4項）、剰余金の分配規制（461条2項）、剰余金配当に関する責任（462条）などがある。③は、①②の空洞化を防ぐため恣意的な資本金額の減少を禁止し、法の厳格な手続を求めることである。株主総会による資本減少手続（447条）、債権者異議（449条）等が定められている。もっとも、資本原則は会社法により変質している。①②については、最低資本金制度廃止に伴い機能が低下し、③についても、資本計数の変動が容易になったことから緩和している。他に、資本確定の原則があったが、打切発行が認められたことから放棄された。

3 「純資産の部」の計数を変動させる手続

資本金の額は、原則として、払込み・給付をした財産額である（445条1項）。もっとも、払込み等の金額の2分の1を超えない額は資本金に組み入れないことができるが、この額は資本準備金として計上しなければならない（同条2項、3項）。会社法では従来と異なり、いつでも適宜に株主総会決議により純資産

▷**資本金制度**

会社法成立により、最低資本金制度（株式会社1,000万円・有限会社300万円）が廃止され、資本金1円という会社の設立も可能となった。

▷**確保すべき計算上の一定の基準額**

水とコップに例えれば、現実の財産が水、コップに引かれた目盛りの位置が資本金額ということになる。この目盛りの位置までは財産を確保するということであり、簡単にいえば、目盛りを超えた部分が剰余金となる。

の部の計数を変動させることができる。準備金の資本組入・剰余金の準備金組入は、株主総会の普通決議により行える（448条，450条-452条）。資本金の減少は、株主総会の特別決議と債権者保護手続を要する。ただし、定時株主総会においてこれを決議する場合、減少する資本金の額が欠損の額を超えなければ普通決議でよい（447条1項，449条1項，309条2項9号）。準備金の減少は、株主総会の普通決議と債権者保護手続による（448条，449条1項）。最低資本金制度および**準備金減少の限度額**が廃止された結果（旧商168条の4，旧289条2項），資本金・準備金減少の限度額を規制する意味は薄れている。

❹ 準備金とは

準備金は「純資産の部」の区分であり、貸借対照表上の純資産額（資産総額－負債総額）が資本金の額を超えた場合、その一定額を社内に留保すべきことが義務づけられる金額である（445条3項，4項）。主に、資本欠損の場合、直接の減資を避けるために必要とされる。先に述べたとおり、払込金額の2分の1を超えない額は資本に組み入れず資本準備金に計上できる他、剰余金を配当する場合、資本金の4分の1に達するまで、配当額に10分の1を乗じた額を準備金に計上しなければならない（同条4項）。合併・会社分割等に際して資本金・準備金に計上する額は、会社法ではなく法務省令で定める（同条5項，計算規則45条）。

❺ 剰余金とは

剰余金は、貸借対照表では純資産の部の「資本剰余金」および「利益剰余金」をいう。資本剰余金は資本準備金とその他資本剰余金からなり、利益剰余金は利益準備金・その他利益剰余金・任意積立金からなる。このうち、剰余金の分配対象となるのは、利益剰余金・その他資本剰余金・資本または準備金の減少差益である。なお、純資産額が300万円未満の場合、一定の財産を会社に留保し会社債権者を保護するため、剰余金の分配はできない（458条）。

▷準備金減少の限度額
旧商法では、法定準備金の減少を行う場合でも、資本金の4分の1以上は残さなければならないという規制があった。

▷準備金
現行法では、資本準備金と利益準備金はあわせて準備金とされ区別がない（445条4項かっこ書）。ただし、その源泉が異なるので、会計上は資本準備金（株主による払込金）と利益準備金（営業等による利益）を区別している。資本準備金は株主が払込みをした金額のうち、資本に組み入れなかった部分である。

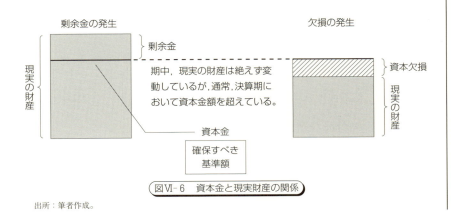

図Ⅵ-6　資本金と現実財産の関係

出所：筆者作成。

Ⅵ 計 算

7 剰余金の分配手続

1 すべて「剰余金の分配」

　従来，株主への配当，資本金・準備金の減少に伴う払戻し，自己株式の有償取得については，その性格が異なることから個別に財源規制が課されていたが，現行法ではこれらについて統一した規制をしている（461条）。会社財産の払戻しとなるこれらの行為はすべて「剰余金の分配」として捉えられ，あえて規制を区別する合理性がなくなったからである。なお，この他，**現物配当**も認められている（454条4項）。

2 剰余金の分配額の算定方法

　剰余金を分配するには，まず，**剰余金の額**を計算した後に「分配可能額」を算定する必要がある。算定方法としては，これまでの「**控除方式**」にかえ，純資産より分配できる額を加算していき，そこから自己株式の帳簿価額等を控除する「積み上げ方式」を採用している（446条，461条2項，計算規則177条以下，184条以下）。なお，この変更は算定方法の複雑化を解消するためのものであり，財源の範囲に実質的な変更はない。

　株主総会決議で「純資産の部」の計数（資本・準備金額の増減など）をいつでも変動できるから（⇨ Ⅵ-6 「資本金と純資産の部」180頁を参照。447条-452条），これに連動して分配可能額も変動する可能性がある。そこで，最終の貸借対照表から算出される分配可能額にその決算期後，実際に分配を行う時までに生じた分配可能額の増減を反映させることになる（461条2項）。また，期中に決算手続に準じた手続を行う場合，分配可能額にそのときまでに生じた期間損益を反映させることができる（461条2項2号，5号，441条，計算規則184条-186条）。

　なお，剰余金があっても純資産額が300万円未満の場合，剰余金の分配はできない（458条）。最低資本金制度が廃止されたなか，一定の財産を会社に留保させることで会社債権者を保護するためである。

3 剰余金の分配を決定する機関

　剰余金の配当等を行うための分配手続は，①株主総会の普通決議，②株主総会の特別決議，③取締役会の決議による。原則として，株主総会の普通決議により，いつでも剰余金の分配が行える（454条1項，5項）。これにより，従来，

▷**現物配当**
金銭以外の財産を配当することである。例えば，会社は自己株式以外の株式を配当することができる。

▷**剰余金の額**
簡単にいえば，「資産－（負債・資本金・準備金）」となるが，詳細については会社計算規則が定める（計算規則177条ほか）。

▷**控除方式**
「控除方式」とは純資産額より資本等の額を控除していく方法である。控除すべき項目が増加し，算定が複雑化したので現行方式に移行した。

▷**剰余金の配当**
株主への配当をいう。剰余金の分配に含まれる。

中間配当を含め2回までしか行えなかった配当について，四半期配当も可能となる。ただし，①株主に金銭分配請求権を与えずに現物配当を行う場合（309条2項10号，454条4項），②市場取引・公開買付け以外の方法で株主との合意により自己株式の有償取得を行う場合には（309条2項2号，156条1項），特別決議によらなければならない。

さらに，①取締役会設置会社が会計監査人を置き，②取締役（監査等委員会設置会社では監査等委員以外の取締役）の任期を1年以内とし，③計算書類が法務省令で定める要件に該当する場合には，取締役会の決議で剰余金を分配できる旨を定款により定めることができる（459条1項，計算規則183条）。また，剰余金の分配を取締役会の専権事項とすることもできる（460条）。もっとも，上述のように，株主総会の特別決議を必要とする場合には，取締役会の決議で行うことはできない。なお，取締役会設置会社は，一事業年度中1回に限り，定款に定めることにより，中間配当を取締役会決議で行える（454条5項）。

4 財源規制に違反した責任は誰が負う

財源規制に違反して剰余金が分配された場合，会社債権者の利益を害するおそれがある。そこで，分配可能額を超える剰余金を分配した取締役・執行役および分配議案を作成した取締役・執行役は，その分配した額について塡補責任を負う。また，分配議案の株主総会への提出に同意した取締役，取締役会の決議に賛成した取締役も，財源規制に違反した取締役等と連帯して責任を負う（462条1項）。

この塡補責任は**過失責任**であるから，当該取締役は自ら過失がなかったことを立証できれば責任を負わない（同条2項）。また，原則として，株主全員の同意があっても責任を免除することはできない（同条3項）。なお，この塡補責任は，財源規制全般に関する責任であるから，違法配当のみならず，自己株式の買受け等，剰余金の分配に該当するすべての行為が対象となる。

▷**過失責任**
法律上，行為者の心理状況については，故意・過失という概念がある。故意とは，わかっているのにあえて行うこと，過失とは，不注意をいう。過失責任とは，不注意により生じた損害を賠償する責任ということである。対概念として，無過失責任（結果責任）がある。

図Ⅵ-7 分配可能額の計算方法

出所：筆者作成。

Ⅵ 計 算

 計算書類等の開示

1 財源規制と開示規制

　株式会社会計においては，会社財産の不正な社外流出を防止するため，剰余金の分配に関して統一的な財源規制が課されている（⇨Ⅵ-1「財源規制の理由」170頁）。財源規制は，株主の利益と会社債権者の利益とを調整する機能を有するが，これを実効あるものとするためには，財務情報等を関係者に適切に提供する**開示規制**をあわせて課す必要がある。

2 会社法上の開示制度

　会社法上，開示規制の保護対象は株主・債権者であり，財源規制における分配可能額と企業財産（＝担保力）の報告を主たる目的としている。

　具体的には，①商業登記制度（907条以下，商業登記法），②公告制度（後述 4。440条，939条），③直接開示制度（437条，438条等），④間接開示制度がある（442条）。①は企業取引の集団（大量）・迅速性を確保するために企業の重要な事項を開示させる制度であり，誰でも登記所（法務局）に行けば商業登記簿を閲覧・謄写することができる。②は新聞・官報等予め定款で定められた方法により，貸借対照表等などを不特定多数の者に公開する制度である。③は株主に対する計算書類・参考書類・監査報告等の送付等である。④は計算書類・株主総会議事録等を会社に備え置き，株主等が閲覧・謄写できる制度である。

3 金融商品取引法上の開示制度

　金融商品取引法は，**証券市場の公正性**を確立し投資判断に必要な企業内容を提供することにより投資家の保護を図っている。そのため，上場会社等に対しては，計算書類等とは別に，投資家に対する企業内容の開示が義務づけられている。

　発行市場における開示規制として，**有価証券届出書**・発行登録制度等（金4条1項・23条の2），流通市場における開示規制として，**有価証券報告書**等（金24条1項）がある。有価証券届出書や有価証券報告書には，貸借対照表・損益計算書・キャッシュフロー計算書等の財務諸表が含まれる（財務諸表等規則）。

4 決算公告の開示

　会社の透明性を確保するため，会社規模にかかわらず，すべての株式会社は

▶**開示規制**
企業の情報開示は，取締役等に対する監督と不正行為抑止，株主の権利実現と株主総会の形骸化是正，証券市場の公正・健全性確保と自己責任の原則の維持，会計上，会社財産の把握と不正な社外流出の防止といった様々な理由から行われる。開示の目的も対象も異なるが，企業に「ガラス張りの経営」を行わせ，秘密主義的な経営を排斥しようとする点では共通である。

▶**証券市場の公正性**
証券市場の公正性を確立する規制の一つに，インサイダー取引規制がある（金166条）。上場会社の会社関係者（取締役・従業員等）は，一般投資家に比べ，当該会社の株価情報を得やすい有利な立場にある。そこで，会社がこのような情報を公表し一般投資家が周知するまでは，会社関係者による当該会社の株式等の売買は制限されている。

▶**有価証券届出書**
営業および経理の状況その他の事業の内容に関する重要事項および当該有価証券の発行条件などを記載している。1億円以上の募集・売出しを行う会社に対して，内閣総理大臣への届け出が義務づけられている。

▶**有価証券報告書**
当該事業年度の営業および

決算公告をしなければならない。決算公告とは，定時株主総会の終結後遅滞なく，貸借対照表を公告することである。大会社の場合には，貸借対照表の他，損益計算書の公告を要する（会社法440条1項かっこ書）。会社は，公告方法として，①官報への掲載，②時事に関する日刊新聞への掲載，③電子公告のいずれかを定款で定めることができる（939条）。なお，①または②の方法による場合，貸借対照表の公告は要旨で足りる（440条2項）。

有価証券報告書を提出している株式会社であって，EDINET等においてこの報告書が公開されている場合には，決算公告よりも詳細な情報が開示されていることから，会社法の決算公告に関する規定は適用しない（440条4項）。

5 電子公告制度

小規模会社の場合，決算公告を日刊新聞等で行うのには手間と費用の面でコストがかかり，その実効性があげられないことも考えられる。そこで，このような負担を軽減するため，電子公告制度が定められている（939条1項3号）。

電子公告を行うには，会社が定款に電子公告を公告方法とすることを定めればよい（同3項）。具体的には，会社のホームページを利用して貸借対照表または損益計算書を公開することになるが，これらをその要旨に替えることはできない（440条2項）。電子公告は，5年以上継続しなければならず（940条1項2号），事故その他やむを得ない事由（サーバーのダウン等）によって電子公告ができない場合に備え，官報または日刊新聞への掲載を定めることができる（939条3項）。

電子公告を行う会社は，公告期間中，法務大臣の登録を受けた調査機関による調査を受けなければならない（941条）。

経理の状況その他の事業の内容に関する重要事項を記載している。上場会社・店頭登録会社等は，事業年度終了3カ月以内に内閣総理大臣への提出が義務づけられている。有価証券報告書の他，半期報告書・臨時報告書がある。

▶ EDINET（Electronic Disclosure for Investors' NETwork）
「金融商品取引法に基づく有価証券報告書等の開示書類に関する電子開示システム」をいう（金27条の30の2）。有価証券報告書等の提出，公衆縦覧等の手続を電子化しており，財務局・日本取引所グループに設置されたパソコンのモニターから閲覧ができる。2001（平成13）年6月より，金融庁の行政サービスとして運用が開始された。日本取引所グループのホームページを参照のこと（http://www.jpx.co.jp/）。なお，日本取引所グループは，2013年1月に東京証券取引所グループと大阪証券取引所の経営統合により誕生した。

制度		対象	方法
会社法上の開示制度	商業登記制度	不特定多数	登記所（法務局）・インターネットでの閲覧・交付請求等
	公告制度	不特定多数	新聞・官報・インターネットでの閲覧
	直接開示	株主	計算書類・監査報告等を株主に送付・インターネットでの閲覧
	間接開示	株主等権利を有する者	計算書類・株主総会議事録等の備置・インターネットでの交付請求
金融商品取引法上の開示制度	発行市場における開示制度	投資家	有価証券届出書・有価証券通知書等の備置・EDINETの利用
	流通市場における開示制度	投資家	有価証券報告書等の備置・EDINETの利用

図Ⅵ-8　主な開示制度

出所：筆者作成。

Exercise

○ 理解できましたか？
1) 各企業会計制度は，どのような特徴を有するでしょうか。
2) 会社法制定により，計算書類等の種類はどのように変わり，また，どのように開示されるでしょうか。

○ 考えてみましょう！
1) 会社法は，旧商法と異なり「現物配当」を認めていますが，どのようなメリットがあるでしょうか。
2) 「有限責任制度」，「最低資本金制度の廃止」，「資本原則」，「財源規制」，「会社債権者保護」，「株主利益」，「計算書類等の開示」という語を使って，「株式会社の計算の意義」をどのように説明できるでしょうか。

○ 調べてみましょう！
1) 発起人Yは，自己の取引銀行から600万円を借入れ，A社設立のために株金払込を行った。払込取扱銀行が保管する払込金額は800万円であったが，同社は成立2日後に払込取扱銀行より600万円を引き出し，当日中にこれをYに貸し付け，翌日，Yはこれをもって取引銀行への返済にあてた。
   (ア) 本事例は見せ金の場合ですが，預合とはどのような点が異なるでしょうか。
   (イ) 見せ金の認定について，判例（最判昭和38年12月6日）はどのような判断基準を示しているでしょうか。
   (ウ) 一般に，払込取扱機関にはどのような責任があるでしょうか。
2) 資本金とは，「会社が確保すべき計算上の一定の基準額」とされる。極端な例だが，資本金6億円のA社が期末に有する資産は，5億円の自社ビルと敷地，10万円程度の現金・預貯金・有価証券だけだったとする。
   (ア) 本事例を使い，資本金，現実の財産，剰余金，資本欠損について説明してください。
   (イ) 資本欠損が生じる場合，同社は，どのような措置を講じることが考えられるでしょうか。
   (ウ) 純資産の部，資本金，準備金，剰余金の関係について説明してください。
3) 当期，A社の業績は不調であり，10数年来，継続してきた中間配当を実施するのは難しい状況にあった。しかし，同社の取締役会は，無配の影響を考慮して，財源規制違反となる中間配当を実施した。同社の取締役Yは，当該配当議案に関する取締役会に出席していたが，同決議には反対をしている。
   (ア) 取締役会が剰余金分配を決定できるのは，どのような場合でしょうか。
   (イ) 取締役Yは，財源規制違反による塡補責任を負うでしょうか（462条）。
   (ウ) 対会社責任同様（423条），塡補責任は，株主全員の同意により免責されるでしょうか。

勉学へのガイダンス

○ 初学者のための入門，概説書

田中弘『会社を読む技法　現代会計学入門』白桃書房，2006年
　平易な表現と豊富な図表を使った入門書である。初歩的な内容から始まり，専門用語の解説，ポイントごとの実例紹介，企業会計全般について説明がされている。

永野則雄『ケースブック会計学入門　4版』（ライブラリケースブック会計学1），新世社，2014年
　コンパクトにまとめられており，各章のテーマについて実例（上場企業等）を紹介し検討している。

中野一豊・米田正巳『企業社会と会計学』創成社，2008年
　要点ごとに設例を設けており，理解度を確認しながら学習できる。また，わかりにくい専門用語（金庫株等）については，脚注で説明をしており便利である。

○ 進んだ勉学を志す人に

伊藤邦雄『ゼミナール現代会計入門　第9版』日本経済新聞社，2012年
　グラフや図表の引用が多く，会社法・金融商品取引法等の企業会計，国際会計基準にも言及している。

新井清光著，川村義則補訂『新版　現代会計学』中央経済社，2014年
　現代会計学の通説に依拠したテキストである。十分な内容を備え設例も多いので，習得の程度を確認できる。

麻野浅一『監査役の会計監査　基礎と実務』税務経理協会，2009年
　会計学・簿記のほか，株式会社機関である監査役の権限，会社法上の会計規定についてもとりあげている。

第Ⅷ章 持分会社・外国会社

guidance

　会社法は，株式会社以外の会社形態として，合名会社・合資会社・合同会社をおいています。会社法は，会社における出資者の法律上の地位を株式という形式であらわす会社形態（株式会社）に対して，持分という形式であらわす会社形態を総称して，持分会社としました。本章では，まず，持分会社の法規制を扱います。持分会社においては，強行規定が多く存在する株式会社とは異なり，広く契約自由の原則が妥当するため，機関設計や社員の権利内容等について広く定款自治に委ねられています。また，持分の譲渡に関する規律について，株式会社においては，株式の譲渡自由の原則が採用されているのに対し，持分会社においては，持分の譲渡は他の社員の全員の承諾が要求されるなどの違いがあります。このような，株式会社とは異なる法規制とその趣旨について概説します。

　また，本章では，外国の法令に準拠して設立された会社が，日本国内で継続して取引を行う場合の法規制についても取り扱います。

Ⅶ 持分会社・外国会社

1 持分会社

1 株式会社との違い

guidance にて述べたように，持分会社においては，機関設計や社員の権利内容等については広く定款自治に委ねられている。このため，次のような効果がある。まず，①定款により，社員の一部を業務執行者と定めることができ，②損益分配を出資割合と切り離して自由に決めることができる。株式会社においては，取締役等の選任は資本多数決の原則による。また，利益の配当に関しても，出資割合に従うこととされている。これに対して，持分会社においては，定款において自由に定めを設けることができる。さらに，③退社事由や持分譲渡の決議要件を自由に決めることができる。

また，株式会社は，厳格な設立手続が規定されているのに対して，合名会社・合資会社においては，社員となろうとするものが定款を作成することにより営業資金の確保および団体としての実体形成に関する手続がほぼ完了する。すなわち，合名会社・合資会社の場合は，資本充実の要請がないため営業資金の確保は定款に基づく債権的確保で足りる。また，社員全員の氏名等を定款に記載することができ，さらに，自己機関制を原則としていることから，社員の確定により機関の具備が完成する。

2 合名会社・合資会社と合同会社との違い

合名会社・合資会社は，**無限責任社員**が構成員として存在するのに対して，合同会社の社員はすべて**有限責任社員**とされている。この点で株式会社と共通している。そこで，合同会社には，会社と第三者の関係では，配当規制や債権者保護のための規制について，株式会社とほぼ同様の規制が適用される。また，設立にあたっても，各社員は出資の全部を履行しなければならない。

3 なぜ合同会社という会社形態が求められたのか

従来からの会社類型としては，合名会社，合資会社，株式会社の三つの類型が設けられている。このうち，合名会社および合資会社は，出資者の全部または一部が無限責任を負うものであるが，会社内部の規律については，原則として民法の組合の規定が準用されているため，広く定款自治が認められている。これに対し，株式会社は，出資者全員の責任が有限責任であるが，会社内部の

▶**無限責任社員**

会社債権者に対する債務の履行が会社財産だけでは不十分な場合に，会社債権者に対して，出資した財産に限定されず個人財産まで責任を負うことを無限責任という。この無限責任を負わされる社員を無限責任社員という。合名会社・合資会社の無限責任社員は，会社の財産をもってその債務を完済することができない場合または会社の財産に対する強制執行がその効を奏しなかった場合，連帯して会社の債務を弁済する責任を負う。また持分会社の社員は自然人に限定されず，法人が無限責任社員となることも可能である。

▶**有限責任社員**

会社に対する出資額の限度で，会社債権者に対し責任を負うことを有限責任という。この有限責任を負う社員を有限責任社員という。合資会社・合同会社の有限責任社員も会社の財産をもってその債務を完済することができない場合または会社の財産に対する強制執行がその効を奏しなかった場合，連帯して会社の債務を弁済する責任を負うが，その責任の範囲は，出資の価額に限定される。

規律については，基本的に強行規定としての規定が設けられていた。

諸外国では，会社内部の規律については組合と同様に広く定款自治，契約自由の原則が妥当し，出資者全員の責任については有限責任となる営利法人の類型が用意されている例がある。このような会社類型は，合弁会社その他少人数により事業を行うための会社に適したものであると指摘されている。このため，わが国においても，経済界からこのような会社類型の創設が求められていた。

これに応える形で，出資者の有限責任が確保され，会社の内部関係については組合的規律が適用されるという特徴を有する新たな会社類型が創設された。

表Ⅶ-1 株式会社と持分会社の比較

		株式会社	合名会社	合資会社	合同会社
構成員		1名以上の有限責任社員（株主）	1名以上の無限責任社員	無限責任社員と有限責任社員それぞれ1名以上	1名以上の有限責任社員
構成員の責任		有限責任	無限責任	無限責任と有限責任	有限責任
出資の制限		金銭その他の財産による出資に限る	制限がない（労務や信用の出資が可能）	・無限責任社員には制限がない ・有限責任社員は金銭その他の財産による出資に限る	金銭その他の財産による出資に限る
会社の管理・運営	業務執行	取締役または執行役	すべての社員または定款で定めた1名以上の業務執行社員		
	業務に関する意思決定	・取締役の過半数 ・取締役会設置会社の場合は取締役会 ・指名委員会等設置会社の場合は取締役会，執行役	・社員の過半数 ・業務執行社員の定めがあるときはその過半数		
	会社の代表	取締役，代表取締役，代表執行役	すべての業務執行社員または会社を代表する者として定められた者		
定款変更の方法		株主総会の特別決議	総社員の同意（定款による要件の軽減も可）		
利益等の配当	配当規制	配当に関する制限あり	利益額を超える配当も可能	利益額を超える配当も可能（利益額を超えて配当を受けた有限責任社員は，配当額相当額を会社に支払わなければならない）	配当に関する制限あり
	分配方法	出資割合に応じて分配（非公開会社の場合には，定款で別段の定めも可）	出資割合と異なる分配が可能		
会計監査		必要	不要		
計算書類の開示		必要	不要		必要
株式・持分の譲渡		原則自由（定款で譲渡制限の定めも可）	他の社員全員の承認（定款で別段の定めも可）	・他の社員全員の承認 ・業務を執行しない有限責任社員の場合は，業務執行社員全員の承認 ・いずれの場合についても定款で別段の定めをすることができる	他の社員全員の承認（定款で別段の定めも可）
構成員の退社の許否		原則として株式譲渡による（例外：株式買取請求など）	やむを得ない事由があるときには，いつでも退社することができる		

出所：筆者作成。

Ⅶ 持分会社・外国会社

 合名会社・合資会社

1 合名会社・合資会社の特色

合名会社と合資会社とは，社員中に無限責任社員が存在し，これら無限責任社員が，二次的にではあるが，会社債権者に対して直接の無限連帯責任を負うところに特色がある。反面，両者の差異は有限責任社員の存否しかなく，会社類型として大きく異なるものではない。

2 合名会社・合資会社の社員関係

①社員の**出資**

各社員は，定款の定めに従い会社に対して出資しなければならない。

②持分の譲渡

社員は，定款で別段の定めがない限り，他の社員の全員の承諾がなければ，その持分の全部または一部を他人に譲渡できない。業務を執行しない有限責任社員が持分を譲渡するには，業務を執行する社員の全員の承諾があればよい。

持分会社は，その持分を譲り受けることができない。持分会社が当該会社の持分を取得した場合，当該持分は会社が取得した時に消滅する。

③社員の**入社・退社**

持分会社は，新たに社員を加入させることができる。他方，各社員は，**法定退社事由**による退社，**告知による事業年度終了時の退社**の他，やむを得ない事由のあるときはいつでも退社することができる。

退社した社員は，原則として，出資の種類を問わず，持分の払戻しを受けることができる。このとき，出資の種類を問わず，金銭で払い戻すことができる。

3 合名会社・合資会社の業務執行

①業務の執行

持分会社の業務は，原則として，各社員が執行する。**業務を執行する社員**が2人以上いる場合，持分会社の業務は，社員の過半数で決定する。なお，持分会社の日常業務は，各社員が単独で行うことができる。

定款で業務執行社員を定めたとき，その者が業務を執行する。このとき，各社員は**監視権**を有し，業務執行社員は**業務の執行状況等を報告する義務**を負う。業務執行社員が2人以上いるとき，持分会社の業務は，業務執行社員の過半数

▷出資
会社の社員となろうとする者が会社に対して行う給付をいう。出資の目的については Ⅶ-1 「持分会社」188頁参照。

▷入社・退社
入社とは，会社成立後に，社員たる地位を取得することをいう。これに対して，退社とは，会社の存続中に，社員関係を離脱し社員の地位を失うことをいう。合資会社において有限責任社員が退社し無限責任社員のみとなった場合には，合名会社となる定款変更がなされたものとみなされ，合名会社として存続する。

▷法定退社事由（607条）
①定款で定めた事由の発生，②総社員の同意，③死亡，④合併（合併により当該法人である社員が消滅する場合に限る），⑤破産手続開始の決定，⑥解散（総社員の同意によるものを除く），⑦後見開始の審判を受けたこと，⑧除名である。このうち⑤〜⑦の全部または一部をもって退社しない旨を定款で定めることができる。

▷告知による事業年度終了時の退社
持分会社の存続期間を定款で定めなかった場合またはある社員の終身の間持分会社が存続することを定款で定めた場合，各社員は，事業年度の終了の時において退社をすることができる。

で決定する。なお，日常業務は，各業務執行社員が単独で行うことができる。

法人が業務執行社員である場合，当該法人は，**職務執行者**を選任し，その氏名および住所を他の社員に通知し，かつ登記しなければならない。

業務を執行する社員は，持分会社を代表する（**代表社員**）。ただし，他に代表社員等を定めた場合は，この限りでない。代表社員は，持分会社の業務に関する一切の裁判上または裁判外の行為をする権限を有し，この権限に加えた制限は，善意の第三者に対抗することができない。

②業務執行社員の義務・責任

業務を執行する社員は，善管注意義務および忠実義務を負う。また原則として，競業避止義務を負い，利益相反取引の制限を受ける。

業務を執行する社員が，その任務を怠ったときは，これにより生じた損害を持分会社に対し連帯して賠償する責任を負う。

持分会社が社員に対し，または社員が持分会社に対して訴えを提起する場合，当事者である社員以外に代表社員がいないときは，それ以外の社員の過半数で，その訴えについての代表社員を定めることができる。**社員の責任を追及する訴え**においては，訴え提起の請求をした社員が持分会社を代表することがある。

業務を執行する有限責任社員がその職務を行うにつき悪意または重大な過失があったとき，当該社員は，第三者に対し連帯して損害賠償責任を負う。持分会社は，代表社員が職務を行うにつき第三者に加えた損害を賠償する責任を負う。

❹ 合名会社・合資会社の計算

①計算書類の作成・閲覧

持分会社は，計算書類を作成・保存しなければならない。各社員は，営業時間内は，いつでも計算書類の閲覧・謄写を請求できる。定款で別段の定めを設けることも可能であるが，事業年度終了時における社員の請求を制限できない。

②資本金の額の減少

持分会社は，損失塡補のため，法務省令に従い，資本金の額を減少できる。

③利益の配当

社員は，持分会社に対し，利益の配当を請求できる。持分会社は，利益の配当を請求する方法その他利益の配当に関する事項を定款で定めることができる。利益額を超える配当も直ちに違法とならないが，そのような配当を受けた有限責任社員は，会社に対し，連帯して配当額相当の金銭を支払う義務を負う。

④出資の払戻し

社員は，持分会社に対し，すでに出資として払込等をした金銭等の払戻しを請求できる。この場合において，当該金銭等が金銭以外の財産であるときは，財産の価額に相当する金銭の払戻しを請求できる。持分会社は，出資の払戻しを請求する方法その他の出資の払戻しに関する事項を定款で定めることができる。

この場合，各社員は6ヵ月前までに持分会社に退社の予告をしなければならない。

▷業務を執行する社員

社員の一部を業務の執行を行う社員として選任したときは，その者が業務を執行する（業務執行社員）。業務執行社員を定めたときでも，定款に別段の定めがある場合を除き，支配人の選任・解任は，社員の過半数で決定する。

▷監視権

業務執行社員を定めた場合，各社員は，業務執行権限がなくとも，業務および財産の状況を調査できる。

▷業務の執行状況等を報告する義務

業務執行社員は，定款で別段の定めがある場合を除き，持分会社または他の社員の請求があるときは，いつでも職務の執行の状況を報告し，職務が終了した後は，遅滞なくその経過および結果を報告しなければならない。

▷職務執行者

会社を含めた法人が無限責任社員となった場合，実際に法人の職務執行を行う自然人をいう。

▷代表社員

業務執行社員を設けない場合には，すべての社員が，各々会社を代表する。代表社員の選任にあたっては，定款または定款の定めに基づく社員の互選により，業務を執行する社員の中から定めることもできる。

▷社員の責任を追及する訴え

業務を執行する社員の違法行為に対して，他の社員による責任追及手段として用いられる。株主代表訴訟に類似する。

Ⅶ 持分会社・外国会社

合同会社

1 合同会社の特色

　合同会社は，会社の内部関係については**組合的規律**が適用される会社類型の一つであり，法人格を有する。また，合同会社の各社員は，定款で定められた出資の価額を限度として出資を行う義務を負うのみであり，会社の債務に関して債権者に対して直接に弁済する責任を負わない。

　他方，会社の外部との関係は，出資者全員の責任を有限責任とすることから，合名会社・合資会社とは異なり，債権者保護のための規定が設けられている。

2 合同会社の社員関係

①社員の出資

　社員の出資については，**全額払込制度**が採用され，各社員はその限りにおいて責任を負う。また，各社員の出資の目的については，金銭その他の財産に限られ，信用や労務の出資は認められない。これは，社員全員が有限責任である会社類型における出資は，会社債権者に対する責任財産の会社に対する拠出という側面から捉えるべきだからであり，会計上も処理が可能な金銭その他の財産に限ると解されるからである。

②社員の退社

　合同会社でも，各社員は，やむを得ない事由がある場合には，定款の定めにかかわらず，いつでも退社することができる。

　合同会社は，退社員に対して払い戻す金銭等の額（持分払戻額）が**剰余金額**を超える場合でも，払い戻さなければならない。このとき，合同会社は，債権者保護の手続をとらなければならない。この債権者保護手続を経ることなく払戻しが行われたとき，当該持分の払戻しに関する業務を行った社員は，払戻しを受けた社員と連帯して，会社に対し払戻額に相当する金額を支払う義務を負う。

3 合同会社の業務執行

　合同会社の業務の執行についても，合名会社・合資会社におけるのと同様の規制を受けることになる。なお，合同会社は有限責任社員のみにより組織されることから，業務を執行する社員は，職務を行うについて悪意または重大な過

▷**組合的規律**
原則として，社員全員の一致で定款の変更その他会社のあり方の決定が行われ，各社員が自ら会社の業務の執行にあたるという規律をいう。

▷**全額払込制度**
合同会社の社員になろうとするものは，定款作成後，設立登記時までに，出資する金銭の全額の払込，または出資する金銭以外の財産の全部を給付しなければならない。ただし，株式会社の場合と異なり，払込取扱銀行等は不要であり，変態設立事項に関する検査役の検査も不要である。また，現物出資についての目的物不足額塡補責任についても定めはない。

▷**剰余金額**
剰余金額＝（資産の額）－｛（負債の額）＋（資本金の額）＋（法務省令で定める各勘定科目に計上した額の合計額）｝ ⇨ Ⅵ-7「剰余金の分配手続」182頁も参照

▷**閲覧・謄写請求権**
社員の閲覧・謄写請求権については，Ⅶ-2「合名会社・合資会社」❹合名会社・合資会社の計算，190

失があったとき，第三者に対して連帯して損害賠償責任を負うことになる。

❹ 合同会社の計算

①計算書類の作成・閲覧

計算書類の作成・保存および社員の**閲覧・謄写請求権**については，合名会社・合資会社の場合と同様である。

②資本金の額の減少

合同会社は，損失塡補の場合の他，出資払戻額から剰余金額を控除した額を限度として，出資の払戻しのために，その資本金の額を減少できる。

合同会社が資本金の額を減少する場合には，当該合同会社の債権者は，当該合同会社に対し，資本金の額の減少について異議を述べることができる。

③利益の配当

合同会社は，配当額が当該利益の配当をする日における利益額を超える場合には，当該利益の配当をすることができない。この場合，合同会社は，社員からの利益配当請求を拒むことができる。

合同会社が違法配当をした場合には，利益配当に関する業務を執行した社員は，合同会社に対し，利益配当を受けた社員と連帯して，**配当額相当額を支払う義務**を負う。

④出資の払戻し

合同会社の社員は，定款を変更してその出資の価額を減少する場合を除き，出資の払戻しを請求できない。また合同会社は，出資払戻額が剰余金額または出資の価額を減少した額のいずれか少ない額を超える場合には，出資の払戻しができない。これに違反する出資の払戻しは，違法配当の場合と同様の規制に服する。

❺ 有限責任事業組合との違い

有限責任事業組合とは，個人または法人が出資して，それぞれの出資の価額を責任の限度として共同で営利を目的とする事業を営むことを内容とする契約により成立する組合をいう。合同会社と同様に，すべての社員の有限責任を確保するとともに，内部関係においては組合的規律が適用される新たな事業体を設ける目的で整備されたものである。このため，合同会社と有限責任事業組合とは類似点が多い一方で，いくつかの相違点もある。

頁参照。さらに，合同会社においては，作成後5年以内の計算書類については，会社債権者も閲覧・謄写を請求できる。

▷配当額相当額を支払う義務

利益配当に関する業務を執行した社員は，その職務執行につき注意を怠らなかったことを証明しない限り，配当額相当額を合同会社に対し支払う義務を負う。この義務は，総社員の同意がある場合に限り，利益額を限度として免除できる。他方，利益配当を受けた社員は，配当額が利益額を超えることにつき善意であるときは，配当額について，当該利益配当に関する業務を執行した社員からの求償の請求に応ずる義務を負わない。この場合でも，会社債権者は，利益配当を受けた社員に対し，配当額相当額の支払を請求できる。

▷法人課税・構成員課税

法人格を有する事業体について，その所得等に対して課税されている。このため，事業体に法人課税が課せられた上に，出資者への利益分配にも課税されることになる。これに対して，構成員課税をとると，事業体には課税されず，出資者に直接課税されることになる。パススルー課税ともいう。

表Ⅶ-2 合同会社と有限責任事業組合との比較

	合同会社	有限責任事業組合
法人格	○	×（組合）
構成員	1人以上の有限責任社員	2人以上の有限責任組合員
出資	金銭その他の財産のみ	金銭その他の財産のみ
業務執行	1人以上の業務執行社員	各組合員
損益配分	定款で自由に決めることができる	組合契約で自由に決めることができる
課税	法人課税	構成員課税

出所：筆者作成。

VII 持分会社・外国会社

 外国会社

▷**設立準拠法主義**
いずれかの国が自国法に従い設立された会社を有効と認めているときは、他国も有効と認めるべきとする主義。

▷**登記**
外国会社が日本における株式会社に相当する場合の登記事項は、①株式会社の登記事項（⇨X-5「会社の登記」232頁参照）、②外国会社の設立の準拠法、③日本における代表者の氏名及び住所、④公告をする方法等である。また、外国会社が日本における株式会社に相当する場合には、貸借対照表に相当するものの公告等が求められる。

▷**取引をした者**
818条にいう「取引をした者」は、前述の代表者に限らず、外国会社の名で実際に当該取引を行ったものをいう。

▷**登録免許税**
権利の取得・移転などの取引に関する各種の事実あるいは法的行為を対象として課される流通税の一種。株式会社の場合は15万円。

1 外国会社の意義（2条2号）

外国会社とは、外国の法令に準拠して設立された法人その他の外国の団体であって、会社と同種のものまたは会社に類似するものをいう（**設立準拠法主義**）。外国会社であっても、民法36条により、日本国内における同種の会社と同一の私権を享有する。会社法817条以下では、このような外国会社に関する特別の規定が設けられている。

2 外国会社に対する規制

外国会社が、日本において取引を継続してしようとするときは、日本における代表者を定め、かつ会社について登記をしなければならない。会社の代表者を明らかにするとともに、**登記**による開示を通じて、当該外国会社の債権者を保護することを目的とする。

継続的な取引とは、一定の計画に従う集団的企業的取引活動をいい、偶発的個別的取引は含まれない。従って、1回の取引では、継続する意思がなければこれにあたらず、たとえ複数回の取引が行われたとしても、それが継続性のないものである場合には継続的な取引にはあたらない。

①代表者の選任（817条）

外国会社は、日本において継続して取引しようとするときは、日本における代表者を定めなければならない。その代表者のうち少なくとも1名は日本に住所を有しなければならないが、そのすべてが日本に住所を有することまでは要しない。

この代表者は、当該外国会社の日本における業務に関する一切の裁判上または裁判外の行為をする権限を有する。この権限に加えた制限は、善意の第三者に対抗することができない。また外国会社は、その日本における代表者がその職務を行うについて第三者に加えた損害を賠償する責任を負う。

②登記前取引の規制（818条）

外国会社は、外国会社の登記をするまでは、日本において取引を継続してすることができない。これに違反して**取引をした者**は、相手方に対し、外国会社と連帯して、当該取引によって生じた債務を弁済する責任を負い、会社の設立の**登録免許税**の額に相当する過料に処せられる。未登記の外国会社の実体が不

明確であることから，行為者にも責任を負わせることで，取引の相手方を保護するとともに，間接的に登記の促進を目的とする。

３ 擬似外国会社（821条）

①擬似外国会社の意義

　擬似外国会社とは，外国の法令に準拠して設立された会社であって，日本に本店を設け，または日本において事業を行うことを主たる目的とするものをいう。このような擬似外国会社は，外国法上は法人格が認められるが，日本において取引を継続してすることができない。これに違反して取引をした者は，相手方に対し，外国会社と連帯して当該取引によって生じた債務を弁済する責任を負い，さらに会社の設立の登録免許税の額に相当する過料に処せられる。この規定の趣旨は，外国会社を利用した日本の会社法制の脱法・潜脱を防止することにある。また，取引の相手方を保護するために，取引を行った者と外国会社とに連帯債務を負担させるものである。

　821条の適用要件の一つである「日本において事業を行うことを主たる目的とする外国会社」とは，日本における事業がその存立に必要不可欠であることを前提に設立された外国会社をいう。例えば，現在日本でのみ事業活動している会社であっても，従前は外国でも事業を行っていた，または今後外国での事業活動の予定や可能性がある場合には，擬似外国会社にはあたらないとされる。

　日本における事業といえるか否かについては，従業員や営業所の所在地のみで決定するのではなく，顧客や仕入先の所在地，取引場所，取引方法，資金調達場所等を考慮して実質的に判断される。

②適用範囲

　資産の流動化等の新しい金融手法において，外国法に従って設立された会社を利用するニーズが高まっている。すなわち，契約に基づき外国会社が資産の譲受け等の取引を行う場合である。このような外国会社は，擬似外国会社にあたるのか，また，あたるとされたとき，これら外国会社の事業活動が継続的な取引にあたるのかが問題となる。

　まず，このような外国会社が，日本国内で資産の譲受けや証券の発行を行う場合であっても，外国でも資産の譲受けや証券の発行などをしている場合には，擬似外国会社にはあたらないとされている。他方，もっぱら日本国内でのみ取引等の事業活動を行う場合には擬似外国会社にあたることになろう。

　では，資産の譲受けや証券の発行は継続的な取引にあたるであろうか。複数回にわたり証券が発行される場合でも，実際には１個の契約に基づくものであることが多いことから，このような場合には，継続的な取引にはあたらないと解するようである。

▷**資産の流動化**
企業が保有する資産の信用力に着目し，その信用力に基づいてコマーシャルペーパー（CP）などを発行することにより，資金調達を行う方法をいう。例えば，ある企業が有する債権を背景にCPを発行する場合がこれにあたる。これによりこの企業は，債権の決済期日以前に資金を調達することが可能になる。発行したCPの償還には，債務者から履行を受けた資金を充てることになる。

Exercise

○ 理解できましたか？
1）「組合的規律」とは，どのようなものか。この規律は，合名会社および合同会社の経営方針の決定について，どのような形で現れているか，説明してください。
2）フランスの法令に準拠して設立された会社が，日本国内に店舗を設け，物品の販売を行おうとするとき，どのような手続を経なければならないか，説明してください。

○ 考えてみましょう！
1）合名会社と株式会社における社員の地位の違いは，投下資本回収の方法にどのように反映されているでしょうか。
2）会社への出資について，無限責任社員は信用や労務の出資が認められているのに対して，有限責任社員には認められていないのはなぜでしょうか。

○ 調べてみましょう！
1）A・B・Cは，共同して合名会社を設立することにした。この設立過程において，以下の事由があった場合について，それぞれ検討してください。
   (ア) Aは未成年であったにもかかわらず，法定代理人の同意を得ていなかったため設立行為を取り消した。このとき合名会社の設立には，どのような影響があるか，説明してください。
   (イ) Bは，合名会社の設立行為について錯誤があったとして，設立の無効を主張している。Bの設立行為の錯誤は，合名会社の設立無効原因となるでしょうか。
2）非公開会社タイプの株式会社，合同会社について，会社の経営に関する意思決定のシステムとそれに対する監視監督の制度について比較・整理し，差異が生じる理由について考えてください。

勉学へのガイダンス

○ 初学者のための入門，概説書

前田庸『会社法入門　第12版』有斐閣，2009年

弥永真生『リーガルマインド会社法　第14版』有斐閣，2015年
　　会社法の教科書の多くは，株式会社法制の解説に重点をおいているため，持分会社・外国会社については詳細な記載がなされていないものが多くみられる。これに対し，上記の書籍は，持分会社・外国会社について，必要な解説がなされている。紙幅の関係で本書において触れることのできなかった点については，これらの書籍で学修して欲しい。

経済産業省産業組織課編『日本版LLC ―新しい会社のかたち―』金融財政事情研究会，2004年
　　合同会社という会社形態を導入するに至った経緯，諸外国の立法例を詳細に解説する。また，合同会社形態の活用法についても様々な提案がなされている。

○ 進んだ勉学を志す人に

田中耕太郎『合名会社社員責任論』有斐閣，1919年（1989年復刻）
　　改正前商法における有限責任社員の責任に関する詳細な研究書。合名会社のほか，合資会社等の規制についても言及されている。

相澤哲ほか編『論点解説　新・会社法』商事法務，2006年
　　実務上の問題点のうち特に重要とされる論点を立法担当者がQ&A方式で解説する。

河村博文『外国会社の法規制』九州大学出版会，1982年
　　外国会社の営業活動に関する法規制を諸外国の立法例をもとに検討する学術論文集。同著者の「国際会社法論集」（九州大学出版会，2002年）には，会社法制定前（改正前商法）における外国会社法規制の逐条解説が収められている。

第VIII章 会社の基礎的変更

　会社をとりまく環境は日々変化しており，会社が存続し，発展していくためには，その変化に的確かつ機動的に対応していく必要があります。しかし，会社がその組織等に変更を加えることにより株主や債権者等に影響をもたらす場合があり，特に，本章でとりあげる事項の変更は重大な影響をもたらします。すなわち，定款は会社の根本規則として出資者である社員（株主）にとって特に重要な事項であり，その変更は会社のあり方自体に影響します（「１．定款変更」）。資本金は，特に株式会社における会社の規模や責任財産確保の基準を示すものとして，その減少は株主・債権者に重大な影響をもたらします（「２．資本金の額の減少」）。このため，社員（株主）や債権者保護のための厳格な手続が要求されますが，他方，その影響と機動性の要請を勘案し，例外的な取扱いも許容されています。さらに，事業の賃貸等は，業務執行行為ですが会社の基礎に影響をもたらしうる行為であり，また，組織変更も会社形態の変更として責任財産や経営機構に劇的な変更をもたらすため，それぞれ厳格な手続が要求されています（「３．経営基礎の変更（事業の賃貸等）」「４．組織変更」）。
　以上，それぞれの行為の機能や株主・債権者への影響と要求される手続の関係を意識しながら学習することが重要です。

VIII 会社の基礎的変更

1 定款変更

▶実質的意義の定款
実質的意義の定款とは会社の根本規則をいい、これに対し、形式的意義の定款とはこのような根本規則を記載した書面または電磁的記録をいう。定款変更手続を要するのは実質的意義の定款の変更であり、形式的意義の定款である書面や記録の変更は代表取締役等によってなされる。

▶発行可能株式総数の増加
会社が新株を発行できるのは、定款に記載又は記録した発行可能株式総数（37条）の枠内でなければならない。しかし、この発行可能株式総数を超えて新株を発行しようとする場合には、定款を変更して発行可能株式総数を増加できる。公開会社の場合には、この発行可能株式総数の増加は、発行済の株式総数の4倍を超えることはできない（113条3項各号）。37条3項本文の趣旨と同様、取締役会に対しあまりに広範な新株発行の権限を与えることは、株主保護の見地から適当でないためである。

▶資本多数決原則
株主総会において採用される多数決であり、1人1議決権原則に基づく頭数多数決ではなく、出資額を基準とした1株1議決権に基づく多数決である。株式会社は株主の資本的な結びつき

1 定款変更とは

定款変更とは、会社の根本規則としての**実質的意義の定款**を変更することである。定款の記載・記録事項は会社の根本規則であり、後に加入する社員等も拘束する重要事項であり、安易な変更は許されない。しかし、企業環境等の変化により、定款記載・記録事項についての変更・抹消・追加等の必要が生ずることも当然であり、厳格な手続の下、その変更が認められる。

定款変更に関し、特に多数の不特定の社員を予定する株式会社においては、その変更の手続が厳格なだけではなく、従来、会社が定款で自主的に定めることができる事項についても限定されていた。しかし、会社法は、株式会社がそれぞれの会社の実態に即した組織設計や経営を可能とするよう、定款自治を大幅に認めた（⇨ I-8 「会社の強行法規性」20頁）。また、定款変更の要件についても、株主への実質的な影響を考慮し、柔軟に対応している。

持分会社においては、後に指摘するように、総社員の一致で定款の制定・変更が行われるため、定款自治の範囲が広く認められ、社員をはじめとした利害関係者の自主的な判断が最大限尊重される。もっとも、このことは、この定款に拘束される、後に加入する社員をはじめとした利害関係者にとって、定款の内容は極めて重要となり、その確認が必要となる。

2 株式会社における定款変更手続

◯原　則

定款変更のためには、原則として、株主総会の特別決議が必要とされる（466条、309条2項11号）。すなわち、当該株主総会において議決権を行使できる株主の議決権の過半数を有する株主が出席し、出席した株主の議決権の3分の2以上の多数の賛成が必要となる。

なお、公開会社においては**発行可能株式総数の増加**に関して制限が設けられている（113条3項各号）。

◯例　外

定款変更による株主への影響により、以下のように多数の特則が設けられている。株主総会において採用される**資本多数決原則**に対し、総株主の同意が要求されたり（①、②の場合）、頭数多数決が要求されたり（④、⑤の場合）する場

合がある。また，一定の場合には，**反対株主の株式買取請求権**が保障される。他方，株主への影響が重大ではない場合については，特に株主総会決議は要せず，取締役会決議等によってなし得ることとし，機動的な変更を認める場合もある（⑥(i)の場合）。

①すべての株主に共通して重大な影響を与えるため総株主の同意を要する場合（110条，164条2項）

②特定の種類株主すべてに共通して重大な影響を与えるため，株主総会特別決議に加え総種類株主の同意を要する場合（111条1項，164条2項，322条4項）

③特定の種類株主に重大な影響を与える可能性から，株主総会特別決議に加え種類株主総会決議を要する場合（111条2項，322条1項）

④株主の投下資本回収に重大な制限を与える株式譲渡制限の新設のため，309条3項の株主総会特殊決議を要する場合

⑤株主平等原則に反する取扱いを許容するため，309条4項の株主総会特殊決議を要する場合

⑥株主総会決議不要な場合として

(i)株主に重大な影響を与えないため，取締役会決議等によってなし得る場合（184条2項，191条，195条）や，(ii)一定の場合に定款規定が廃止されたものとみなされる場合（112条）がある。

3 持分会社における定款変更手続

○原　則

定款変更のためには，原則として総社員の一致が必要とされる（637条）。持分会社は，社員間の人的信頼関係を基礎とする会社として予定され，根本規則としての定款変更については総社員の一致が必要とされる。持分会社では，社員に関する事項が定款記載・記録事項とされているため（576条1項4号），社員の加入・変更・退社等も定款変更を必要とし，その要件に従うこととなる。

このように，定款変更が総社員の一致を基礎とするため，定款の自治が広く認められ，柔軟な組織設計や経営を可能とする会社形態となっている。

○例　外

定款に別段の定めが設けられている場合と，会社法に特則規定が設けられている場合には，総社員の一致は必要とされない。持分会社における定款自治の尊重は，定款変更の要件にも及び，例外的な取扱いが広く認められる。すなわち，定款変更の要件の例外的な取扱いも，その基礎には総社員の一致が存するため，特に制限はなく，例えば，社員の過半数や業務執行社員の過半数の他，特定の業務執行社員への委任といった定めも認められる。会社法の特則規定としては，例えば，業務を執行しない有限責任社員の持分譲渡に関する定款変更の場合に関し，業務執行社員の承諾で足りるとの特則規定（585条3項）がある。

を基礎とする団体であり，株主の取扱いは会社に対する出資額の多寡が基準となり，決議への影響力も出資額の多寡が基準となる。

▶反対株主の株式買取請求権

株主の投下資本回収に特に重大な影響を与えるような定款の変更についても多数決によってなしうる代わりに，反対株主の経済的な救済を図るために株式買取請求権が保障され，会社に対して公正な価格で株式を買い取るべき旨を請求することができる（116条1項1号，2号，2項）。なお，濫用防止のため，この買取請求をした反対株主は，会社の承諾を得た場合に限り撤回することができるとされ（同条7項），その実効性確保の措置もとられている（同条6項，社債株式振替155条）。

Ⅷ 会社の基礎的変更

2 資本金の額の減少

1 意 義

資本金の額の減少とは、登記および貸借対照表を通じて公示される一定の金額である資本金の額（911条3項5号）を減少させることである。

株主有限責任原則（⇨Ⅰ-7）（104条）が支配する株式会社において、会社債権者を保護するために、会社財産の確保が要請される。この会社財産確保のための基準として、資本金の額が一定の機能を果たすことになる（**資本制度**）（⇨Ⅵ-6）。従って、この資本金の額の減少は、会社内部に拘束すべき財産の基準を引き下げることになるため、安易な減少は認められず、厳格な手続に服しなければならない（資本不変原則）。

会社法における資本金の額の減少は、計数を変動させるだけであり、株式数の減少や会社財産の払戻しとは区別される。平成17年改正前商法下での減資・準備金減少に伴う会社財産の払戻しは、会社法の下では、資本金や準備金の額の減少によって生じた剰余金の額を原資とする剰余金の配当と位置づけられる。

資本金の額の減少は、欠損塡補にあてる場合等を除き、原則として**剰余金**（⇨Ⅵ-6）の額を増加させる（446条3号）。従って、資本金の額の減少と同時に剰余金の配当を行うことも可能である。また、資本金の額を減少する際に、その全部または一部を**準備金**（⇨Ⅵ-6）として計上することができる（447条1項2号、図Ⅷ-1参照）。

最低資本金制度が撤廃された会社法の下では、資本金額の減少に限度はなく、マイナスにならない限りゼロでもかまわない（447条2項参照）。

2 手 続

資本金の額の減少は、会社に拘束すべき財産の基準を引き下げることであり、会社債権者にとって重大関心事であり、また、株主にとっても、会社の規模の縮小や権利の減縮等の重大な影響をもたらすこともある。

①株主保護のための手続
（ⅰ）原　則

資本金の額を減少する場合には、株主総会の決議によって、447条1項所定の事項を定めなければならない（447条1項）。原則として（（ⅱ）以外の場合）、この決議は特別決議による（309条2項9号）。

▷**資本制度**
従来、資本制度に関し、資本確定原則、資本充実・維持原則、資本不変原則の資本三原則が存するとされてきた。しかし、会社法の下では、資本確定原則は廃棄されている。これに対し、設立時の出資規制や、株主への剰余金配当等の財産の払戻しにおいて、資本金は会社内部に拘束すべき財産のために機能する点で（446条1号ニ、461条2項1号）、資本充実・維持原則は維持されており、また、資本金の額の減少のためには厳格な規制が求められ、資本不変原則も維持されている。ただし、資本金の額に相当する財産が当然に確保されていることが保障されるわけではなく、資本金による会社財産確保にも限界がある。

▷**剰余金**
剰余金は、446条の規定によって算定される額である。基本的には、純資産額と自己株式の帳簿価額の合計額から、資本金、準備金等の額を減じた額である。会社法は、利益の配当、中間配当、自己株式の買受け等、会社が株主に会社財産の実質的な払戻しをする場合を横断的に剰余金の配当として規制する。そして、会社が株主に剰余金の配当をす

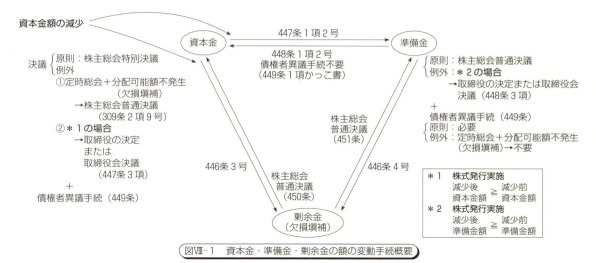

図Ⅷ-1　資本金・準備金・剰余金の額の変動手続概要

出所：筆者作成。

(ii) 特　則

定時総会における資本金の減少であって，減少額が欠損額以下であるときは，特別決議を要せず，普通決議で足りる（309条2項9号かっこ書イ，ロ）。新たに分配可能額を生じさせずに資本金減少額の全部を欠損の塡補にあてるため，事実上株主に不利益をもたらす可能性が低いと考えられるためである。

株式の発行と同時に資本金の額を減少する場合，資本金額の減少の効力発生後の資本金額がその日前の資本金の額を下回らないときは，取締役会決議（取締役会非設置会社においては取締役の決定）で資本金額を減少できる（447条3項）。

②債権者保護のための手続

債権者に対し，資本金額の減少に異議があれば一定の期間内（1カ月以上の期間）に述べるべき旨，資本金額の減少の内容等を官報で公告し，かつ**「知れている債権者」**には原則として各別に催告する（449条2項）。ただし，会社が官報のほか定款に定めた時事に関する事項を掲載する日刊新聞紙または電子公告により，その公告をするときは，各別の催告は不要である（同条3項）。

そして，異議がないときは資本金の額の減少を承認したものとみなすが（同条4項），異議があったときは（同条1項），債権者を害するおそれがない場合を除き，弁済もしくは相当の担保の提供または信託会社への相当な財産の信託をしなければならない（同条5項）。

```
公告等 ┤原則：官報による公告＋「知れている債権者」に対する各別の催告
       └例外：官報による公告＋定款に定めた日刊新聞紙または電子公告による公告
　　⇩
債権者に ┤無し：資本金の額の減少を承認したものとみなす
による異議└有り┬原則：弁済・担保提供等
                └例外：債権者を害するおそれがない場合は弁済・担保提供等不要
```

図Ⅷ-2　債権者保護手続

出所：筆者作成。

る場合は，461条2項により算出される分配可能額を超えてはならず（同条1項），また，その場合には，一定の額を準備金として計上しなければならない（445条4項）。

▷準備金

純資産額が資本金の額を超えている場合，そのすべてを剰余金として株主に分配することが認められるわけではなく，一定の額を積み立てて社内に留保しておき，将来に備える必要がある。この社内に留保しておくべき一定の金額が，準備金である。準備金も資本金と同様計算上の数額にすぎず，準備金の額に相当する財産を拘束することが求められる。

▷「知れている債権者」

「知れている債権者」（平成17年改正前商法における「知レタル債権者」）とは，債権者が誰か，また，どのような原因に基づく請求権かの大体が，会社に知られている債権者をいう（大判昭和7年4月30日民集11巻706頁）。

Ⅷ 会社の基礎的変更

 経営基礎の変更（事業の賃貸等）

意　義

　会社の事業の全部や重要な一部の譲渡，重要な子会社の株式等の譲渡（467条1項1号，2号，2号の2）を行う場合の他，①事業全部の賃貸，②事業全部の経営の委任，③他人と事業上の損益の全部を共通にする契約，④その他これらに準ずる契約の締結，変更，解消をする場合（467条1項4号）には，会社の経営形態等に重大な変更を加えることになるため，株主保護のための厳格な手続が要求される。すなわち，事業全部の賃貸等を行う相手会社が**特別支配会社**である場合を除き（468条1項），株主総会の特別決議によって承認を受けなければならず（467条1項柱書，309条2項11号），その招集通知には議案の概要を記載または記録し（施行規則63条7号ホ），株主に判断材料を提供する。さらに，反対の株主には株式買取請求権が認められ，「公正な価格」での買取りによる投資回収が保障される（469条）。

　なお，これらの行為により，一定の取引分野における競争を実質的に制限することとなる場合には，事業譲渡と同様，これらの行為が禁止される（独禁法16条1項）。

▶**特別支配会社**
A社がB社の総株主の議決権の10分の9（これを上回る割合を定款で定めた場合にはその割合）以上の割合を有する場合に，A社をB社の特別支配会社という（468条1項参照）。A社とB社の間にはほぼ完全な支配関係があり，被支配会社であるB社で株主総会を開催したとしても，その結論は明らかである。そこで，このような場合には，被支配会社であるB社での株主総会の開催を不要として，迅速かつ簡易な事業譲渡や組織再編行為を可能とした。このような場合の事業譲渡を「略式事業譲渡」，組織再編行為を「略式組織再編行為」という。

2 事業全部の賃貸

　「事業全部の賃貸」とは，事業全部の賃貸借契約を締結することであり，賃借人が，自己の名義で，かつ自己の計算において，事業全部の使用・収益を行い，賃貸人は賃借人から賃料収入を得ることになる。従って，賃貸会社は，事業に属する財産等の所有権は有するが，事業の管理権・経営権等は賃借人に帰属し，賃料収入を得るだけとなる。このため，会社の基礎に重大な変更が生じるものとして，事業の全部譲渡等の場合と同様の規制に服することで，株主保護を図ることとした。

3 事業全部の経営の委任

　「事業全部の経営の委任」とは，事業全部の経営を委任し，受任者が委任者の名義で事業経営を行うことである。事業から生じる損益が委任者に帰属し，受任者は経営管理権を有するにすぎない場合と（いわゆる「経営管理契約」），事業上の損益が受任者に帰属する場合（いわゆる「狭義の経営委任契約」）がある。

後者の場合，実質的には前の賃貸借と変わらず，また，前者の場合も，会社経営のあり方に重大な変更が生じるため，株主保護のための厳格な規制に服することとした。

❹ 他人と事業上の損益の全部を共通にする契約

「他人と事業上の損益の全部を共通にする契約」（損益全部共通契約）とは，会社が他人と一定期間に生じる会社の損益全体を合算し，予め定められた割合や方法で両者に分配する契約である。この損益全部共通契約が締結されると，会社の損益が他人によって影響を受けることになり，また，その他人と共通の目的・計画の下に経営管理も共同して行われることも少なくなく（この場合には合併に類似する），このため，上の行為と同様，会社の基礎に重大な変更が生じるものとして，同様の株主保護のための厳格な規制に服することとした。

なお，「その他これらに準ずる契約」は，利益協同関係形成のための契約のうち，上のような会社の基礎に関わるものが含まれ，一般的には販売カルテル等がその例として指摘されるが，不当な取引制限として独占禁止法によって規制される（独禁法2条6項，3条）。

図Ⅷ-3　事業全部の賃貸

出所：筆者作成。

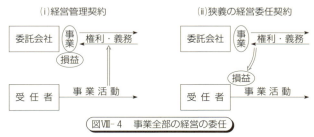

図Ⅷ-4　事業全部の経営の委任

出所：筆者作成。

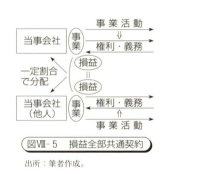

図Ⅷ-5　損益全部共通契約

出所：筆者作成。

Ⅷ　会社の基礎的変更

 組織変更

 意　義

　会社の組織変更とは，会社がその法人格の同一性を保ちながら，その組織を変更して，他の種類の会社形態になることをいう。

　ある会社が他の会社へ組織形態の変更を望む場合に，いったん会社を解散し，さらに新たな会社を設立するという手続を経ることなく，法定の組織変更手続を経ることにより，他の会社形態への移行を比較的容易になしうることができ，このことにより，企業の維持・継続性を確保することができる（企業維持の理念）。

　会社法の下では，組織変更とは，株式会社がその組織を変更することにより持分会社（合名会社，合資会社または合同会社）になること，および持分会社（合名会社，合資会社または合同会社）がその組織を変更することにより株式会社になることをいう（2条26号）。これに対し，持分会社内での変更（例えば，合名会社から合資会社への変更）は，改正前商法と異なり，定款変更による持分会社の種類の変更として位置づけられることとなった（638条）。

　改正前商法に比較し，組織変更の許容範囲が拡大され，株式会社と持分会社との間の組織変更が認められるようになった。

2　組織変更の手続

①組織変更計画の作成

　組織変更をなすためには，組織変更計画を作成しなければならない（743条）。組織変更計画には，変更後の会社の定款記載事項や組織変更に関する重要事項が定められる（744条，746条）。

②株式会社における手続

　組織変更をする株式会社は，組織変更計画備置開始日から組織変更の効力発生日までの間，組織変更計画の内容その他法務省令で定める事項を記載した書面または記録した電磁的記録を本店に備え置かなければならない（775条1項）。株主および債権者は，営業時間内はいつでも，組織変更計画の書面・記録の閲覧，及びその謄本・抄本の請求ができる（775条3項）。

　その上で，効力発生日の前日までに，組織変更計画について当該株式会社の総株主の同意を得なければならない（776条1項）。なお，持分会社は新株予約

権を引き継ぐことができないため（745条5項参照），金銭等を割り当てることになるが（744条1項7号，8号），新株予約権者にはさらに買取請求権が認められている（777条）。

組織変更により，会社の責任財産のあり方が変更するため，**債権者保護手続**が必要となる（779条）。

③持分会社における手続

組織変更をする持分会社は，効力発生日の前日までに，定款に別段の定めがない限り，組織変更計画について当該持分会社の総社員の同意を得なければならない（781条1項）。

持分会社を株式会社に変更する場合にも，株式会社と同様，債権者保護手続が必要である（781条2項）。

3 定款変更による持分会社の種類の変更

持分会社間での種類の変更は，以下の形での定款変更ということになる（638条）。

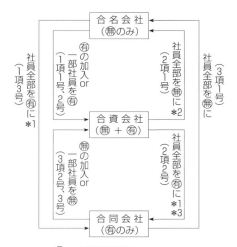

㊮＝無限責任社員
㊒＝有限責任社員

*1 出資に係る払込みまたは給付必要。その完了日に効力発生（640条1項。なお，同条2項参照）。
*2 有限責任社員全員退社によるみなし変更（639条1項）の場合もある。
*3 無限責任社員全員退社によるみなし変更（639条2項）の場合もある。

図Ⅷ-6　持分会社間での種類の変更（638条）

出所：筆者作成。

▷債権者保護手続⇒Ⅷ-2
「資本金の額の減少」201頁（図Ⅷ-2）参照。
会社債権者に異議申立ての機会を与えるための手続である。会社は，1カ月以上の指定した期間内に異議を述べるべき旨をはじめとした一定の事項（779条2項各号）を官報に公告し，かつ，知れている債権者には各別にこれを催告しなければならない（同条項柱書。なお，3項参照）。債権者がその期間内に異議を述べなかった場合には組織変更を承認したものとみなされ（同条4項），異議を述べた場合には，原則として，弁済等の措置をとらなければならない（同条5項）。

> **Exercise**

○理解できましたか？
　1）定款とは何ですか，またその変更とはどのようなものですか。
　2）資本金の果たす役割はどのようなものですか。資本金の額を減少すると，どのような影響が生じますか。

○考えてみましょう！
　1）定款変更のための原則的な手続とその例外を明らかにしてください。
　2）資本金の額の減少と準備金の額の減少のための手続を比較してください。

○調べてみましょう！
　1）会社法が要求する定款の記載・記録事項を明らかにしてください。法律が記載・記録を求めない事項を定款に定めること（任意的記載・記録事項）の意味を考えてください。実務では，どのような事項を定款で定めていますか。
　2）資本欠損の状況にある株式会社が，その再建を図るために行う資本金の額の減少に関して，以下の問に答えてください。
　　(ア) 資本欠損とはどのような状態をいいますか，また，どのような問題がありますか。
　　(イ) 資本金の額を減少すると同時に，新たなスポンサーへの新株発行による増資を行うことはどのような意味があるでしょう，また，そのためにはどのような手続が必要でしょうか。

> **勉学へのガイダンス**

○初学者のための入門，概説書
　伊藤靖史・大杉謙一・田中亘・松井秀征『リーガルクエスト会社法　第3版』有斐閣，2015年
　　基本的事項や重要判例をおさえながら，読みやすい記述で，初学者に適している。実務上のトピックも充実している。
　近藤光男・志谷匡史・石田眞得・釜田薫子『基礎から学べる会社法　第4版』弘文堂，2016年
　　本文・発展学習（難しい部分にやや詳しく説明）・TOPICS（現実の企業社会の動き等興味を引くテーマ）の3部構成からなり，自己の到達度に応じた読み方ができる。図や表も多用され，理解を助ける。初学者に最適。
　岸田雅雄『ゼミナール会社法入門　第7版』日本経済新聞出版社，2012年
　　企業の実態や実際の事例を題材に会社法にアプローチし，他方，基本的な制度の説明もなされている。興味深く会社法を学習できる初学者向けの書物。

○進んだ勉学を志す人に
　江頭憲治郎『株式会社法　第6版』有斐閣，2015年
　　学生だけでなく，実務家や研究者等も読者として意識された最も権威ある体系書。会計・税制・外国法や実務動向等の紹介や，研究論文の引用も多く，進んだ学習を目指す人には必須の文献。
　伊藤邦雄『新・現代会計入門　第2版』日本経済新聞出版社，2016年
　　資本（金）の制度をはじめとした会計制度の理解に必要な基本的な会計知識を得るための文献。法律を学ぶ人が敬遠しがちな会計を，そのような人にも理解しやすいような多くの工夫がなされている。
　弥永真生『リーガルマインド会社法　第14版』有斐閣，2015年
　　最も定評のある概説書の一つであり，特に国家試験受験生のバイブルの一つとして有名。各テーマについて，理解しやすい記述がなされ，また，図表が多用されている。受験を意識した人に最適。
　泉田栄一・佐藤敏昭・三橋清哉『株式会社会計法』信山社，2008年
　　企業会計法の理解にとって必要な会計の初歩的な知識の解説から，高度な会社法の計算規定まで解説が加えられている。企業会計法の本質的理解を目指す人に最適。

第IX章

企業再編

guidance

　企業は，経済環境の変化に合わせて，新たな事業分野に進出したり，不採算部門を整理したりします。こうした事業のリストラクチャリングは，多くの場合，企業を再編することや，他の企業と新たに結合関係を結ぶこと，等を通して行われます。こうした行為をまとめて，便宜的に，企業再編と呼びます。近年，わが国の経済構造の急速な変化に伴い，企業の国際競争力を維持することが重要であると認識されていますが，こうした観点から，会社経営の機動性や柔軟性を向上させるべく，企業再編を柔軟に行えるようにするための法整備が行われてきました。

　また，このような企業再編について，主として，経済的意義の観点から，事業支配の変動を伴うものを，一般的に，企業買収（M&A）と呼びます。このような企業買収には，友好的買収と敵対的買収がありますが，近年，わが国においても，敵対的買収をめぐる紛争が増加してきました。

　本章では，このような企業再編について，どのような種類があるのか，また，それらは，どのような内容からなり，どのような手続により行われるのか，等を学ぶことにしたいと思います。

IX 企業再編

1 企業再編の方法

1 企業再編と改正

経済環境の変化に合わせて，企業は，新たな事業分野に進出したり，不採算部門を整理したりする。こうした事業のリストラクチャリングは，多くの場合，企業を再編することや，他の企業と新たに結合関係を結ぶこと，などを通して行われる。ここでは，便宜的に，これらの行為をまとめて，企業再編と呼ぶことにする。近年，わが国の経済構造の急速な変化に伴い，企業の国際競争力を維持することが重要であると認識されている。そして，こうした観点から，企業再編を柔軟に行えるようにするための法整備が行われてきた。平成17年の改正では，いわばその仕上げとして，会社経営の機動性や柔軟性を向上させるべく，企業再編に関わる規制の見直しを行っている。

2 企業再編にはどのようなものがあるか

それでは，企業再編には，どのようなものがあるのだろうか。具体的には，事業を譲渡したり，**完全親子会社関係**をつくったり，会社自体を分割または合併したりすること等が，それに含まれる。そして，これらの詳しい内容については，次節以降で述べるが，ここでは，その概要や相互関係や差異等について，簡単に述べることにしたい。

まず，会社自身を合併することは，文字通り，合併と呼ばれる。これは，会社そのものを他の会社と合体させる組織法上の行為である。次に，会社自身を分割することも，文字通り，会社分割と呼ばれる。これも，合併に類似した組織法的行為といえる。次に，完全親子会社関係をつくることは，株式交換・株式移転と呼ばれる。これも，合併に類似した組織法上の行為といえる。このように，合併，会社分割，株式交換・株式移転は，その内容に差異はあるが，いずれも会社組織の変更を伴う組織的行為である点において共通している。

これに対し，事業を譲渡することは，文字通り，事業譲渡と呼ばれる。これも会社組織の変更を伴うが，それは取引的行為として行われる。この点において，合併，会社分割，株式交換・株式移転のような組織的行為とは区別される。

また，以上述べてきたように，合併，会社分割，株式交換・株式移転，事業譲渡は，会社組織の根本的変更を伴う企業再編であるが，企業再編の中には，株式の取得のように，会社組織の根本的変更を伴わないものもある。

▶**完全親子会社関係**
完全親会社とは，子会社の発行済株式のすべてを保有する会社のことであり，完全子会社とは，発行済株式のすべてを親会社に保有される会社のことである。そこで，完全親子会社関係がつくられる場合とは，ある株式会社が他の株式会社の100％子会社となる取引が行われる場合のことであり，そうした取引として，後述する株式交換・株式移転がある。なお，親会社および子会社の定義について，子会社とは，会社がその総株主の議決権の過半数を有する株式会社その他の当該会社がその経営を支配している法人として法務省令で定めるものをいい（2条3号），親会社とは，株式会社を子会社とする会社その他の当該株式会社の経営を支配している法人として法務省令で定めるものをいう（同条4号）。

3 友好的買収と敵対的買収

このような企業再編について，主として，経済的意義の観点から，事業支配の変動を伴うものを，一般的に，企業買収（M&A）と呼ぶ。そして，このような企業買収には，**友好的買収**と**敵対的買収**がある。この内，敵対的買収については，本章第6節で述べるように，買収の対象会社が，買収者による買収を避けるために，対象会社に対する支配をめぐる争いが生じた後に，そうした支配の変動を阻止すべく防御策を講じる場合や，対象会社に対する支配をめぐる争いが生じる前に，将来の支配の変動を阻止すべく予防策を講じる場合があり，これらの場合に，そうした防御策や予防策が法的に許容される範囲はどこまでなのかという法的課題がみられる。

4 企業再編の手続の概要

こうした企業再編の内，合併，会社分割，株式交換・株式移転のような組織法的行為では，以下のようなほぼ共通した手続がとられる。まず，契約等に関する書面等を作成し，事前に株主，債権者等に対して開示しなければならない（775条，782条，794条，803条）。また，これらの契約等については，原則として，株主総会の特別決議（309条2項12号）または特殊決議（同条3項）による承認を受けなければならない（783条，804条1項）。そして，反対株主には，株式買取請求権が認められ（785条，797条，806条），また，新株予約権者には，新株予約権の買取請求権が認められている（777条，787条，808条）。

また，会社債権者には，これらの企業再編行為について，異議を述べることが原則として認められ，異議を述べた債権者は，これらの行為をする会社に対し，弁済，担保の提供等を請求することができる（779条，789条，799条，810条）。平成17年の改正前の商法においては，株式交換について，債権者保護手続は要求されていなかったが，会社法においては，株式以外の対価を用いて株式交換を行う際に，債権者保護手続が要求されている（789条1項3号，799条1項3号）。

これらの企業再編行為の効力が生ずると，事後的にも，所定の書面等を作成し，株主，債権者等に開示しなければならない（791条，801条，811条，815条）。なお，平成17年の改正前の商法においては，これらの行為は，その登記時に効力を生ずると規定されていたが（商法102条，416条1項等），会社法においては，吸収合併，吸収分割等については，予め合併契約等で任意に効力発生日を定めるものとされている（744条1項9号，749条1項6号など）。なお，一定の場合に，**企業再編等の差止請求**が認められている。

▷**友好的買収**
友好的買収とは，買収者と買収の対象会社の経営者との間で，買収に関する合意のみられる買収のことである。

▷**敵対的買収**
敵対的買収とは，買収者と買収の対象会社の経営者との間で，買収に関する合意のみられない買収のことである。

▷**企業再編等の差止請求**
平成26年の会社法改正により，後述する簡易組織再編の場合を除いて，所定の事由について株主が不利益を受けるおそれがあるときは，株式の併合等の場合と同様に（171条の3，182条の3），企業再編をやめることを請求する差止請求権が株主に認められている（784条の2，796条の2，805条の2）。

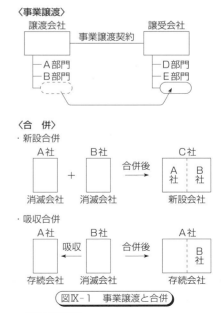

図IX-1　事業譲渡と合併

出所：筆者作成。

IX 企業再編

 合　併

1 合併とは

　合併とは，会社そのものを他の会社と合体させる組織法上の行為である。会社法は，株式会社および持分会社は，他の会社と合併することができるとし，合併をする会社は，合併契約を締結しなければならないと定める（748条）。そこで，会社法の定める4種類の会社間で自由に合併することができる。合併には，吸収合併と新設合併がある。いずれの合併の方法においても，消滅会社の財産は存続会社または新設会社に包括的に承継され，消滅会社の株主・社員は原則として存続会社の株主・社員となり，清算手続は必要とされない。

2 吸収合併

　吸収合併とは，会社が他の会社とする合併であり，合併により消滅する会社の権利義務のすべてを合併後存続する会社に承継させるものをいう（2条27号）。

○株式会社が存続する吸収合併

　会社が吸収合併をする場合に，吸収合併の後に存続する会社が株式会社であるときには，以下の事項を，吸収合併契約において，定めなければならない（749条1項）。すなわち，(1)株式会社である吸収合併存続会社および吸収合併により消滅する会社の商号および住所（同条同項1号），(2)吸収合併存続株式会社が吸収合併に際して株式会社である吸収合併消滅会社の株主または持分会社である吸収合併消滅会社の社員に対してその株式または持分に代わる金銭等を交付するときは，当該金銭等に関する所定の事項（同条同項2号），(3)吸収合併消滅株式会社が新株予約権を発行しているときは，吸収合併存続株式会社が吸収合併に際して当該新株予約権者に対して交付する新株予約権に代わる吸収合併存続株式会社の新株予約権または金銭についての所定の事項（同条同項4号），(4)吸収合併がその効力を生ずる日（同条同項6号），などである。

　吸収合併存続株式会社は，効力発生日に，吸収合併消滅会社の権利義務を包括的に承継する（750条1項）。吸収合併消滅会社の吸収合併による解散は，吸収合併の登記の後でなければ，これをもって第三者に対抗することができない（同条2項）。吸収合併消滅会社の株主・社員は，効力発生日に，吸収合併契約の定めに従い，吸収合併存続株式会社の株式の株主等となる（同条3項）。このように，会社法では，登記は，吸収合併の効力発生要件ではなくなっている。

▷1 持分会社が存続する吸収合併

会社が吸収合併をする場合に，吸収合併存続会社が持分会社であるときは，株式会社が存続する吸収合併の場合において要求されるのと同様の事項を，吸収合併契約において，定めなければならない（751条1項）。吸収合併存続持分会社は，効力発生日に，吸収合併消滅会社の権利義務を承継する（752条1項）。吸収合併消滅会社の吸収合併による解散は，吸収合併の登記の後でなければ，これをもって第三者に対抗することができない（同条2項）。吸収合併消滅会社の株主・社員は，効力発生日に，吸収合併契約の定めに従い，吸収合併存続持分会社の社員となる（同条3項）。

▷三角合併

例えば，外国企業のA社が日本企業のB社を買収しようとする例で考えてみると，B社を吸収合併するにあたり，予め日本にA社の完全子会社であるC社を設立して，外国の親会社であるA社の株式をC社に譲渡しておき，B社の株主に対して，C社の株式ではなく，A社の株式を交付することにより，合併を行うことができる。

▷2 持分会社を設立する新設合併

2以上の会社が新設合併を

○合併対価の柔軟化と三角合併

　株式会社が存続する吸収合併の場合のほか，持分会社が存続する吸収合併の場合にも，会社法は，吸収合併消滅会社の株主・社員に対して，吸収合併存続株式会社の株式を交付することを原則としながらも，金銭，社債，新株予約権，新株予約権付社債等を交付することも認めている。これは，合併対価を柔軟化するものといえる。このような合併対価の柔軟化により，吸収合併消滅会社の株主等に，存続会社の株式に代えて，金銭だけを交付することにより，消滅会社の株主等を締め出した上で合併を行うこと（キャッシュ・アウト・マージャー）が可能となる。

　また，こうした合併対価の柔軟化により，いわゆる**三角合併**も可能となる。三角合併とは，一般的に，消滅会社の株主等に対して，存続会社自身の株式ではなく，その親会社の株式を割り当てることによりなされる合併をいう（800条も参照）。

　そこで，こうした三角合併が可能になれば，時価総額で勝っている外国企業がわが国の企業に対して投資を進め，その前段階として，敵対的買収を増加させるのではないかとの懸念がわが国の経済界に広がり，そうした懸念に配慮して，会社法施行後の最初の定時株主総会において，わが国の企業が敵対的買収予防策を採用する機会を確保するために，会社法の施行については，合併対価の柔軟化に関する部分が，それ以外の部分の施行の1年後とされていた（平成26年の改正前の会社法附則4条）。

③ 新設合併

　新設合併とは，2以上の会社がする合併であり，合併により消滅する会社の権利義務の全部を合併により設立する会社に承継させるものをいう（2条28号）。

○株式会社を設立する新設合併

　2以上の会社が新設合併をする場合において，新設合併により設立する会社が株式会社である場合には，新設合併契約において，法定の事項を定めなければならない（753条1項）。新設合併は，株式会社と株式会社の合併，株式会社と持分会社の合併に限らず，持分会社と持分会社の合併によっても，株式会社を設立する新設合併を行うことが可能である（922条1項参照）。新設合併により設立する株式会社は，その成立の日に，新設合併により消滅する会社の権利義務を承継する（754条1項）。そして，新設合併により消滅する会社の株主や社員は，新設合併により設立する株式会社の成立の日に，新設合併契約の定めに従って割り当てられた株式の株主となる（同条2項）。

する場合において，新設合併により設立する会社が持分会社である場合には，新設合併契約において，法定の事項を定めなければならない（755条1項）。新設合併により設立する持分会社は，その成立の日に，新設合併により消滅する会社の権利義務を承継する（756条1項）。そして，新設合併により消滅する会社の株主や社員は，新設合併により設立する持分会社の成立の日に，新設合併契約の定めに従い，新設合併により設立された持分会社の社員となる（同条2項）。

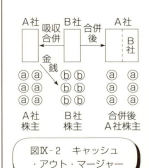

図Ⅸ-2　キャッシュ・アウト・マージャー

出所：筆者作成。

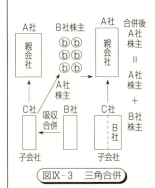

図Ⅸ-3　三角合併

出所：筆者作成。

IX 企業再編

3 会社分割

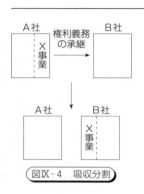

図IX-4 吸収分割

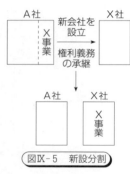

図IX-5 新設分割

出所：筆者作成。

▷債権者の保護

平成26年の会社法改正により，詐害的な会社分割等における債権者の保護が図られることになり，分割会社が，承継会社・設立会社に承継されない債務の債権者（残存債権者）を害することを知って会社分割をした場合には，残存債権者は，承継会社・設立会社に対して，承継した財産の価額を限度として，当該債務の履行の請求が認められている（759条4項本文等，764条4項等）。ただし，吸収分割の場合，効力発生日における承継会社の善意が免責

1 会社分割とは

　会社分割とは，会社自身を分割する組織法的行為である。会社分割は，企業グループ内の重複部門の整理や不採算部門の分離等を目的として行われる。会社法は，平成17年の改正前の商法と同様に，会社分割の方法には，吸収分割と新設分割の二つの方法があると定める。吸収分割および新設分割のいずれにおいても，分割できるのは株式会社または合同会社に限られるが，分割後の承継会社または設立会社には制限がない。なお，平成17年の改正前の商法上は，吸収分割と新設分割の両者について，吸収分割により事業を承継する会社または新設分割により設立する会社の株式を，分割をする会社自体に割り当てる場合（物的分割）と分割をする会社の株主に割り当てる場合（人的分割）とが認められていた。しかしながら，会社法では，人的分割については，物的分割の効力発生日に剰余金の配当をする場合として再構成されたため（758条8号ロ，763条1項12号ロ参照），物的分割のみが定められ，人的分割は廃止されている（758条4号，763条1項6号参照）。なお，一定の場合に，**債権者の保護**が図られている。

2 吸収分割

　吸収分割とは，株式会社または合同会社がその事業に関して有する権利義務の全部または一部を分割後他の会社に承継させることをいう（2条29号）。

○株式会社に権利義務を承継させる吸収分割

　株式会社または合同会社は，吸収分割をすることができる。この場合，会社がその事業に関して有する権利義務の全部または一部をその会社から承継する会社（吸収分割承継会社）との間で，吸収分割契約を締結しなければならない（757条）。会社が吸収分割をする場合において，吸収分割承継会社が株式会社であるときは，以下の事項を，吸収分割契約において，定めなければならない（758条）。すなわち，①吸収分割会社および株式会社である吸収分割承継会社の商号，住所，②吸収分割承継株式会社が吸収分割により吸収分割会社から承継する資産，債務，雇用契約その他の権利義務に関する事項，③吸収分割により吸収分割株式会社または吸収分割承継株式会社の株式を吸収分割承継株式会社に承継させるときは，その株式に関する事項，④吸収分割承継株式会社が吸収分割に際して吸収分割会社に対してその事業に関する権利義務の全部または

一部に代わる金銭等を交付するときは、当該金銭等に関する所定の事項、⑤吸収分割の効力発生日、等である。

吸収分割承継株式会社は、効力発生日に、吸収分割契約の定めに従い、吸収分割会社の権利義務を承継する（759条1項）。吸収分割会社は、効力発生日に、吸収分割契約の定めに従い、吸収分割承継会社の株式の株主等となる（同条8項）。

3 新設分割

新設分割とは、1または2以上の株式会社または合同会社がその事業に関して有する権利義務の全部または一部を分割により設立する会社に承継させることをいう（2条30号）。

○株式会社を設立する新設分割

1または2以上の株式会社または合同会社は、新設分割をすることができる。この場合、新設分割をする会社は、新設分割計画を作成しなければならない（762条1項）。また、2以上の株式会社または合同会社が共同して新設分割をする場合には、その2以上の株式会社または合同会社は、共同して新設分割計画を作成しなければならない（同条2項）。2以上の会社が新設分割を行うことを共同新設分割という。

1または2以上の株式会社または合同会社が新設分割をする場合において、新設分割により設立する会社が株式会社であるときは、以下の事項を、新設分割計画において、定めなければならない（763条）。すなわち、①株式会社である新設分割設立会社の目的、商号、本店の所在地および発行可能株式総数、②①の事項の他、新設分割設立株式会社の定款で定める事項、③新設分割設立株式会社の設立時取締役およびその他の役員等の氏名等、④新設分割設立株式会社が新設分割により新設分割をする会社から承継する資産、債務、雇用契約その他の権利義務に関する事項、⑤新設分割設立株式会社が新設分割に際して新設分割会社に対して交付するその事業に関する権利義務の全部または一部に代わるその新設分割設立株式会社の株式の数またはその数の算定方法ならびにその新設分割設立株式会社の資本金および準備金の額に関する事項、⑥2以上の株式会社または合同会社が共同して新設分割をするときは、新設分割会社に対する⑤の株式の割当てに関する事項、等である。

新設分割設立株式会社は、その成立の日に、新設分割計画の定めに従い、新設分割会社の権利義務を承継する（764条1項）。また、新設分割会社は、新設分割設立株式会社の成立の日に、新設分割計画の定めに従い、その株式の株主となる（同条8項）。

事由とされている（759条4項ただし書等）。また、詐害的な事業譲渡の場合にも同様に規律されている（23条の2第1項本文）。なお、これらの他にも、分割会社の債権者の保護が図られる場合がある（759条2項・3項等、764条2項・3項等）。

▷1 **持分会社に権利義務を承継させる吸収分割**

会社が吸収分割をする場合において、吸収分割承継会社が持分会社であるときは、吸収分割契約において、株式会社に権利義務を承継させる吸収分割の場合に相当する内容の法定事項を定めなければならない（760条）。吸収分割承継持分会社は、効力発生日に、吸収分割契約の定めに従い、吸収分割会社の権利義務を承継し、また吸収分割会社は吸収分割承継持分会社の社員となる（761条1項、8項）。

▷2 **持分会社を設立する新設分割**

1または2以上の株式会社または合同会社が新設分割をする場合において、新設分割設立会社が持分会社であるときは、新設分割計画において、株式会社を設立する新設分割の場合に相当する内容の法定事項を定めなければならない（765条）。新設分割設立持分会社は、その成立の日に、新設分割計画の定めに従い、新設分割会社の権利義務を承継する（766条1項）。また、新設分割会社は、新設分割設立持分会社の成立の日に、新設分割計画の定めに従い、その新設分割設立持分会社の社員となる（同条8項）。

IX 企業再編

株式交換・株式移転

1 株式交換とは

　株式交換とは，株式会社がその発行済株式の全部を他の株式会社または合同会社に取得させることをいう（2条31号）。株式交換は，既存の複数の株式会社の間に完全親子会社関係を創設するための制度であり，組織法的行為の一つである。株式会社は，株式交換をすることができるが，この場合，その株式会社の発行済株式の全部を取得する会社（株式交換完全親会社）との間で，株式交換契約を締結しなければならない。株式交換完全親会社は，株式会社または合同会社に限られる（767条）。

○株式会社に発行済株式を取得させる株式交換

　株式会社が株式交換をする場合において，株式交換完全親会社が株式会社であるときは，以下の事項を，株式交換契約において，定めなければならない（768条1項）。すなわち，①株式交換をする株式会社（株式交換完全子会社）および株式会社である株式交換完全親会社（株式交換完全親株式会社）の商号，住所，②株式交換完全親株式会社が株式交換に際して株式交換完全子会社の株主に対してその株式に代わる金銭等を交付するときは，その金銭等に関する所定の事項，③株式交換の効力発生日，等である。

　株式交換完全親株式会社は，効力発生日に，株式交換完全子会社の発行済株式の全部を取得する（769条1項）。株式交換完全子会社の株主は，効力発生日に，株式交換契約の定めに従い，株式交換完全親株式会社の株式の株主等となる（同条3項）。

> **1　合同会社に発行済株式を取得させる株式交換**
> 株式会社が株式交換をする場合において，株式交換完全親会社が合同会社（株式交換完全親合同会社）であるときは，株式交換契約において，株式会社に発行済株式を取得させる株式交換の場合に相当する内容の法定事項を定めなければならない（770条1項）。株式交換完全親合同会社は，効力発生日に，株式交換完全子会社の発行済株式の全部を取得する（771条1項）。株式交換完全子会社の株主は，効力発生日に，株式交換契約の定めに従い，株式交換完全親合同会社の社員となる（同条2項）。

株式移転とは

　株式移転とは，1または2以上の株式会社がその発行済株式の全部を新たに設立する株式会社に取得させることをいう（2条32号）。株式移転は，既存の会社が単独または共同で，自らは完全子会社となり，その完全親会社を設立するための制度であり，組織法的行為の一つである。そこで，株式交換と株式移転の大きな違いは，完全親会社となる会社が既存の会社であるか（株式交換の場合），新設の会社であるか（株式移転の場合），ということになる。

　1または2以上の株式会社は，株式移転をすることができるが，この場合，株式移転計画を作成しなければならない（772条1項）。2以上の株式会社が共

同して株式移転をする場合には，その2以上の株式会社は，共同して株式移転計画を作成しなければならない（同条2項）。

　株式会社が株式移転をする場合には，以下の事項を，株式移転計画において，定めなければならない（773条1項）。すなわち，①株式移転により設立する株式会社（株式移転設立完全親会社）の目的，商号，本店の所在地および発行可能株式総数，②①の事項の他，株式移転設立完全親会社の定款で定める事項，③株式移転設立完全親会社の設立時取締役およびその他の役員等の氏名等，④株式移転設立完全親会社が株式移転に際して株式移転をする株式会社（株式移転完全子会社）の株主に対して交付するその株式に代わるその株式移転設立完全親会社の株式の数またはその数の算定方法ならびにその株式移転設立完全親会社の資本金，準備金の額に関する事項，⑤株式移転完全子会社の株主に対する④の株式の割当てに関する事項，⑥株式移転設立完全親会社が株式移転に際して株式移転完全子会社の株主に対してその株式に代わるその株式移転設立完全親会社の社債等を交付するときは，その社債等についての所定の事項，等である。

　株式移転設立完全親会社は，その成立の日に，株式移転完全子会社の発行済株式の全部を取得する（774条1項）。株式移転完全子会社の株主は，株式移転設立完全親会社の成立の日に，株式移転計画の定めに従い，株式移転設立完全親会社の株式の株主となる（同条2項）。

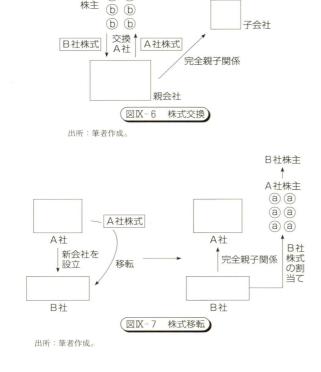

図Ⅸ-6　株式交換

出所：筆者作成。

図Ⅸ-7　株式移転

出所：筆者作成。

IX 企業再編

5 事業譲渡等

1 事業譲渡とは

事業を譲渡することは，事業譲渡と呼ばれる。これも会社組織の変更を伴うが，それは取引的行為として行われる。そこで，この点において，合併，会社分割，株式交換・株式移転のような組織法的行為とは，区別される。

2 事業譲渡等の承認等

平成17年の改正前の商法では，営業譲渡・譲受け等として規定されていたが（商法245条），会社法では，事業譲渡・譲受け等の用語が用いられている。株式会社は，以下の①～⑥の行為をする場合には，その行為がその効力を生ずる日の前日までに，株主総会の特別決議（309条2項11号）により，その行為に係る契約の承認を受けなければならない（467条1項）。

この六つの行為とは，①事業の全部の譲渡，②事業の重要な一部の譲渡（当該譲渡により譲り渡す資産の帳簿価額が当該株式会社の総資産額として法務省令で定める方法により算定される額の5分の1〔これを下回る割合を定款で定めた場合には，その割合〕を超えないものを除く），③その子会社の株式または持分の全部または一部の譲渡，④他の会社（外国会社その他の法人を含む。以下，同じ）の事業の全部の譲受け，⑤事業の全部の賃貸，事業の全部の経営の委任，他人と事業上の損益の全部を共通にする契約その他これらに準ずる契約の締結，変更，または，解約，⑥当該株式会社（発起設立及び募集設立により設立したものに限る）の成立後2年以内におけるその成立前から存在する財産であってその事業のために継続して使用するものの取得，である。

この六つの行為の内，②については，会社法では，このように，事業の重要な一部の譲渡とは，総資産額の5分の1を超える事業であることが明定されている。この5分の1という基準は，**簡易組織再編行為**（784条2項など）と同様の基準である。また，④については，その行為をする株式会社が譲り受ける資産にその株式会社の株式が含まれるときは，取締役は，その行為を承認する株主総会において，その株式に関する事項を説明しなければならない（467条2項）。また，⑥については，この行為は事後設立と呼ばれるが，旧法において要求されていた検査役の調査（商法246条2項）は，会社法では，廃止されている。なお，⑥の行為については，一定の場合には，株主総会の決議を経る必要

▶簡易組織再編行為
例えば，吸収合併存続株式会社等の株主に与える影響が小さい場合において，吸収合併存続株式会社等の総会決議の省略を認めることを，簡易組織再編行為という（784条2項，796条2項，805条）。その要件について，会社法は，平成17年の改正前の商法の20分の1以下という基準（商法358条1項，374条ノ6第1項，374条ノ22第1項，374条ノ23第1項，413条ノ3第1項）を，5分の1以下に緩和している。

がない（467条1項5号ただし書）。

③ 事業譲渡等の承認を要しない場合

❷で述べた六つの行為の内，①〜⑤の行為（以下，これらを事業譲渡等と呼ぶ）に係る契約の相手方がその事業譲渡等をする株式会社の特別支配会社である場合には，株主総会の決議を必要としない（468条1項）。ここに，特別支配会社とは，ある株式会社の総株主の議決権の10分の9以上を，他の会社および当該他の会社が発行済株式の全部を有する株式会社その他これに準ずるものとして法務省令で定める法人が有している場合における当該他の会社のことをいう。これは，支配関係のある会社間で事業譲渡等を行う場合には，被支配会社における株主総会決議を要しないとする趣旨である。特別支配会社の基準は，その他の**略式組織再編行為**についても用いられている（784条1項など）。

また，❷で述べた六つの行為の内，④の他の会社の事業全部の譲受けをする行為については，一定の場合には，株主総会の決議を必要としない（468条2項）。

④ 反対株主の株式買取請求

事業譲渡等をする場合には，反対株主（469条2項）は，事業譲渡等をする株式会社に対し，自己の有する株式を公正な価格で買い取ることを請求することができる。ただし，❷で述べた六つの行為の内，①の事業の全部の譲渡をする場合において，その承認をする株主総会の決議と同時に株主総会の解散決議（471条3号）がされたときは，この限りではない（469条1項）。

事業譲渡等をしようとする株式会社は，効力発生日の20日前までに，その株主に対し，事業譲渡等をする旨を通知しなければならない（同条3項）。もっとも，一定の場合には，広告をもって，通知に代えることができる（同条4項）。

反対株主による**株式買取請求**は，効力発生日の20日前の日から効力発生日の前日までの間に，その株式買取請求に係る株式の数を明らかにしてしなければならない（同条5項）。

⑤ 株式の価格の決定等

株式買取請求があった場合，株式の価格の決定について，株主と事業譲渡等をする株式会社との間に協議が調ったときは，その株式会社は，効力発生日から60日以内にその支払をしなければならない（470条1項）。もし，株式の価格の決定について，効力発生日から30日以内に協議が調わない場合は，株主または当該株式会社は，その期間の満了の日後30日以内に，裁判所に対して，価格の決定の申立てをすることができる（同条2項）。株式買取請求に係る株式の買取りは，効力発生日に，その効力を生ずる（同条6項）。

▷**略式組織再編行為**

経済界等の要請を受けて，会社法において創設された制度である。略式組織再編行為とは，支配関係のある会社間で組織再編行為を行う場合において，被支配会社における株主総会の決議の省略を認めるものであり，支配関係は，総株主の議決権の9割以上を保有している状態にある会社間において認められる（784条1項本文，796条1項本文）。

▷**株式買取請求**

なお，平成26年の会社法改正により，簡易組織再編等（少額の合併・事業譲渡等）においては，反対株主の株式買取請求は認められていない（469条1項2号，785条1項2号，797条1項ただし書，806条1項2号）。また，特別支配会社による略式組織再編等についても，平成26年の会社法改正により，当該特別支配会社の株式買取請求権は認められず，また，株式買取請求における通知からも除外されている（469条2項・3項，785条2項・3項，797条2項・3項）。

※A社の株主総会の決議は不要。

図Ⅸ-8　簡易合併の例

出所：筆者作成。

※B社の株主総会の決議は不要。

図Ⅸ-9　略式合併の例

出所：筆者作成。

IX 企業再編

  敵対的買収に対する対抗措置

1 敵対的買収の増加

従来，わが国では，主として，グループ企業間における株式の相互保有が広く存在していたこと等を理由に，企業買収の多くは友好的買収であり，敵対的買収はごく少数にとどまっていた。しかしながら，経済のボーダーレス化，規制緩和の進行，株式の相互保有の解消傾向等を背景に，近時，わが国においても，敵対的買収が増加してきた。

2 会社法上可能な対抗措置

敵対的買収では，買収者と買収の対象会社の経営者との間で，買収に関する合意がないことから，買収の対象会社が，買収者による買収を避けるために，対象会社に対する支配をめぐる争いが生じた後に，そうした支配の変動を阻止すべく防御策を講じる場合や，対象会社に対する支配をめぐる争いが生じる前に，将来の支配の変動を阻止すべく予防策を講じる場合がある。ここでは，これらの防御策や予防策をまとめて，対抗措置と呼ぶ。

それでは，こうした対抗措置には，どのようなものがあるのだろうか。以下では，その代表例を列挙しながら，説明することにしたい。

まず，防御策については，募集株式の第三者割当増資が考えられる。ただし，その増資が法令または定款に違反する場合や著しく不公正な方法によって行われる場合には，適法性を欠くといえ，差止の対象になる（210条）。

次に，予防策については，買収者の議決権の割合を減少させる効果のあるポイズン・ピル（ライツプランとも呼ばれる）と呼ばれる予防策が考えられる。会社法では，これについて，株主総会の特別決議により，普通株式に全部取得条項を付けて，買収者の買収比率が低い段階で買収者だけが対象会社に株式を取得されてしまうような取得条項付株式に転換することができるようにしている（108条1項7号）。また，会社法では，新株予約権について，買収者が一定割合以上の株式を買い占めた場合には，買収者の新株予約権は消滅し，かつ，買収者以外の株主には自動的に株式が発行されるような新株予約権を発行することができるようにしている。そして，これを換言すると，一定の事由が生じたときに対象会社が買収者以外の新株予約権者から新株予約権を取得して，その対価として株式を交付することができる取得条項付新株予約権が認められるとい

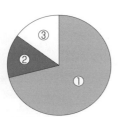

①「脅威」を感じている（71%）
②取引企業／筆頭株主が買収されることに「脅威」を感じている（14%）
③「脅威」を感じていない（15%）

図IX-10　敵対的買収に対する脅威

出所：経済産業省企業価値研究会「企業価値報告書」19頁の図1-14。

①強く持っている（12.3%）
②多少持っている（61.3%）
③あまり持っていない（14.2%）
④ほとんど持っていない（6.6%）
⑤その他（5.7%）

図IX-11　敵対的M&Aに対する危機感

出所：経済産業省企業価値研究会「企業価値報告書」19頁の図1-15。
原出所：『読売新聞』2005年3月6日朝刊1面。

える（236条1項7号）。そこで，これらの規定は，ポイズン・ピルを導入しやすくするための規定といえる。

また，この他にも，株主総会の決議に対して拒否権をもつ株式を友好的な企業に対して発行するという予防策が考えられる。こうした株式は，一般的に，黄金株と呼ばれる。そして，会社法では，黄金株が友好的な企業以外に流出しないようにするために，会社が，拒否権付株式等一部の種類の株式についてのみ譲渡制限をすることができるようにしている（108条1項4号）。

また，さらに，会社法では，株主総会の決議要件の厳格化が可能であることを明定しており（309条），対象会社の取締役の解任や合併等の株主総会の決議の要件を定款で厳しくしておくという予防策も考えられる。

❸ 対抗措置をめぐる近時の司法判断

敵対的買収において，対象会社により対抗措置が行われる場合には，そうした対抗措置が法的に許容される範囲はどこまでなのかという法的課題がみられる。そして，近時，わが国においても，こうした法的課題が裁判所において本格的に争われ始めた。

これらの裁判所における決定では，大要，買収の対象会社の取締役会は，原則として，株式会社の機関間の権限分配のあり方から，対抗措置を講じることはできないが，例外として，対抗措置を講じることが許容される場合があり，その場合には，対抗措置が相当なものでなければならないとする旨を判示している。こうした裁判所の決定の傾向については，学説上，議論がみられる。

▷ 1 近時の司法判断
これらの紛争は，いわゆるニッポン放送事件（東京地決平成17年3月11日商事1726号47頁，平成17年3月16日商事1726号59頁，東京高決平成17年3月23日商事1728号41頁），ニレコ事件（東京地決平成17年6月1日商事1734号37頁，平成17年6月9日商事1735号44頁，東京高決平成17年6月15日商事1735号48頁），日本技術開発事件（東京地決平成17年7月29日商事1739号100頁），ブルドックソース事件（東京地決平成19年6月28日商事1805号43頁，東京高決平成19年7月9日商事1806号40頁，最決平成19年8月7日商事1809号16頁）として，知られている。

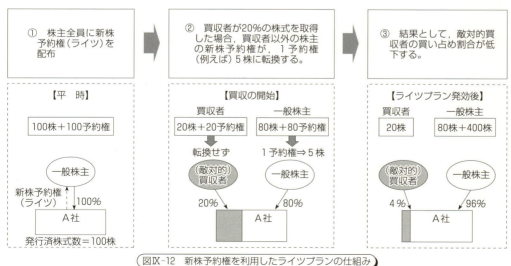

図Ⅸ-12 新株予約権を利用したライツプランの仕組み

出所：経済産業省企業価値研究会「企業価値報告書」59頁の図3-7。

Exercise

○理解できましたか？
　1）完全親子会社関係とはどのようなものでしょうか。
　2）簡易組織再編行為や略式組織再編行為とはどのようなものでしょうか。
○考えてみましょう！
　1）合併と事業譲渡とはどのような点で異なりますか。
　2）合併対価の柔軟化と三角合併とはどのように関わりますか。
○調べてみましょう！
　　　敵対的買収に対する対抗措置をめぐる近時の司法判断には，いわゆるニッポン放送事件，ニレコ事件，日本技術開発事件，ブルドックソース事件があります。これらの司法判断を調べた上で，以下の問いに答えて下さい。
　①　取締役会の決議に基く対抗措置はどのような場合に講じることが許容されるでしょうか。
　②　米国や欧州の国々では，敵対的買収に対する対抗措置をめぐり，どのような司法判断がみられるでしょうか。これらの司法判断を調べた上で，わが国の司法判断の状況と対比してみて下さい。

勉学へのガイダンス

○初学者のための入門，概説書
　北地達明・北爪雅彦『M&A入門　第3版』日経文庫，2005年
　　初学者向け。会社法にも対応しながら，企業再編の全体像について，やさしく解説している。
　三宅伸吾『市場と法——いま何が起きているのか—』日経BP社，2007年
　　初学者向け。敵対的買収を中心とする企業再編や企業法制をめぐる動向の舞台裏に，鋭く切り込んでいる。
○進んだ勉学を志す人に
　江頭憲治郎『結合企業法の立法と解釈』有斐閣，1995年
　　研究者や法曹を志す方向け。企業の結合関係の形成と解消の局面も視野に入れながら，企業の結合法制について総合的に検討している。
　中東正文『企業結合・企業統治・企業金融』信山社，1999年
　　研究者や法曹を志す方向け。企業の結合関係だけではなく，それと企業の統治や企業の金融との関係についてもあわせて検討している。
　德本穰『敵対的企業買収の法理論』九州大学出版会，2000年
　　研究者や法曹を志す方向け。企業再編について，敵対的買収を中心に，わが国の法状況を米国や欧州の法状況と比較しながら，総合的に検討している。
　田中亘『企業買収と防衛策』商事法務，2012年
　　研究者や法曹を志す方向け。敵対的買収の局面を対象に，公開買付規制の強化や防衛策について検討している。
　白井正和『友好的買収の場面における取締役に対する規律』商事法務，2013年
　　研究者や法曹を志す方向け。友好的買収の局面を対象に，買収対象会社の取締役に対するあるべき規律付けの仕組について検討している。

第X章 雑則

> **guidance**
>
> Ⅰ～Ⅸの各章において，解説されてきたように，会社が当事者となる訴訟等については，会社法は特別な規定を設けています。本章においては，まずこれら会社関係訴訟の特色・性質について解説します。また，株式会社の設立手続において，変態設立事項がある場合，発起人は裁判所に対して検査役の選任を申し立てなければなりません（⇨ Ⅱ-4 32頁）。このような国家が私人間の生活関係に介入し命令処分を行う非訟事件手続の意義と特色について解説します。さらに，会社法は，清算型の倒産処理手続として，特別清算制度を設けています。本章では，同制度の手続について概説し，最後に，会社の基本的情報の開示手段である登記と公告の制度について概説します。

Ⅹ 雑 則

 会社関係訴訟

1 会社関係訴訟の概念・種類

　会社関係訴訟といっても厳密な定義が存在するわけではなく，一般には，会社法（特に第7編第2章）において定められた訴訟およびこれに準ずる訴訟が会社関係訴訟と呼ばれる。ただし，会社を当事者とするものであっても，取引上の履行請求・損害賠償請求，不法行為に基づく損害賠償請求に関わる訴訟や，会社を当事者としない株主の地位の存否に関する訴訟は，そこから除くのが通常である。

　会社関係訴訟は会社制度全般にわたって存在し，その種類もきわめて多い。代表的な会社関係訴訟としては，まず，①会社の組織に関する訴えがある。これに属するものとしては，**会社の組織に関する行為の無効の訴え**（828条），**新株発行等の不存在の確認の訴え**（829条），**株主総会等の決議の不存在又は無効の確認の訴え**（830条），**株主総会等の決議の取消しの訴え**（831条），会社の解散の訴え（833条），組織再編等の差止め（784条の7・805条の2）を求める訴え，**新株の発行・自己株式の処分の差止め**（210条）・**新株予約権の発行の差止め**（247条）**を求める訴え**がある。取締役会決議の不存在または無効確認の訴え（最判昭和47年11月8日民集26巻9号1489頁）もここに入れてよかろう。また，②株式会社における**責任追及等の訴え**，③株式会社の役員の解任の訴え（854条），④社債発行会社の弁済等の取消しの訴え（865条）等も主要な会社関係訴訟である。その他に，会社法第7編第2章以外の規定から導かれる会社関係訴訟として，⑤**株主権に関わる訴え**，⑥**役員等の地位に関わる訴え**，⑦計算書類等閲覧等請求に係る訴え（442条3項），⑧会社帳簿閲覧謄写請求に係る訴え（433条1項），株主名簿閲覧謄写請求（125条2項）に係る訴え等がある。

2 会社関係訴訟の特徴

　会社関係にあっては，通常，一つの法律関係に多数の利害関係人が存在することから，法的安定性，法律関係の明確性，その画一的処理がとりわけ重視される。このような見地から，会社関係訴訟では，①形成の訴えという構成が採られているものが多い。また，②無効を主張する方法が訴えという方法に限定され（可及的制限），③無効原因や不存在の評価根拠となる瑕疵の内容が限定されている場合もある。さらに，④被告適格を法定する他に，原告適格を限定し，

▷会社の組織に関する行為の無効の訴え
会社の組織に関する行為の無効の訴え（⇨Ⅲ-2「株主の権利・義務（責任）」46頁）としては，会社の設立無効の訴え（828条1項1号⇨Ⅱ-7「会社の設立の瑕疵の治癒・防止」40頁），株式会社の設立後における株式の発行の無効の訴え（同2号），自己株式の処分の無効の訴え（同3号⇨Ⅳ-6「募集株式の発行等の効力」96頁），新株予約権の発行の無効の訴え（同4号⇨Ⅳ-7「新株予約権の発行」98頁），株式会社における資本金の額の減少の無効の訴え（同5号），会社の組織変更無効の訴え（同6号），会社の合併の無効の訴え（同7号・8号），会社の分割の無効の訴え（同9号・10号），株式会社の株式交換の無効の訴え（同11号），株式移転無効の訴え（828条1項12号）がある。

▷新株発行等の不存在の確認の訴え
⇨Ⅳ-6「募集株式の発行

提訴期間の制限を設けたりする場合がきわめて多い。また，⑤専属管轄の定めが置かれ，類似必要的共同訴訟の規律を採用する場合もある（共同訴訟人間における法律関係の画一的確定）。請求認容の確定判決には，⑥多くの場合，対世効が認められ（利害関係人間における法律関係の画一的確定），また，⑦遡及効が否定され，将来に向かってのみ効力をもつとされる場合もある（遡及効の阻止）。

3 形成の訴えと構成することの意味

訴えは，訴訟上の請求の性質・内容の違いによって，**給付の訴え，確認の訴えおよび形成の訴え**に区分される。給付の訴えと確認の訴えはともに，実体法上の権利・法律関係の存在を主張して提起する（その不存在を主張する場合もある）のに対し，形成の訴えは，裁判所の判決によって法律関係の変動を生じさせることを目的として提起するものである。

実体法上の権利・法律関係の発生・変更・消滅は，通常，法律行為や一定の要件事実（実体法が規定する法律要件に該当する具体的な事実）の存在によって当然に生ずるから，その変動自体を求める訴えを提起する必要はなく，変動後の権利・法律関係を問題とすれば足りる。ところが，このように法律行為や要件事実が存在することによって直ちに法律関係の変動を生ずるとはせずに，訴えをもってその要件（形成原因）に該当する事実が存在することを主張し，裁判所がその存在を認め，法律関係の変動を判決で宣言し，その認容判決（形成判決）が確定してはじめて変動の効果が生ずると扱うのが形成の訴えである。従って，形成の訴えでは，形成判決が確定するまで，その訴訟手続において当該法律関係の変動を何人も主張できず，他の訴えの前提問題としても主張できない。

例えば，形成の訴えである株主総会決議取消しの訴え（831条）では，その決議を取り消す判決が確定するまで，何人もその決議が有効であることを前提としなければならない。仮にある取締役が株主総会の決議で解任されたとすると，その者は，取締役解任決議を取り消す旨の判決が確定するまでは，当該解任決議には取消事由が存在するから自分は取締役のままであるとか，だから取締役としての報酬を支払えといった主張をすることは許されない。取締役としての報酬の支払いを求めて訴えを提起しても，自分が取締役であると主張することは訴訟上許されず，請求は棄却されることになる。これに対し，確認の訴えの対象とされる取締役を解任する旨の株主総会決議が不存在であること（830条）については，このような制約はなく，解任決議の不存在を確認する判決がなくとも，取締役としての報酬の支払いを求める訴えで当該解任決議の不存在を主張立証して請求認容判決を得ることが可能である。

形成判決が確定してはじめて変動の効果が生ずるとの取扱いは，法律関係の変動自体を事実上困難にする反面，その変動を明確にし，その法律関係をめぐ

X-1 会社関係訴訟

等の効力」96頁

▷株主総会等の決議の不存在又は無効の確認の訴え
⇨Ⅲ-2「株主の権利・義務（責任）」46頁，Ⅴ-9「株主総会決議の瑕疵」126頁

▷株主総会等の決議の取消しの訴え
⇨Ⅲ-2「株主の権利・義務（責任）」46頁，Ⅴ-9「株主総会決議の瑕疵」126頁

▷新株の発行・自己株式の処分の差止め（210条）を求める訴え
⇨Ⅳ-5「募集株式の発行等の差止請求」94頁

▷新株予約権の発行の差止め（247条）を求める訴え
⇨Ⅳ-7「新株予約権の発行」98頁

▷株式会社における責任追及等の訴え
これには，株式会社による役員等に対する責任追及の訴え（423条1項），株主等による役員等に対する責任追及等の訴え（847条-847条の3）⇨Ⅱ-6「設立に関する責任」36頁，Ⅳ-6「募集株式の発行等の効力」96頁，Ⅴ-24「役員等の損害賠償責任(1)」158頁，Ⅴ-27「株主の監督是正権(1)」164頁），株主による取締役の行為の差止め（360条）を求める訴え（⇨Ⅴ-27「株主の監督是正権(1)」164頁），株主による執行役の行為の差止め（422条）を求める訴え，第三者による役員等に対する責任追及の訴え（429条）等がある。

▷株主権に関わる訴え
これには，会社に対する株主権確認の訴え，株主名簿書換請求に係る訴え，株券引渡請求に係る訴え等がある。

▷役員等に地位に関わる訴え

る無用の争いを防止することができる。さらに、どの法律関係の変動を形成の訴えという構成で規律するかを法定するに際して、その確定判決の効力が第三者にも及ぶ（対世効を与える）とも定めておけば、多数の利害関係人の間の法律関係を画一的に処理するのに役立つ。また、被告適格を予め法定する他に、提訴資格を予め一定の者に限定し（変動させるかどうかを一定の範囲の者の意思にのみ係らせることになる）、提訴期間を設けるならば、法律関係の変動の可能性を実際上制約することができ、法律関係の安定を図ることもできる。

❹ 無効等を訴えによって主張することとする意味

　会社関係訴訟においては、確認の訴えであるようにみえるが、形成の訴えに区分すべきものや、その規律が形成の訴えにきわめて近いものが多い。

　例えば会社の組織に関する行為の無効の訴えは、無効の主張が訴えという方法に限定されている（828条1項柱書）ことからすると、無効を宣言する確定判決がない限り、他の訴えの前提問題としてもそれらの行為は有効として取り扱わなければならないから、形成の訴えであると解される。本来、法律行為の無効（いわゆる絶対的無効の場合）は、誰でも、いつでも、誰に対しても主張できるものであるが、ここでは無効の主張が訴えという方法に限定されるのみならず、被告適格が法定される（834条1号-12号）他、原告適格の限定（828条2項各号）、提訴期間の制限（同条1項各号）によって、法律関係の画一的かつ早期の確定が目指されている。また、無効を確認する確定判決には遡及効がなく、無効とされた行為は将来に向かってその効力を失うとし（839条）、法律関係が混乱することを回避している。

　これに対し、新株発行等の不存在の確認の訴え（829条）や株主総会等の決議の不存在又は無効の確認の訴え（830条）は独立の訴えをもって無効等の確認を求めることを認めるものであるが、これも通常の無効とは異なる取扱いである。しかも、ここでは無効原因や不存在の評価根拠となる瑕疵の内容が明文または解釈によって限定されており、これによっても法律関係の画一的な処理を図ることができる。これらの無効等の確認を求める訴えに係る請求を認容する確定判決は、第三者にもその効力が及ぶ（対世効が与えられる）とされ（838条）、形成の訴えとして構成するほどではないにしろ、法律関係の画一的処理を実現することが可能である。

❺ 共同訴訟人間における法律関係の画一的確定

　例えば会社の組織に関する訴えのように、単独の株主がその保有する株式数と関係なく提訴可能なものであっても、法律関係を合一に確定する見地から、被告となる会社の本店所在地を管轄する地方裁判所をもって管轄裁判所とする専属管轄の定め（835条）を置き、会社の組織に関する訴えに係る訴訟が数個同

これには、役員等の地位確認・地位不存在確認の訴え、選任登記抹消登記手続請求・辞任登記手続請求に係る訴え、不当解任による損害賠償請求に係る訴え、取締役の報酬・退職慰労金請求に係る訴え等がある。

▷給付の訴え、確認の訴えおよび形成の訴え

⇨ X-2 「株主総会等の決議の取消しの訴えにおける訴えの利益・被告適格」226頁。なお、給付の訴えが裁判所に実体法上の権利（請求権）の実現を命じてもらうことによって現在の利益支配状況に変更を加えることを目的とするのに対し、確認の訴えは裁判所に実体法上の権利を確認してもらうことによって現在の権利・法律関係の維持を図るものであるところに違いがある。

時に係属する場合には弁論および裁判を必要的に併合するものとしている（837条）。その併合された事件における複数の原告の関係は**類似必要的共同訴訟**である、と解されている。

6 利害関係人間における法律関係の画一的確定

通常の民事訴訟では、対立する当事者間の紛争を個別的相対的に解決すれば足りるから、確定判決の効力である**既判力**を第三者に及ぼす必要はない（民事訴訟法115条1項1号）。しかし、会社における法律関係については、個別的相対的な解決を図るとかえって多くの利害関係人の法律関係が区々に分かれてしまい、無益な混乱を招くおそれがある。そこで、一つの訴訟においてある者と会社の間の法律関係が問題となっている場合でも、これを契機として、当事者以外の利害関係人にもその確定判決の効力を及ぼし、その法律関係を画一的に確定する必要がきわめて高い。会社の組織に関する訴えのように明文（838条）で請求認容の確定判決に対世効を与えているものの他に、取締役の地位確認の訴えのように解釈によって対世効を与えているものもある（最判昭和44年7月10日民集23巻8号1423頁参照）。なお、株主等による役員等に対する責任追及等の訴え（847条-847条の3）においては、当事者たる株主等が受けた判決の効力を、反射的効力という概念を介在させて、他の株主等に及ぼしている。

対世効を与えるにあたっては、その判決効の拡張によって影響を受ける第三者を手続上保護する必要がある。保護の方法としては、①当該紛争にもっとも強い利害をもつ対立した関係人を当事者として法定し、充実した訴訟追行と正当な訴訟結果を期待する（例えば828条2項、838条）、②**処分権主義・弁論主義を制約**することによって、第三者の利益を害するような訴訟結果を排除する、③訴訟係属を第三者に知らせ訴訟参加の途を開いておく（例えば849条3項、4項）、④第三者の利益を害するような訴訟結果については、第三者に再審の訴えを許し（例えば853条）、第三者にとって有利な判決にのみ対世効を与える（例えば838条等。もっとも、合併無効、決議取消しの効果は一部の者には不利に働くこともあるから、第三者保護の方式としては不十分）、⑤例えば役員の解任の訴え（854条）において会社と解任を求める当該役員の双方を被告としているように、第三者を必要的当事者とする、といったものがある。

▷類似必要的共同訴訟
⇒ X-2 「株主総会等の決議の取消しの訴えにおける訴えの利益・被告適格」226頁

▷既判力
民事訴訟における終局判決が確定すると、その判決における訴訟上の請求についての判断は、以後、当事者間の権利・法律関係を律する基準となり、同一事項が再び問題となったときは、当事者はこれと矛盾する主張をしてその判断を争うことが許されず、裁判所もその判断と矛盾抵触する判断をすることが許されなくなる。この確定判決の判断に与えられる通用性ないし拘束力を既判力という。

▷処分権主義・弁論主義の制約
処分権主義（当事者は、訴えを提起し、審判対象を設定し、いったん開始した訴訟を終了させる権能を有するとの原則）においては、特に請求の認諾と訴訟上の和解を制限すべきかが問題となる。弁論主義（裁判の基礎となる資料の収集・提出は当事者の権能であり責任であるとの建前）においては、特に自白の拘束力を否定すべきかが問題となる。

X 雑　則

2 株主総会等の決議の取消しの訴えにおける訴えの利益・被告適格

① 訴えの利益と当事者適格

　訴えの利益とは，審判対象である特定の請求について本案判決をすることが，特定の紛争の解決にとって必要性があり，かつ有効・適切であることをいう。また，当事者適格とは，特定の請求について当事者として訴訟を追行し，本案判決を求めることができる資格をいい，当事者が原告・被告に分かれることに応じて原告適格と被告適格に分かれる。訴えの利益と当事者適格はそれぞれ，その存在が本案判決をなすための要件（訴訟要件）であると解されている。

　訴えの利益と当事者適格は，特に**確認の訴え**において問題となるが，**給付の訴え**や**形成の訴え**（会社関係訴訟の多くは，この形成の訴えであると解されている）においても問題となる。

② 株主総会等の決議の取消しの訴えにおける訴えの利益

　形成の訴えは，訴えをもって裁判所に特定の権利または法律関係の変動を請求することができると規定されている場合に限って認められることから，個別規定の要件を満たした訴えであればそれだけで訴えの利益の存在を認めるのが原則である。ただし，旧法下のものであるが，**株主総会決議取消しの訴え**（これも形成の訴えである）における一連の判決が示すように，その後の事情の変化によって権利または法律関係を変動させることが無意味となるときには，例外的に訴えの利益が消滅するとされる。

　例えば最判昭和45年4月2日民集24巻4号223頁は，「株主総会決議取消の訴は形成の訴であるが，役員選任の総会決議取消の訴が係属中，その議決に基づいて選任されたAら役員がすべて任期満了により退任し，その結果，取消を求める選任決議に基づくAら役員がもはや現存しなくなったときは……特別の事情がないかぎり，決議取消の訴は実益なきに帰し，訴の利益を欠くに至る」といい，最判平成4年10月29日民集46巻7号2580頁は，訴訟において攻撃されている総会決議とほぼ同一内容の決議がなされた場合につき，「仮に第1の決議に取消事由があるとしてこれを取り消したとしても，その判決の確定により，第2の決議が第1の決議に代わってその効力を生ずることになるのであるから，第1の決議の取消しを求める実益はな」いとする。ただし，最判昭和58年6月7日民集37巻5号517頁は，決議方法に瑕疵があるとして計算書類等

▷確認の訴え・給付の訴え・形成の訴え
確認の訴えとは，特定の権利または法律関係の存在または不存在の主張と，それを確認する判決の要求とを，請求の内容とする訴えである。給付の訴えとは，特定の給付請求権の主張と，これに対応する給付を命ずる判決の要求とを，請求の内容とする訴えである。形成の訴えとは，一定の法律要件（形成原因）に基づく特定の権利または法律関係の変動（発生・変更・消滅）の主張と，その変動を宣言する判決の要求とを，請求の内容とする訴えである。

▷株主総会決議取消しの訴え
⇨ V-9 「株主総会決議の瑕疵」126頁

▷共同訴訟参加
訴訟係属中に，第三者が原告または被告の共同訴訟人として参加するもので，参加すれば合一確定が要請される場合（すなわち必要的共同訴訟となる）をいう。共同訴訟参加は，当該第三者に判決効が及ぶ場合で，

を承認した株主総会の決議取消しが求められた場合につき，その期に続く各期の株主総会でその後の決算案がすべて適法に承認を受けているとしても，その期の計算書類等の承認決議が取り消されると，承認決議は遡って無効となり，右計算書類等は未確定となって，それを前提とする次期以降の計算書類等も不確定なものとなるから，会社は改めて取り消された期の計算書類等の承認決議を行わなければならず，このような場合には訴えの利益が消滅することはないとしている。

❸ 株主総会等の決議の取消しの訴えにおける被告適格

形成の訴えについては，これを定める法規において，原告・被告となるべき利害関係人が明定されているのが通例である。株主総会等の決議の取消しの訴えにおいては，株主等・取締役・監査役・清算人などに原告適格が認められ（831条1項），当該株式会社に被告適格が認められる（834条17号）。ところが，株主総会決議取消しの訴えを定めた商法旧247条には，原告適格の定めはあったが（同条柱書），被告適格についての定めがなかったことから，解釈によって被告適格についての規律を補充する必要があった。

しかし，この問題について，学説は，会社が被告適格者であると解することでほぼ一致しており，判例も，総会決議は会社の意思決定であり，この決議について処分権をもつのは会社であることから，会社が被告適格者であるとし（最判昭和59年9月28日民集38巻9号1121頁），これを前提にして派生的な問題にも対応している（最判昭和36年11月24日民集15巻10号2583頁は，被告適格者は会社に限られ，当該総会で選任された取締役が被告会社側に**共同訴訟参加**（民事訴訟法52条）することは許されないとした）。会社法834条17号は，この取扱いを明文化したものである。

では，被告適格者が会社に限られるとして，例えば総会決議により選任された取締役等は，どのようにして自らの利益を守ればよいのであろうか。考えられる方策の一つは，会社に対し**共同訴訟的補助参加**することである（民訴42条）。最判昭和45年1月22日民集24巻1号1頁は，これを肯定している。共同訴訟的補助参加人には**必要的共同訴訟**人に近い地位が与えられるので（民訴40条・45条参照），被告会社の訴訟追行に左右されずに自らの利益を守ることが可能となる。今一つは，会社を被告とする株主総会等の決議の取消しの訴えに**独立当事者参加**（詐害防止参加）することである（民訴47条1項前段）。この方策が認められるかについては争いはあるが，これを認めたほうが，原告の被告に対する請求が棄却された場合に，参加人と被告会社との関係で参加人の地位を確認することができ，会社支配権をめぐる紛争の解決としてはより効果的である。

かつ，第三者が当事者適格を有する場合に認められる。

▷**共同訴訟的補助参加**
他人間の訴訟の判決効が第三者にも及ぶ場合（ただし当事者適格がない場合）に，この第三者がこの他人間の訴訟に補助参加する場合をいう。共同訴訟的補助参加人は，判決効を受けるため，通常の補助参加人よりは強い地位が認められ，一定の制約は残るものの，必要的共同訴訟人の立場に近くなる。

▷**必要的共同訴訟**
共同訴訟とは，一つの訴訟手続の当事者の一方または双方の側に数人の当事者がいる訴訟の形態をいう。共同訴訟は，各共同訴訟人につき判決の内容が異なってもよい場合（通常共同訴訟）と，各人につき判決の内容が異なってはいけない場合（必要的共同訴訟）とがある。必要的共同訴訟は，全員が共同で訴えまたは訴えられなければならない固有必要的共同訴訟と，共同で訴えまたは訴えられる必要はないが，共同で訴えまたは訴えられた以上は，その間に合一的な解決をもたらさなければならない類似必要的共同訴訟とがある。

▷**独立当事者参加**
独立当事者参加とは，訴訟係属中に，第三者がその訴訟の当事者の一方または双方に対して自己の請求を立てて，同時に審判することを求める参加をいう。訴訟の結果によって権利が害される場合に認められるのが詐害防止参加であり，訴訟の目的の全部または一部が自己（第三者）の権利である場合に認められるのが権利主張参加である。

X 雑　則

会社非訟事件

▷非訟事件と訴訟事件の本質

最高裁によれば（例えば最決昭和35年7月6日民集14巻9号1657頁），既存の権利を確認する裁判がなされるならば「純然たる訴訟事件」であり，裁判所が裁量によって一定の法律関係を形成する裁判をする場合は非訟事件であって，前者については常に訴訟の途を用意しなければならない。形成訴訟における裁判は，裁判によってはじめて権利関係に変動を生ぜしめる形成的裁判であっても，形成原因が実体法上類型的に定められており（例えば株主総会等の決議の取消しなど），裁判所が行うべきことは，その形成原因に該当する事実（要件事実）の存否を認定する確認的作用が中心となることから，訴訟として構成され，かつそれが妥当だとされている。

▷非訟事件手続の特色

非訟事件手続における審問は非公開とされる。処分権主義は制約され，申立ての放棄・認諾は許されない。和解の可否については，争いがある。職権探知主義が採用され，当事者が主張した事実や提出した証拠に拘束されず，自白にも拘束力はない。法定の証拠調べ手続によらず，自由な証明が許容されている。裁判は決

① 非訟事件と非訟事件手続

　非訟事件とは，民事上の生活関係を助成し監督するため国家が直接後見的な作用を営む事件のことである。民事訴訟事件の裁判は法規を適用することによって紛争を解決するものであるのに対し，非訟事件は国家が私人間の生活関係に介入して命令処分を行うものであって，それぞれの**本質**は，「訴訟＝民事司法」，「非訟＝民事行政」という大きな違いがある。

　非訟事件手続は，裁判所が手続を主宰し，公権的な判断を示す手続であるという点で民事訴訟手続と共通するが，民事訴訟手続と比べて，次の**表X-1**で示したような**手続的特色**がある。

表X-1　民事訴訟手続と非訟事件手続の比較

	民事訴訟手続	非訟事件手続
裁判の作用	既存の権利（または形成原因）の確認	一定の法律関係の裁量的形成
当事者	二当事者が対立	二当事者の対立を前提としない
手続原則	・公開主義 ・口頭主義 ・処分権主義 ・弁論主義	・非公開主義 ・書面主義 ・処分権主義の制約 ・職権探知主義
手続方式	・必要的口頭弁論 ・厳格な証明	・審問 ・自由な証明
裁判の種類	判決 （ただし，法令違反がある判決の変更は許容）	決定 （取消・変更が可能）
上訴の方法	控訴・上告	抗告

出所：筆者作成。

② 会社非訟事件とは

　会社非訟事件とは，会社法に規定がある非訟事件である。非訟事件は二当事者の対立を前提としないが，会社非訟事件の中には**当事者の利害が鋭く対立**するものも多く，激しい攻防がなされることも珍しくない。

　会社非訟事件とされる事項は，会社法のすべての領域にわたり，多様なものが存在する。その主要なものとしては，①会社が作成または備え置いた書面・電磁的記録の閲覧等の許可を申し立てるもの，②一時職務を行うべき者等の選

任・選定・解任やその報酬の額を決定する裁判を求めるもの，③不当変態設立事項の内容変更についての裁判を求めるもの，④株式・新株予約権等の価格を決定する裁判を求めるもの，⑤株式の売却価格を決定する裁判を求めるもの，⑥現物出資財産の評価額変更についての裁判を求めるもの，⑦金銭分配請求権を行使した株主や基準未満株式を有する株主に支払うべき，市場価格のない配当財産・残余財産の価額を決定する裁判を求めるもの，⑧社債に関して，社債管理者が社債発行会社の業務財産状況を調査することの許可を申し立てるもの，社債管理者の特別代理人や事務を承継する社債管理者の選任や選定の裁判を求めるもの，社債管理者の辞任の許可を申し立てるもの，社債管理者の解任の裁判を求めるもの，社債権者集会の決議の認可を申し立てるもの，債権者保護手続において社債権者のために異議を述べうる期間の伸長を申し立てるもの，社債管理者等の報酬等を社債発行会社の負担とすることの許可を申し立てるもの，⑨会社の解散を命ずる裁判を求めるもの，⑩外国会社に関して，財産の清算開始・取引継続禁止・営業所閉鎖を命ずる裁判を求めるもの，⑪新株発行・自己株式の処分・新株予約権発行の無効判決確定後に払戻金の増減を申し立てるもの，⑫合併・会社分割の無効判決確定後に債務負担部分・財産共有部分を決定する裁判を求めるもの，⑬清算人を解任する裁判を求めるもの，などがある。

3 会社非訟事件手続

会社法は，会社非訟事件に関して，申立権者についてはそれぞれ別個に定めを置くものの，①管轄における原則と例外，②申立ての原因となる事実についての疎明の要否，③関係人に対する必要的陳述聴取の有無，④裁判における理由付記の要否，⑤即時抗告の可否，⑥即時抗告における執行停止効の有無，および⑦不服申立ての制限については，これらの事由ごとに，どの種別の事件がそれぞれの事由に該当するかをまとめて定めている。

すなわち，①会社非訟事件は，原則として会社の本店所在地を管轄する地方裁判所の管轄に属する（868条1項。例外として，同2項-6項）。②許可の申立てをするには，その原因となる事実を疎明する必要がある（869条）。会社非訟事件では当事者の利害が対立するものが多いことから，③そのような事件では裁判所が陳述を聴取し（870条），④裁判については一定の例外を除き理由を付さねばならない（871条）。また，⑤ほとんどの事件において即時抗告ができ（872条），⑥即時抗告は原則として執行停止の効力を有する（873条）。⑦特定の裁判に対しては不服の申立てができない（874条），とされている。

なお，非訟事件手続法の第1編「総則」の規定は会社非訟事件にも適用されるが，同法40条（検察官の意見陳述等）は適用されない（875条）。さらに，新株発行の無効判決確定後の払戻金増減の手続（877条，878条）および特別清算の手続（879条-906条）に関しては，特則が置かれている。

定により，その不服の申立ては抗告をもって行う。

▷**当事者の利害が鋭く対立**
会社非訟事件の手続においては，対審構造（対立する当事者が相互に相手方の主張立証に立ち会い，これに反駁する機会を対等に与えられるとともに，そのような形で裁判所に顕出された資料に基づいて裁判がなされる審理方式）がとられていない。その理由は，対審性による公平の確保以上に，簡易・迅速性，適時性という点を重視するという政策的判断にある。しかし，会社非訟事件は，一般に，争訟性が高く，その裁判においても裁量性の度合いは低いことから，非訟事件とされるものの中では対審性の要請が強い事件であるといいうる。このような観点から，必要的陳述聴取（870条）や裁判理由の付記（871条）が定められている。

X 雑 則

株式会社の特別清算

▷株式会社の解散

株式会社は，定款で存続期間や解散事由を定めた場合には，その存続期間の満了，解散事由の発生によって解散する（471条1号，2号）。なお，会社の登記につき911条3項4号参照）。また，株式会社は，株主総会の特別決議によって解散できる（471条3号，309条2項11号）。さらに，合併によって消滅する株式会社では，合併が解散事由となる（471条4号，309条2項12号）。破産手続開始の決定（破産法30条），裁判所による会社の解散命令（会社法824条），会社解散の訴え（833条）に基づく解散を命ずる判決も解散事由である（471条5号，6号）。

▷破産手続との違い

破産手続は自然人・法人を問わず利用できるのに対し，特別清算手続は清算中の株式会社にしか利用できない。また，破産手続は裁判所が選任した破産管財人が清算事務を遂行するが，特別清算手続では原則として従前の清算人が清算事務を遂行する。さらに，特別清算手続では，関係人の自治が尊重され（567条など），相殺の禁止（517条，518条）を除き，否認権といった倒産実体法による規律は設けられておらず，債権の実体的確定のための手続も存在し

1 株式会社の清算

株式会社が**解散**した場合には，合併による解散の場合を除いて，清算手続がとられる（475条1号）。清算手続をとる株式会社は清算株式会社と呼ばれ，清算が結了するまで，会社は清算の目的の範囲内において，なお存続するものとみなされる（476条）。清算株式会社には清算人が置かれる（477条1項）。原則として取締役がこの清算人となるが，定款または株主総会の決議によって取締役以外の者を清算人として選任することもできる（478条1項）。清算人の職務は，会社の法律関係の後始末，すなわち現務の結了，債権の取立て・債務の弁済，残余財産の分配である（481条）。

2 特別清算とは

特別清算とは，株式会社の清算手続について，一定の場合に，会社債権者の利益を保護するため，裁判所の関与を強めたものである。この特別清算は，**破産手続**とともに，清算型の倒産処理手続として位置づけられる。

3 特別清算手続

○**特別清算の開始**

株式会社の清算手続において，債務の全額を弁済できないと思われる場合には，債権者・清算人・監査役または株主は，**特別清算の申立て**をすることができる。この申立てに基づき，裁判所は，**特別清算開始の原因となる事由**があるかどうかなどを審理し，開始の要件を満たしているときは，清算株式会社に対し特別清算の開始を命ずる（511条，514条）。

○**管轄裁判所**

特別清算事件は，株式会社の本店所在地を管轄する地方裁判所が管轄する（868条1項）。親法人等の倒産事件の係属を原因とする関連裁判籍も認められ，親法人について会社更生・民事再生・破産または特別清算の各事件が係属する地方裁判所に対し，子会社の特別清算開始の申立てができる（879条1項。孫会社や連結子会社につき，同条2項-4項）。

○**特別清算開始命令の効力**

裁判所による特別清算開始命令の効力は債権者の債権に及び，強制執行等や

開始決定前の破産手続は中止される（515条1項，2項。なお，再生手続開始の決定があったときの特別清算手続の効力につき，民事再生法39条1項，184条参照）。ただし，労働債権のような一般の先取特権その他一般の優先権がある債権（この債権者は担保権者と同じく協定案の作成の際に参加できる。—566条2号），実質的には財団債権・共益債権とみることができる（非訟事件手続法旧138条ノ13参照）特別清算の手続のために清算株式会社に対して生じた債権と特別清算の手続に関する清算株式会社に対する費用請求権はそこから除外され，随時弁済を受けることになる。

○清算事務の遂行

特別清算手続においては，原則として従前の清算人がそのまま公平誠実に特別清算の業務を遂行するが（523条-526条），裁判所は，必要に応じて，清算人の選任および解任（524条），清算株式会社の財産に対する保全処分（540条），役員等の財産に対する保全処分（545条），役員等の責任に基づく損害賠償請求権の査定の裁判等（545条）を行うことができる。

清算人は，裁判所による監督の下，清算株式会社の事業を終了させるための事業，債権の取立て・債務の弁済を行う。破産手続とは異なり，特別清算においては弾力的な弁済方法が認められ，必要があれば，清算株式会社は，債権者集会に対して債務の減免・条件変更等の権利内容を変更する**協定**を申し出ることができる（563条）。債権者集会の出席債権者の過半数かつ総議決権額の3分の2以上の同意があれば，債権者の権利内容を変更する協定が可決される（567条）。裁判所による協定認可の決定が確定すると，当該協定の内容に従い権利内容が変更される（571条）。

○清算株式会社の行為制限

清算株式会社は，会社財産の処分等を行うには裁判所の許可を得るか，監督委員の選任がある場合には，裁判所の許可に代わる監督委員の同意を得る必要がある（535条1項。なお，事業の全部または重要な一部の譲渡については債務超過の有無にかかわらず裁判所の許可が必要—536条）。担保権の実行は手続外で自由にできるが，事業譲渡・任意売却等によって特に余剰価値の実現を期待できる場合もあることから，その実行手続の中止を命ずることができる（516条）。また，清算株式会社は，会社役員に対して責任追及する前提として，一定期間内に行われた責任免除を取り消すことができる（544条）。

○特別清算の終結

特別事務が結了し，または特別清算の必要がなくなった場合には，清算人・監査役・債権者・株主または調査委員の申立てにより，裁判所は特別清算の終結決定をする（573条）。ただし，一定の場合には必要的に（574条1項各号）または裁量的に（574条2項各号）破産手続に移行する。

ないなど，破産手続に比べて柔軟であり，手続コストも低廉である。

▷**特別清算の申立て**
債務超過の疑いがあるときには，清算人は裁判所に対し特別清算開始の申立てをしなければならず（511条2項），清算の遂行に著しい支障を来すべき事情があるときには，債権者・清算人・監査役または株主がこの申立てをすることができる（510条，511条1項。なお，開始原因の疎明につき，888条1項参照）。清算株式会社自体による申立て，裁判所による職権開始（旧商法431条1項参照）は認められない。

▷**特別清算開始の原因となる事由**
清算の遂行に著しい支障を来す事由があること，または債務超過の疑いがあること，である。

▷**協定**
破産手続・特別清算手続ともに清算を目的とするが，破産手続では債権者の債権額に比例して定められる額を法定手続に従い配当するのに対し，特別清算手続では債権者の債権額の割合に応じた弁済のほか，債権者の多数決によって定められる協定に基づく弁済，各債権者との個別的な和解による弁済が行われる。

Ⅹ　雑　則

5　会社の登記

1　会社にとっての登記

　会社は、権利・義務の主体（法人）として、その存続中、登記によって基本的情報を開示する。すなわち、会社は、本店所在地で**設立登記**をすることによって成立する（株式会社につき49条、持分会社につき579条）。また、会社が解散すると、解散の登記を行う（926条）。会社が解散しても、通常は清算手続をとらなければならないことから、清算が結了するまでの間、会社は清算の目的の範囲内においてなお存続するものとみなされる（476条、645条）。清算が結了すると、本店所在地で清算結了の登記を行う（929条）。清算結了の登記により、会社の法人としての存在はすべて消滅する。

2　登記制度

　登記とは、取引関係に入る第三者に対して、その取引相手（権利・義務の主体）や取引の対象物（権利の客体）についての基本的な情報を開示し、その第三者が不測の損害を被らないようにする制度であり、取引の安全を保護する上で重要な機能を果たしている。「権利の客体」に関する登記の典型は、不動産登記である。これに対し、商業登記は、「権利の主体」である商人、とりわけ会社に関する情報を扱うものである。

　商業登記簿には、**商号**登記簿・未成年者登記簿・後見人登記簿・支配人登記簿・株式会社登記簿・合名会社登記簿・合資会社登記簿・合同会社登記簿・外国会社登記簿の9種類がある（商業登記法6条）。このうち利用頻度が高いのは、株式会社登記簿などの会社登記簿である。

3　会社の登記

○登記

　個人商人の登記については商法総則に定めが置かれ（商法〔以下商〕5条・8条-10条、11条2項、17条2項、22条）、会社の登記については会社法に定めが置かれている（907条-938条）。個人商人であれ会社であれ、登記すべき事項は、登記後でなければ、これをもって善意の第三者に対抗できない（商9条2項前段、会社法908条2項前段）。登記後であれば、登記すべき事項は悪意の第三者および善意の第三者の双方に対抗できるが、第三者が正当な事由によってその登

▷設立登記
商業登記は、一般に、すでに形成されている法律関係を公示して第三者の悪意を擬制する。ただし、商業登記の中には、特に法律の明文規定に基づき登記することによって実体が形成されるとするものがある。これを商業登記における「創設的効力（形成力）」といい、その典型例が設立登記の効力である。

▷商号の登記・商号譲渡の登記の効力
商号を登記すると、後述の積極的公示力が生ずる。これに対し、商号の譲渡についても、「登記をしなければ、第三者に対抗することができない」（商法15条2項）との定めがあるが、これは、第三者の善意悪意を問わず、商号を二重に譲渡したような場合には、先に登記をした者が優先するとの趣旨であるから、その効力は、不動産登記の効力と同様、登記の対抗力を意味する。

記があることを知らなかったときは、善意の第三者に対抗できない（商9条1項後段、会社法908条1項後段）。登記前の効力を登記の**消極的公示力**、登記後の効力を登記の**積極的公示力**という。また、故意または過失によって不実の登記をした者は、その事実が不実であることをもって善意の第三者に対抗できない（商9条2項、会社法908条2項）。これを**登記の公信力**という。

○**本店所在地における会社の登記**

会社の登記には、「本店所在地における登記」と「支店所在地における登記」とがある。前者においては、「株式会社の設立の登記」（911条）につき、登記すべき時期と登記すべき事項の定めがあり、「合名会社・合資会社・合同会社の設立の登記」（912条-914条）につき、登記すべき事項の定めがある。

株式会社の設立の登記事項には、以下のものがある（911条3項参照）。

◎目的、商号、本店および支店の所在場所
◎存続期間、解散事由（定款で定めているとき）
◎資本金の額、発行可能株式総、数発行する株式の内容（譲渡制限など）
◎種類株式発行会社では、発行可能種類株式総数・各種類株式の内容
◎単元株式数（定款で定めているとき）
◎発行済株式総数、その種類、種類ごとの数
◎株券発行会社であるときはその旨（登記がなければ株券不発行会社）
◎株主名簿管理人関係事項（それを置いたとき）
◎新株予約権関係事項（新株予約権を発行したとき）
◎取締役の氏名、代表取締役の氏名・住所
◎機関設計関係事項〔取締役会・会計参与・監査役・監査役会・会計監査人・委員会関係事項〕（定款で定めているとき）
◎責任減免関係事項（定款で定めているとき）
◎電磁公示・公告方法関係事項

その他、「変更の登記」等に関し、組織変更、吸収合併・新設合併・吸収分割・新設分割・株式移転の登記等（「解散登記」「変更登記」「設立登記」の組み合わせとなる）をなすべき時期について、会社法は詳細な定めを置いている。

○**支店所在地における登記**

商業登記の領域でも近年コンピュータ化が図られ、インターネットを通じて、どこからでも登記簿にかかる情報を容易に獲得できるようになったことから、支店所在地で重ねて本店と同様の登記をする意味が薄れてしまった。そこで、支店所在地における登記については、会社の商号、本店の所在地、登記を行う支店の所在場所を登記すれば足りるとされている（930条2項。918条も参照）。

▷**登記の消極的公示力**

登記の消極的公示力が特に問題となるのは、取引時に登記されている事項を信頼し、登記された者と取引をした第三者との権利義務関係である。ここでは、商業登記が権利・義務の主体に関する登記であることに鑑み、商業登記を信頼し取引をする者は、取引時の登記に基づきその相手方を認識して取引をすることを前提として、その取引から生ずる権利義務関係も、取引時の登記簿上の主体である商人または会社と、取引をした者との間に生ずるとするのが、この登記の消極的公示力である。

▷**登記の積極的公示力**

登記の積極的公示力は、登記すべき事項について登記した後は、第三者は悪意だとされ、正当な事由によりこれを知らなかったことを証明しない限り、たとえ第三者が善意であっても、商人または会社はその者に登記事項をもって対抗できることをいう。ここにいう正当の事由とは、登記公告の閲覧を妨げるような客観的事由を指し、第三者における長期の海外旅行・病気などの主観的事情を含まない。

▷**登記の公信力**

登記の公信力とは、登記された外観を信頼して取引をした者を保護するため、たとえその登記が真実の法律関係と符合していなくても、登記された外観に従って法律効果が付与されることである。

X 雑　則

会社の公告方法

1 会社の公告

　公告は，会社が株主，新株予約権者，社債権者，債権者など多数人に対し一定の情報を直接伝達する方法である。一定の情報を伝達するためには，通常，個々の利害関係人に対し「通知」をすれば足りるように思われる。しかし，そもそも無記名式証券所持人を相手とする場合には，通知の方法を用いることができない（例えば706条2項）。この場合の公告は，通知の代用にすぎないといえる。一般公衆が相手である場合も，同様にそもそも通知の方法を用いることができない。それゆえ，例えば計算書類につき，株式会社は定時総会終結後遅滞なく，貸借対照表（大会社にあっては貸借対照表及び損益計算書）を公告しなければならない（440条1項）とされる。この場合の公告は，一般に情報を提供するという意味をもつ。

　また，会社が誰を相手として通知をすればよいのかわからないから，公告を用いるという場合もある。例えば，株券発行会社が株式交換をするために株券の提出を求める場合には，名義書換をしていない株主等が存在することもありうるから，会社は株主に対し個別に通知するだけでなく，公告もしなければならないとされる（219条1項）。

　さらに，通知によることができる場合であっても，多数人を相手とする場合には，通知に代えて公告を用いることが許されるならば，会社はコストを節減することができる。この例としては，株式の併合を行う場合（181条2項）を挙げることができる。通知に代えて公告を用いることが許される場合に，少人数に通知すれば足りるにもかかわらず，通知に代えて公告を用いるといったことが生じるおそれもある。そこで，会社法は，いくつかの局面で，「公開会社」に限り通知に代えて公告を用いることができる旨を定めている（158条2項，426条4項，469条4項，785条4項，797条4項，849条5項）。

2 公告の方法

　公告方法としては，**官報**に掲載する方法，日刊新聞紙（時事に関する事項を掲載する日刊新聞紙）に掲載する方法および電子公告がある。日刊新聞紙に掲載する方法による場合には，定款でどの新聞紙によるかを特定し，それを登記する。電子公告による場合に，定款では電子公告を公告方法とする旨を定めれば足り

▷**官報**
官報については，紙によるものの発行と同時に，これとまったく同内容のものが，発行者である独立行政法人国立印刷局のホームページに掲げられている（電子版官報）。かねてより官報の情報周知力の低さが指摘されているものの，官報はこのような方法により情報周知力を高めているということができよう。

るとされるが，登記にはホームページの URL も掲載しなければならない。また，電子公告による場合には，事故その他やむを得ない事由によって電子公告による公告をすることができない場合の予備的公告方法として，官報か日刊新聞紙に掲載する方法による旨を定款で定め，それを登記しておくこともできる。定款に定めがない場合には，公告は官報に掲載する方法によるものとされている。官報に掲載する方法による旨も登記が必要である（939条・911条-914条）。外国会社についても，ほぼ同様の方法によることとなっている（939条2項-4項，933条）。

　会社法は，債権者保護手続（449条，627条，670条，779条，789条，799条，810条など）や，清算・特別清算手続（499条，660条，885条，890条，898条，901条，902条など）における公告については，「官報による」とする（2条33号参照）。ただし，債権者保護手続にあっては，官報公告と，知れている債権者に対する個別催告を行うことが原則と要求されているが，「官報公告」と，定款所定の「公告方法」である日刊新聞紙か電子公告による公告とを併用する場合には，**個別催告**を省略できるとされている。

3　電子公告制度

　電子公告制度は，2004（平成16）年の商法改正により導入され，2005（平成17）年2月から施行されているものである。電子公告による場合は，一定期間ホームページ上に掲げておく必要があるため，会社法はその期間を定めている（940条1項）。また，公告期間内に事故等により公告の中断が生じるリスクがあるため，軽微な場合の救済措置を定めている（同条3項）。もっとも，各会社にあっては，予備的公告方法を定款で定めておくべきであろう。

　電子公告による場合は，公告終了後に公告の有無や内容を証明する客観的証拠が残らないことから，電子公告が適法に行われたかどうかを事後的に検証することが困難である。そこで，法務大臣の登録を受けた調査機関が電子公告調査を行うとされている（941条）。

4　決算公告の特例

　決算の公告については，電子公告による場合であっても電子公告調査は不要とされる（941条）。官報や日刊新聞紙を公告方法とする会社は，決算の公告についてのみホームページ上で電磁的公示を行うことが認められるが（アドレスの登記が必要。911条3項27号など），この場合も電子公告調査は不要である。なお，決算の電子公告や電磁的公示の場合は，要旨の公告をすることはできず，必ず全文を公告しなければならない（440条3項）。

▶個別催告
個別催告が省略されると，債権者が公告に気づかないおそれもあることから，取引の相手方としては交渉段階で個別催告を省略しない旨の契約条項等を定める努力をすべきである。ただし，不法行為債権者にはこのような交渉の機会が当然ないことから，会社分割時の分割株式会社の不法行為債権者については個別催告を省略できないとされている（789条3項，810条3項）。

Exercise

○理解できましたか？
1）特別清算とは，どのような特色をもつ清算手続か，説明してください。
2）会社の情報を公示する方法にはどのようなものがあるか，説明してください。

○考えてみましょう！
1）民法上の意思表示の無効を主張する場合と株主総会決議の無効を主張する場合とで，その手続にはどのような差異があるか。またその理由はどのようなものでしょうか。
2）株式会社の倒産手続は，特別清算以外にも存在します。それらの制度を調べ，それぞれの特色について比較しながら説明してください。

○調べてみましょう！
1）Y株式会社の株主総会開催にあたり，一部の株主に対して招集通知漏れが発生していました。以下の各設問について検討してください。
　(ｱ)　Y社の株主Aは，招集通知を受け取っていたが，株主Bには招集通知が届いていなかった。Aは，Bへの招集通知漏れを理由に株主総会決議の取消を主張することができますか。
　(ｲ)　上記の株主総会において，再任されなかった取締役Cは，株主総会決議の取消を主張することができますか。
　(ｳ)　上記の株主総会において選任された取締役Dは，自らの地位保全のため，株主総会決議の取消の訴えに対抗措置を講じたいと考えている。具体的にどのような方法をとることができるか。その手続を説明してください。
2）Aは，Y社の株主総会において，取締役として適法に選任されていないにもかかわらず「Y株式会社　代表取締役副社長A」としてXと取引を行った。XはYに対して上記契約の履行を求めたところ，Aには代表権がないことを理由としてYはこれを拒んだ。Y社の登記簿にAが取締役として登記されていない場合，XはYに契約の履行求めることはできるか。登記の積極的公示力の意義を明らかにしながら説明してください。

勉学へのガイダンス

○初学者のための入門，概説書

浜田道代編『キーワードで読む会社法　第2版』有斐閣，2006年
　会社法上の重要事項をキーワードとして，見開き1頁で解説する。事典代わりに傍らに置き，条文や体系書を読み進めるのにも適した書物。

相澤哲編『一問一答　新・会社法　改訂版』商事法務，2009年
　会社法制定に伴い，改正前商法における規制から実質的に変更された部分について，立法担当者が一問一答形式で解説する。

山本和彦『倒産処理法入門　第4版』有斐閣，2012年
　本章で取り上げられた特別清算手続を含め，多様な倒産処理手続の全体像を解説する。

○進んだ勉学を志す人に

江頭憲治郎『株式会社法　第5版』有斐閣，2014年
　法科大学院への進学を希望するものにとっては必読の一冊。制度に対する解説とともに判例も整理されている。余裕のあるものは，注に引用されている学術論文の検討にも挑戦して欲しい。

江頭憲治郎・門口正人編集代表『会社法大系　第4巻』青林書院，2008年
　会社法務・訴訟実務に関する問題について，法曹実務家が中心となって，理論と実務の両面から検討・解説する。第4巻では，本章のテーマである，会社関係訴訟，会社非訟，特別清算に関する問題点を取り扱う。

萩本修編『逐条解説　新しい特別清算』商事法務，2006年
　特別清算に関する規定の趣旨・内容を関連諸法令とともに立法担当者が解説する。

さくいん

あ行

預合い　33
1株1議決権の原則　120
違法行為差止請求権　167
訴えの利益　226
売渡株主等の救済手段　76
売渡株主等の取得の無効の訴え　77
閲覧・謄写請求権　193
EDINET　185
MBO　49
黄金株　219
親会社　68

か行

開業準備行為　34
会計監査　179
会計監査人　146, 179
会計監査人設置会社　114
会計参与　142, 179
会計参与設置会社　114
外国会社　194
開示規制　184
会社設立の立法主義　25
会社による名義書換えの不当拒絶　52
会社の権利能力　14
会社の種類　8
会社の設立　24
会社の不成立　40
会社の不存在　41
会社非訟事件　228
会社分割　208, 209, 212, 216
　　詐欺的な——　212
確認の訴え　223, 226
過失責任　183
瑕疵の治癒・防止　40
仮装振込　33
合併　208-211, 216
合併対価の柔軟化　211
株券　80
　　——の記載事項　80
　　——の効力発生時期　80
株券喪失登録制度　81
株券発行会社　80
株券不所持制度　81

株式　44
　　——の共有　45
　　——の譲渡の意義　54
　　——の譲渡の制限　54
　　——の相互保有規制　69
　　——の内容についての特別の定め　48
　　——の不可分性　45
　　——の分割　73
　　——の併合　72
　　——の本質論　10
　　——の無償割当て　73
株式移転　208, 209, 214-216
株式会社不成立　39
株式会社立の大学　26
株式買取請求　217
株式交換　208, 209, 214-216
株式等売渡請求の手続　74
株式平等の原則　9
株式名簿の意義　50
株主間契約　21
株主資本等変動計算書　176
株主総会決議取消しの訴え　226
株主総会の決議　122
株主総会の権限　116
株主総会の集中日　53
株主総会の招集　118
株主代表訴訟　164
株主提案権　119
株主との合意による取得　64
株主の売主追加請求権　65
株主平等の原則　47
株主名簿管理人　50
株主名簿の閲覧拒否事由　50
株主有限責任の原則　46
簡易組織再編行為　216
監査委員会　150
監査等委員会設置会社　154, 156
監査報告　178
監査役　144, 178, 179
監査役会　144
監査役会設置会社　114
監視権　190
完全親子会社関係　208, 214

官報　234
機関　24, 108
機関設計　109
機関投資家　111
企業会計　172
　　——の慣行　173
企業会計原則　173
企業再編　208, 209
企業の社会的責任　6, 7, 10, 12
企業買収（M&A）　209, 218
議決権　46
　　——の代理行使　120
　　——の不統一行使　121
議決権制限株式　49
疑似外国会社　195
基準日　53
既存株主　85, 86
キャッシュ・アウト　74
キャッシュ・アウト・マージャー　211
吸収合併　209, 210
吸収分割　209, 212, 213
給付の訴え　223, 226
共益権　10, 44
競業取引規制　138
共同訴訟参加　227
共同訴訟的補助参加　227
業務監査　179
業務執行社員　191
業務執行に関する検査役による調査　167
業務執行の決定　140
金庫株　62
金融商品取引法　172
組合的規律　192
形成の訴え　223, 226
継続的な取引　194
契約的企業観　11
契約による制限　55
決議権不存在確認の訴え　126
決議権無効確認の訴え　126
決議取消しの訴え　127
決算公告　185, 235
欠損塡補　171

検査役の調査　32
現物出資　30
現物配当　182
権利内容を変更する協定　231
公開会社　116
公開買付け　66
合資会社　9, 188, 190
構成員課税　193
合同会社　9, 188
合名会社　9, 188, 190
コーポレート・シチズンシップ
　　12
子会社　68, 177
　　──からの取得　66
　　──による親会社株式の取得規
　　　制　68
個別株主通知　56
個別催告　235
個別注記表　177

さ行

再建型倒産手続　11
財源規制　170
債権者集会　231
債権者保護手続　201, 205
財産引受　30, 35
最低資本金制度　29
差止請求権　94
三角合併　210, 211
残余財産分配請求権　46
自益権　10, 44
事業譲渡　208, 209, 216, 217
事業全部の経営の委任　202
事業全部の賃貸　202
事業報告　175-177
自己株式　62, 84, 120
　　──の処分　85
　　──の保有・消却・処分　62
自己株式取得事由　62
自己新株予約権　99
事後設立　32, 216
資産の流動化　195
市場取引等による取得　66
執行役　152
失念株　52
実務上特別な会社　7
指定買取人　59
資本金　180
資本原則　180
資本充実責任　36

資本充実の原則　29
資本多数決　9, 198
資本不変原則　200
指名委員会　150
指名委員会等設置会社　148
社外監査役　115
社会的責任投資　13
社外取締役　115
社債管理者　105
社債券　105
社債権者集会　105
社債原簿　105
社債原簿管理人　105
社団　24
従業員持株制度　55
授権株式制度　89
授権資本制度　89
出資　190
　　──の払戻し　193
出資者（社員）の地位　8
種類株式　48
種類株主総会　128
準則主義　25
準備金　181, 200
商号　232
上場会社等　172
少数株主権　46, 175
譲渡制限株式の譲渡　58
　　──の効力　61
商人　174
剰余金　181, 200
　　──の配当　170, 182
　　──の分配　182
剰余金配当請求権　46
職務執行者　191
処分権主義　225
書面による議決権の行使（書面投
　　票制度）　120
知れている債権者　201
新株発行　84
新株予約権付社債　99, 104
新設合併　209-211
新設分割　212, 213
ステークホルダー　10
ストック・オプション　98
政治献金　15
責任限定契約　161
責任の一部免除　160
設立時会計監査人　31

設立時会計参与　30
設立時監査役　30
設立時取締役等　31
　　──の調査　31
設立時発行株式　29, 30
設立時発行株式総数　36
設立時募集株式　31
設立準拠法主義　194
設立中の会社　34
設立登記　31, 232
設立の自由　25
設立の廃止　39
設立費用　32, 35
設立無効原因　41
設立無効の訴え　41
全額払込制度　93
善管注意義務　191
全部取得条項付種類株式の取得
　　66
総会検査役　125
総株主通知　56
相互保有株式　120
相続人等からの合意による取得
　　65
相続人等に対する売渡請求　61
相対的記載事項　25
創立総会　31
組織変更　204
ソフト・ロー　4
損益計算書　176
損益全部共通契約　203

た行

大会社　112
対抗措置　218, 219
第三者保護責任　39
第三者割当て　86
退社　190
対審性の要請　229
代表執行役　152
代表取締役　136
多重代表訴訟　166
単元株制度　78
単元未満株式　120
　　──の売渡請求　79
　　──の買取請求　79
単元未満株主の権利　79
担保付社債　104
担保提供制度　41
中間配当　183

さくいん

な行

忠実義務　191
賃借対照表　176
定款　14, 18, 24
　　——による譲渡制限　58
定款自治　20, 188
定款変更　198
定時株主総会　118
敵対的買収　3, 209, 211, 218, 219
電磁気の記録　28
電子公告　185
電子公告制度　235
電磁的方法による議決権の行使
　　（電子投票制度）　121
登記の公信力　233
登記の消極的公示力　233
登記の積極的公示力　233
当事者適格　226
登録質　57
登録免許税　194
特殊決議　123
特定の株主からの取得　65
特別決議　122
特別支配会社　202, 217
特別支配株主の株式等売渡請求　74
特別清算の申立て　230
特別取締役による取締役会決議　141
独立当事者参加　227
特例有限会社　8
トラッキング・ストック　48
取締役会設置会社　114, 116, 136
取締役会の権限　140
取締役等の説明義務　124
取締役等の選解任権付種類株式　48
取締役の欠格事由　132
取締役の忠実義務　138
取締役の報酬　133

は行

内部自治　20
入社　190
任意種類株主総会　129
任意的記載事項　25
任務懈怠責任　37
能力外論理　14

破産手続　230
発行可能株式総数　89, 198
払込取扱銀行等　33
　　——の責任　33
反対株主の株式買取請求権　199
ビジネス・トラスト　21
必要的記載事項　25
必要的共同訴訟　227
必要的陳述聴取　229
表見代表取締役　136
複式簿記　174
不足額填補責任　36, 40
附属明細書　177
普通決議　122
振替社債　105
変態設立事項　32, 33
　　——の調査　32
ポイズン・ピル（ライツプラン）　3, 218, 219
報酬委員会　151
法人　24
法人格否認の法理　6
法人課税　193
法廷種類株主総会　128
ポートフォリオ　16
保管振替制度　56
募集　30
募集株式　85
　　——の発行等に関する責任　103
　　——の発行等の決定権限　91
募集設立　28, 30, 31
発起設立　28, 30
発起人　28, 34
　　——の特別利益　32
　　——の報酬　32

ま行

見せ金　33
無額面株式　45
無限責任社員　188
名義書換え　51
名義書換未了の株式譲受人の地位　51
持分会社　8, 25, 188
　　——の設立　25
　　——の設立の取消し　41
持分の譲渡　190
持分の払戻し　190
持分複数主義　44

や行

役員・会計監査人の選任・解任　130
役員等の株式会社に対する責任　158
役員等の第三者に対する損害賠償責任　162
役員の解任の訴え　131
有価証券届出書　184
有価証券報告書　184
有限会社　113
有限責任　16
有限責任事業組合　7, 9, 17, 193
有限責任社員　188
有限責任制度　170
友好的買収　209, 218
誘導法　174

ら行

ライツプラン　→ポイズン・ピル
利益供与の禁止　47
利益相反取引規制　139
利害関係人　3
略式質　57
略式組織再編行為　217
臨時株主総会　118
類似必要的共同訴訟　225
累積投票制度　133
連結計算書類　177
連帯保証　17

執筆者紹介(氏名／よみがな／執筆担当／現職／主著／会社法を学ぶ読者へのメッセージ)　　＊50音順

永井和之(ながい　かずゆき／編者：はじめに・コラム)
中央大学名誉教授
『会社法』(有斐閣)
「興味をもって楽しく学ぶ」ということで本書を読んで欲しい。日頃の新聞記事が解説できるようになり，社会を見る目が養われると思います。

一ノ澤直人(いちのさわ　なおと／第Ⅱ章)
西南学院大学法学部教授
『M&A判例の分析と展開』(共著：経済法令研究会)。『一般社団法人・財団法人の法務と税務』(共著：財経詳報社)
本書を利用する皆さんが，会社法を自ら考えるきっかけになればよいです。

伊藤敦司(いとう　あつし／第Ⅷ章)
杏林大学総合政策学部准教授
『海商法』(共著：青林書院)
会社法の題材は，日々の報道のなかに多くみられます。興味深いものも多く，それらに触れることで，会社法が身近に感じられ，生きた会社法が身につくと思います。

木下　崇(きのした　たかし／第Ⅶ章)
神奈川大学大学院法務研究科准教授
『現代企業法学の課題と展開』(共著：文眞堂)
会社法は条文も多く，用語も難解で……。これでは，一気に学修意欲を失いますね。しかし，最初のカラを打ち破れば，ダイナミズムに富む興味深い法が待っています。

黒石英毅(くろいし　ひでき／第Ⅲ章)
立正大学法学部准教授
『新・会社法講義』(共著：八千代出版)
会社法は，なじみのない用語が多いので，一通り学習し会社制度の全体を把握してから，細部を学習し直すと良いと思います。

佐藤純訟(さとう　じゅんしょう／第Ⅵ章)
城西大学現代政策学部教授
『新・会社法講義』(共著：八千代出版)
会社法に関するニュースは，頻繁に各メディアで報道されています。さあ，「どんなことなんだろう」という知的好奇心をもって学びましょう。

德本　穰(とくもと　みのる／第Ⅸ章)
筑波大学法科大学院教授
『敵対的企業買収の法理論』(九州大学出版会)
企業を取り巻く環境はダイナミックに変化しています。興味関心をもって，基本的な理解を大切にしながら，先端的な課題についても，学んでいただきたいと期待しています。

二羽和彦(にわ　かずひこ／第Ⅹ章)
中央大学大学院法務研究科教授
『民事訴訟法』(共著：不磨書房)
現代社会における「会社」のダイナミズムを法的視座から味わってみてほしい。

福島洋尚(ふくしま　ひろなお／第Ⅴ章)
早稲田大学大学院法務研究科教授
『Law Practice 商法（第2版）』(共著：商事法務)
『ストゥディア会社法』(共著：有斐閣)
会社法の学習上，機関の部分は重く，分量も多いのですが，一通り知識を入れた上で，裁判例や新聞記事に触れていくととても興味深い部分だと思います。また，学習にあたっては面倒がらずに条文を参照してほしいと思います。

松嶋隆弘(まつしま　たかひろ／第Ⅰ章)
日本大学（総合科学研究所）教授，弁護士（みなと協和法律事務所）
『改正会社法　解説と実務への影響』(共編著：三協法規出版)
法廷にはドラマがあります。本書で取り扱う数多くの裁判例も，そのドラマの結晶です。本書を読む方が，一人でも多く，実用法学の醍醐味を理解し，そのドラマのプレイヤーとして活躍されることを願っています。

三浦　治(みうら　おさむ／第Ⅳ章)
中央大学法学部教授
『社団と証券の法理』(共著：商事法務研究会)
会社法の理解には，以前に増して条文を丁寧に読む必要があると感じます。同時に，法は人間の文化の現れであることを意識することもいっそう大切になったと思います。

やわらかアカデミズム・〈わかる〉シリーズ
よくわかる会社法［第3版］

2007年5月20日	初　版第1刷発行	〈検印省略〉
2008年2月25日	初　版第2刷発行	
2009年2月20日	第2版第1刷発行	
2013年11月25日	第2版第6刷発行	
2015年5月30日	第3版第1刷発行	
2016年7月30日	第3版第2刷発行	

定価はカバーに
表示しています

編著者　永　井　和　之
発行者　杉　田　啓　三
印刷者　江　戸　孝　典

発行所　株式会社　ミネルヴァ書房
607-8494 京都市山科区日ノ岡堤谷町1
電話代表（075）581-5191
振替口座 01020-0-8076

©永井和之ほか, 2015　　共同印刷工業・新生製本

ISBN978-4-623-07357-3
Printed in Japan

やわらかアカデミズム・〈わかる〉シリーズ

よくわかる憲法	工藤達朗編	本体	2500円
よくわかる家族法	本澤巳代子ほか著	本体	2500円
よくわかる刑法	井田良ほか著	本体	2500円
よくわかる刑事訴訟法	椎橋隆幸編	本体	2600円
よくわかる民事訴訟法	小島武司編	本体	2500円
よくわかる地方自治法	橋本基弘ほか著	本体	2500円
よくわかる刑事政策	藤本哲也著	本体	2500円
よくわかる法哲学・法思想	深田三徳・濱真一郎編	本体	2600円
よくわかる国際法	大森正仁編	本体	2800円
よくわかる労働法	小畑史子著	本体	2500円
よくわかるメディア法	鈴木秀美・山田健太編	本体	2800円
よくわかる社会福祉と法	西村健一郎・品田充儀編	本体	2600円
よくわかる行政学	村上弘・佐藤満編	本体	2800円
よくわかる司法福祉	村尾泰弘・廣井亮一編	本体	2500円
よくわかる社会保障	坂口正之・岡田忠克編	本体	2500円
よくわかる公的扶助	杉村宏・岡部卓・布川日佐史編	本体	2200円
よくわかる社会福祉	山縣文治・岡田忠克編	本体	2400円
よくわかるNPO・ボランティア	川口清史・田尾雅夫・新川達郎編	本体	2500円
よくわかる統計学 Ⅰ 基礎編	金子治平・上藤一郎編	本体	2400円
よくわかる統計学 Ⅱ 経済統計編	御園謙吉・良永康平編	本体	2800円
よくわかる質的社会調査 技術編	谷富夫・芦田徹郎編	本体	2500円
よくわかる質的社会調査 プロセス編	谷富夫・山本努編	本体	2500円
よくわかる卒論の書き方	白井利明・高橋一郎編	本体	2500円

――― ミネルヴァ書房 ―――
http://www.minervashobo.co.jp/